BIBLIOTHÈQUE CONTEMPORAINE

MAXIME DU CAMP

LES BUVEURS DE CENDRES

PARIS
MICHEL LÉVY FRÈRES, LIBRAIRES ÉDITEURS
RUE VIVIENNE, 2 BIS, ET BOULEVARD DES ITALIENS, 15
A LA LIBRAIRIE NOUVELLE
1866

LES

BUVEURS DE CENDRES

CHEZ LES MÊMES ÉDITEURS

OUVRAGES

DE

MAXIME DU CAMP

Format grand in-18

EN HOLLANDE	1 vol.
EXPÉDITION DE SICILE. Souvenirs	1 —
MÉMOIRES D'UN SUICIDÉ	1 —
LE SALON DE 1857	1 —
LE SALON DE 1859	1 —
LE SALON DE 1861	1 —
LES SIX AVENTURES	1 —
LES BUVEURS DE CENDRES	1 —
LE CHEVALIER DU CŒUR SAIGNANT	1 —
L'HOMME AU BRACELET D'OR, 2e *édition*	1 —
LE NIL (ÉGYPTE ET NUBIE), 3e *édition*	1 —
LES CHANTS MODERNES	1 —

Clichy. — Impr. Maurice Loignon et Cie, rue du Bac-d'Asnières, 12

LES
BUVEURS DE CENDRES

PAR

MAXIME DU CAMP

PARIS

MICHEL LÉVY FRÈRES, LIBRAIRES ÉDITEURS

RUE VIVIENNE, 2 BIS, ET BOULEVARD DES ITALIENS, 15

A LA LIBRAIRIE NOUVELLE

—

1866

Tous droits réservés

DÉDICACE

A VERTAFEDI

Vous souvient-il d'une certaine nuit du mois d'octobre 1860 que, tous deux, nous avons passée à causer dans une *tenuta* isolée au milieu des montagnes qui vont de Calvi à Teano? En présence des événements prodigieux dont l'Italie méridionale était alors le théâtre, vous regrettiez qu'un de vos amis, mort déjà depuis quelques années, n'en fût pas le témoin, et plusieurs fois il vous arriva de dire : Pauvre Samla! C'est là, dans cette misérable ferme, à cent pas des vedettes ennemies, que vous m'avez raconté l'histoire de cet homme extraordinaire; vous l'appeliez le grand inconnu et vous admiriez, sans restriction, le caractère implacable où il puisait une autorité devant laquelle chacun s'inclinait; vous l'aviez apprécié, aimé, respecté, et malgré votre haute situation sociale, vous lui aviez toujours obéi, car s'il était votre inférieur selon le monde, il était votre chef consenti dans l'œuvre d'émancipation à laquelle vous avez sacrifié votre vie et qui bientôt touche à son terme.

Je n'ai jamais oublié l'étrange biographie de ce héros obscur, et parmi les épisodes qui la composent, j'en ai choisi trois qu'on peut divulguer sans danger. Ils sont contenus dans ce volume, que je vous dédie en souvenir d'une affection et d'un dévouement que vous connaissez.

M. D.

INTRODUCTION

Chacun sait que Savonarole, excommunié par le pape Alexandre VI, fut brûlé à Florence le 24 mai 1498 ; mais peu de personnes connaissent les événements singuliers qui suivirent immédiatement son supplice. Ce n'est point pour avoir renversé le pouvoir des Médicis, auquel il substitua hardiment sa propre autorité, que *fra* Girolamo, si cher au souvenir des Florentins, se vit arracher du couvent de Saint-Marc, où il s'était réfugié, supporta la torture et s'entendit enfin condamner à périr par les flammes ; ce fut pour avoir ébranlé la toute-puissance de la cour de Rome, pour avoir prêché la réforme ecclésiastique et pour avoir déclaré que le Borgia ne devait être considéré ni comme un évêque, ni comme un chrétien. Malgré la réaction terrible, fomentée par le Vatican, qui s'éleva contre le pauvre moine, il n'en eut pas moins jusqu'à sa dernière heure des disciples secrets, restés fidèles à sa cause, et qui essayèrent en vain de le sauver. Ceux-là assistèrent à sa mort et s'unirent à sa pensée lorsque entre ses deux compagnons, Domenico da Peschia et Silvestro Marussi, il s'écria : *In manus tuas, Domine, commendo spiritum meum!* En effet, ces paroles étaient moins une prière adressée à Dieu qu'une dernière recommandation convenue d'avance et jetée du seuil de la mort à des disciples qui avaient juré de continuer l'œuvre du réformateur condamné, et de poursuivre la lutte contre cette puissance farouche qui ne triomphait de ses ennemis que par la torture et le feu.

D'après les ordres émanés de la cour même de Rome, qui redoutait qu'on ne fît des reliques avec les restes du martyr, on devait jeter les cendres du bûcher dans l'Arno ; mais le peuple rompit la ligne des gardes malgré les coups de pique, se jeta sur les cendres encore brûlantes, et les emporta en criant qu'on venait de tuer un saint. Trois des disciples de Savonarole, ceux-là mêmes à qui la dernière parole avait été adressée, s'emparèrent de la tête et du cœur carbonisés de leur maître, déjouèrent la poursuite des gardes à travers les ruelles de Florence, et purent se réfugier, sans avoir été atteints, dans une masure attenant au couvent de S. Onofrio. Dans la bagarre, l'un d'eux avait été blessé d'un coup de hallebarde à l'épaule. Une fois en sûreté, ils adorèrent les restes informes de celui qu'ils avaient tant aimé, comme ils auraient adoré les reliques d'un saint ; puis il se passa une scène étrange : ils mêlèrent à du vin quelques parcelles de cette cendre humaine, le blessé l'arrosa de son sang, et, tous les trois ayant communié sous ces nouvelles espèces, ils jurèrent de venger leur maître et de combattre, maintenant et toujours, jusqu'à ce qu'ils eussent effacé de la terre le pouvoir du Saint-Siége et toutes les puissances qui en découlent. Ils jurèrent d'être apôtres pour aller par le monde susciter des ennemis à Rome, et d'être soldats pour l'attaquer en plein jour, dans les ténèbres, par le glaive, par la parole, et, comme ils le dirent dans leur serment, *per fas, per nefas!* En un mot, tout fut permis, tout, excepté l'assassinat, car c'était l'autorité elle-même qu'on voulait renverser, et non point seulement son dépositaire.

C'était une société secrète qui se créait ainsi ; elle prit un rapide développement. A cette époque, la réforme était dans l'air : Jean Huss était mort laissant de nombreux disciples, et Luther, déjà né, n'allait point tarder à pousser son premier cri de révolte. Les amis de Savonarole se réunirent, s'entendirent entre eux, se groupèrent autour de ceux qui avaient communié de ses restes encore chauds, établirent leurs ramifications indistinctement parmi les laïques et les prêtres, hantèrent la cour des princes italiens, fomentèrent les oppositions monacales, et, autant pour dérouter l'opinion que pour se reconnaître par une parole commune de ralliement, prirent le nom de *Téphrapotes*, composé de deux mots grecs qui signifient *Buveurs de cendres*. De plus, comme à cette époque on était fort versé dans les choses de la kabbale, que les associés juraient, s'ils devaient arriver au pouvoir, de consacrer leur autorité au seul accroissement de l'œuvre ; qu'ils se résignaient à n'être jamais que des précurseurs ; ils élurent sept chefs auxquels ils donnèrent le nom des sept premiers rois édomites, prédécesseurs des rois d'Israël. En effet, il est écrit dans le *Zohar*, qui, nul ne l'ignore, est le code universel de la kabbale : « Avant que l'ancien des anciens, celui qui est le plus caché parmi les choses cachées, eût préparé les formes de rois et les premiers diadèmes, il n'y avait ni limite, ni fin. Il se mit donc à sculpter les formes et à les tracer de sa propre substance. Il étendit devant lui-même un voile, et c'est dans ce voile qu'il sculpta les rois, qu'il traça leurs limites et leurs formes ; mais ils ne purent subsister. C'est pour cela qu'il est écrit : Voici les rois qui régnèrent dans le pays d'Édom avant qu'un roi régnât sur les enfants d'Israël. Il s'agit ici des rois primitifs et d'Israël primitif. Tous les rois ainsi formés avaient leurs noms ; mais ils ne purent subsister jusqu'à que ce que l'ancien des jours descendît vers eux et se voilât pour eux. »

Les sept chefs des Buveurs de cendres prirent donc le nom des sept premiers roi d'Édom et les transmirent à leurs successeurs, de sorte que l'on pourrait croire que les fondateurs de cette singulière société sont immortels. Dans une conspiration qui fut découverte à Rome, au commencement du XVIIIe siècle, un des Téphrapotes fut arrêté ; interrogé, il répondit qu'il se nommait Béla, fils de Béor. — Qui t'a poussé à conspirer contre notre saint-père le pape ? lui demanda-t-on. Il répondit : Béla, fils de Béor. — Comment s'appelait ton père ? — Béla,

fils de Béor. — Et ton grand père? — Bélà, fils de Béor.
— Quel âge as-tu. — Trois cent douze ans. — Veux-tu
nous persuader que tu vis toujours et que tu es le même
homme qui a pu exister il y a trois siècles? — Il répondit simplement : Le même! — On le crut fou, ce qui
lui sauva la vie. On l'enferma au château Saint-Ange,
d'où il put s'évader, grâce aux autres Buveurs de cendres, qui de loin veillaient sur lui.

Le gouvernement romain, si bien instruit de toutes
choses, grâce au confessionnal, ne tarda pas à apprendre
la naissance d'une société destinée à le combattre. Il
s'en inquiéta peu d'abord; mais, voyant augmenter et
se répandre le nombre des adhérents, croyant que la
mort de Savonarole était restée la seule cause de la haine
jurée, il voulut, usant de douceur, revenir sur la condamnation d'autrefois, et du moins réhabiliter le martyr :
Paul III déclara hérétique quiconque attaquerait sa mémoire; Paul IV reconnut, après examen, que ses écrits
étaient irréprochables; enfin Benoît XIV n'hésite pas à
le ranger au nombre des *serviteurs de Dieu qui méritent
la béatification*. De telles mesures n'étaient point faites
pour désarmer des hommes qui cherchaient, non pas
une vengeance, mais la destruction de l'ordre de choses
le plus complet et le plus solide qui ait jamais existé ;
aussi la protestation ne semble pas moins vivace que
l'affirmation, et, autant par esprit de défi que par conscience de sa propre force, elle a également pris pour
devise la phrase célèbre : *Patiens quia æternus !*

L'action des Buveurs de cendres ne fut point circonscrite à l'Italie ; comme ils allèrent en Bohême réveiller ce qui avait survécu des Taborites et des Calixtins, ils entrèrent en lutte contre la maison d'Autriche. Ils prirent une part importante à la réforme, à la guerre de Trente Ans, à la création du royaume de Prusse, qui, en tant que puissance protestante et nouvelle, leur paraît appelée à renverser le vieil édifice des Habsbourg. Plus tard, dans une réunion générale qu'ils nommèrent le *grand concile*, et qui est restée célèbre dans leurs fastes, ils étendirent le cercle de leur œuvre et jurèrent l'anéantissement du *moyen âge*, qui seul, par ce qui en subsistait encore, s'opposait à l'éclosion de l'esprit moderne, dont ils s'étaient faits les ardents propagateurs. Or, pour eux, le moyen âge était symbolisé par le droit divin, le droit de chancellerie et le droit de conquête ; c'est-à-dire par le pouvoir temporel, l'empire d'Autriche et la domination des Turcs en Europe.

Pendant la révolution française, le chef des Téphrapotes fut un Français, membre de la Convention ; il vota la mort de Louis XVI, eut de grandes charges sous Napoléon, et concourut de tout son pouvoir au renversement de la puissance temporelle. Pendant la restauration, les Téphrapotes, qui ne combattent que les rois dits de droit divin, furent en relation avec les carbonari français, surtout avec les loges du Dauphiné, et tel philosophe célèbre, qui fut ministre des cultes sous un règne récent, aurait peut-être été fort surpris d'apprendre que, lorsqu'il était dans sa jeunesse visiteur de la vente des bons-cousins de Grenoble, il appartenait implicitement à une société dont il ne soupçonnait même pas l'existence. Les hommes les plus séparés par le caractère et par les positions sociales, ont fait partie de ce groupe, qui cherche toujours à traduire en faits ses aspirations; des rois, dit-on, ont prêté le serment des téphrapotes et ont porté des noms édomites. Dispersées autrefois sur la surface de l'Europe et même du Nouveau Monde, les forces de l'œuvre semblent, depuis une quarantaine d'années, s'être réunies et pour ainsi dire concentrées sur trois points principaux, dont tous les autres découlent : la destruction du pouvoir temporel, la dislocation de l'empire d'Autriche et l'anéantissement de l'empire turc en Occident. C'est là que tendent tous les efforts des téphrapotes; Dieu seul, dans ses secrets impénétrables, sait quelle destinée il leur réserve.

Le serment de 1498 est celui qui se jure encore aujourd'hui; la formule mystique de ce pacte, empreinte des idées confuses du moyen âge expirant, ne doit pas trouver sa place ici; qu'il suffise de savoir que chaque Buveur de cendres s'engage à ne jamais risquer sa vie que pour l'œuvre à laquelle il s'est donné, que nul prétexte ne peut l'empêcher d'obéir, que le refus d'obéissance est puni de mort, et enfin que, quel que soit le pouvoir dont un membre est investi sur terre, il ne doit jamais en user que pour arriver plus vite et plus sûrement au but suprême que l'association s'est proposé dès le principe. Le chef par excellence habite *au delà du Jourdain*; par ces mots, on entend le territoire d'une puissance qui n'est point en butte aux tentatives des affiliés. Les six autres chefs résident ordinairement au centre même des pays soumis à leur action; ordinairement ils vivent deux par deux, ensemble, ou du moins peu éloignés l'un de l'autre, de façon à pouvoir se consulter sur un fait inattendu et à prendre promptement un parti parfois commandé par les circonstances. Ai-je besoin de dire, après ce qui précède, que la plupart de ces hommes ont terminé leur vie d'une façon violente, dans des prisons, sur des gibets, au milieu des combats?

Ces explications, que j'ai rendues aussi sommaires que possible, m'ont paru indispensables pour bien faire comprendre les trois véridiques épisodes de l'histoire secrète moderne que je me propose de raconter.

VASILISSA

ÉPISODE

DE LA GUERRE D'INDÉPENDANCE EN GRÈCE

I

L'année 1827 venait de commencer. L'hiver était froid et particulièrement dur dans la Grèce, ouverte à tous les vents de la mer. Des neiges abondantes blanchissaient les sommets du Parnasse, les ruisseaux étaient devenus des torrents, les herbes flétries se couchaient contre terre, comme pour éviter l'aigre bise de nord-est qui courbait les roseaux et les *agnus castus* verdoyants au bord du golfe Maliaque, dans les marais où les Perses tombèrent jadis sous le fouet de leurs satrapes, et qu'alimentent les sources chaudes des Thermopyles, jaillies miraculeusement pour désaltérer Hercule fatigué de sa lutte contre Antée. Tout ce beau pays, ordinairement si joyeux et si plein d'une forte vie, semblait éteint, presque mort, déjà étendu sous le linceul. L'agonie était partout, dans la nature, dans les hommes, dans les événements. En effet, aux rigueurs d'un hiver exceptionnel la politique ajoutait des préoccupations terribles. A ce moment, la cause de l'insurrection grecque était désespérée. Abandonnée par l'Europe encore sourde, écrasée par la Turquie et par les troupes égyptiennes d'Ibrahim-Pacha, à qui on avait promis l'investiture du pachalik de la Morée, la Grèce était sur le point de succomber. Tant d'efforts, tant de courage, tant de patriotisme allaient être vaincus par les forces supérieures de la barbarie. On avait beau redoubler d'héroïsme et mourir en renouvelant les hauts faits des temps antiques, on pouvait croire que l'heure suprême allait bientôt sonner.

Le glorieux compagnonnage connu sous le nom d'*Hétairie* dirigeait cependant la guerre, et savait, à force d'énergie, de patience et parfois de ruse, tirer encore quelques ressources d'un pays épuisé. L'Hétairie agissait au grand jour par ses soldats et secrètement par des émissaires qu'elle entretenait jusque dans l'armée musulmane. Dès l'entrée des Égyptiens en campagne, cette société, qui ne comptait guère que des Grecs dans son sein, avait compris qu'il lui serait difficile de trouver parmi ses membres des agents qui pussent la servir dans le camp d'Ibrahim-Pacha sans être reconnus; elle s'était donc abouchée avec la société des Buveurs de cendres qui avait envoyé en Grèce plusieurs affiliés, parmi lesquels se distinguaient deux personnages dont le rôle devait être important dans l'histoire que nous essayons de raconter, Fédor et Fabien Sidorovich. Fédor était un vieux conspirateur d'une cinquantaine d'années, sans faiblesse, parce qu'il n'avait plus de passion, sans foi ni loi pour parvenir à son but, et pratiquant jusqu'à ses dernières limites la théorie de l'obéissance passive. Quoiqu'il servît dans l'état-major des troupes égyptiennes, il était en rapports habilement dissimulés avec Fabien qui était détaché auprès du corps grec du palikare Hadji-Skopélos, et ils combinaient leurs mouvements de façon à tirer le meilleur parti possible de la cause presque perdue qu'ils avaient à défendre. Le chef secret, l'âme irrésistible de leurs résolutions les plus énergiques, résidait auprès du gouvernement provisoire grec et se transportait avec lui çà et là, au hasard des victoires ou des défaites. C'était un homme fort jeune encore, mais implacable, qui plus tard devait prendre une part active à bien des révolutions, que les affiliés connaissaient sous le nom Édomite de Samla et auquel ils obéissaient aveuglément, car il était leur chef, *L'investi*, ainsi qu'ils disent en leur langage mystique. Il se montrait rarement, et d'ordinaire il n'apparaissait que dans les circonstances solennelles, semblable à un génie, bon ou mauvais, qui, par sa présence seule, vient dénouer les situations les plus compliquées.

Au moment où commence ce récit, Athènes était occupée par le séraskier Rechid-Pacha, qui bloquait l'Acropole, où les Hellènes se défendaient avec vigueur. Les troupes de ces derniers s'étendaient sur le rivage de Phalère, défendant les approches de la mer Égée, et se massaient, entre Daphni et Éleusis, en colonnes assez fortes pour protéger les arrivages du golfe d'Égine; mais toute la Morée appartenait aux Égyptiens, et le corps turc de Rusteim-Bey, solidement établi à Zéituni, menaçait le golfe Maliaque, défendu seulement par les bandes de Hadji-Skopélos, cantonné autour de Molos, et qui avait ses avant-postes au village de Gravia. La situation du chef palikare n'était point mauvaise ; vers la plaine de Thèbes, il était abrité par le mont Cnémis, où ses vedettes avaient bâti de solides blockhaus ; vers Zéituni, le pas des Thermopyles le rendait presque inattaquable, et Gravia lui facilitait un mouvement de retraite rapide derrière le lit encaissé du Mavro-Potamos. Il eût donc pu, franchissant les longs défilés qui bordent le mont Parnasse, rejoindre au besoin le golfe de Lépante et prendre la route d'Athènes ; mais l'Égyptien Békir-Pacha était descendu à Galaxhidi avec dix mille hommes, s'était fortifié à Topolia, et fermait le passage à Hadji-Skopélos, qui, bloqué dans ses postes voisins du golfe Maliaque, se voyait réduit à la défensive. Les instructions de Békir-Pacha étaient des plus simples : forcer les avant-postes de Gavia, faire sa jonction à Zéituni avec Rusteim-Bey tourner les Thermopyles en suivant le sentier qu'indiqua jadis Éphialtès, fils d'Eurydème, disperser les insurgés campés à Molos et venir, par la plaine de Thèbes, en longeant le lac Copaïs, renforcer les Turcs d'Athènes de façon à leur permettre de donner assaut à l'Acropole. Ce plan était facile à suivre, et la réussite n'en était pas douteuse; pourquoi donc l'armée égyptienne ne faisait-elle que d'insignifiantes reconnaissances, et pourquoi tous ses mouvements, si bien combinés qu'ils fussent, étaient-ils toujours prévus et par conséquent déjoués par les Grecs? C'est que Fédor était dans l'état-major de Békir et que Fabien ne quittait point Hadji-Skopélos. Les deux Buveurs de cendres, en communication perpétuelle, étaient par ce seul fait maîtres de la situation.

Rien n'était plus lamentable que l'aspect du pays qu'avait à défendre Hadji-Skopélos pendant ce rude hiver. Au delà des cinq ou six maisons qui forment le triste hameau de Gravia, au delà des bouillonnements du Mavro-Potamos, le *fleuve noir*, qui mérite bien son nom par la dureté de ses ressacs, s'étend un petit bois de chênes, traversé par la route qui va vers Zéituni. Les feuilles desséchées, roulées sur elles-mêmes, tremblaient au bout de leurs tiges ridées par l'hiver; de lourds corbeaux taciturnes, ébouriffés par le froid, se tenaient perchés sur les plus hautes branches, pareils à de grosses boules noires; çà et là quelque hâtif perce-neige essayait de sourire au-dessus du linceul blanc qui l'environnait et que les pâles rayons du soleil doraient d'un reflet rose. De là on pouvait apercevoir dans le lointain, sur les collines qui dominent le village, des hommes vêtus de peaux de mouton, armés du long fusil albanais et se tenant immobiles à travers les épicéas, que la blancheur de la neige faisait paraître noirs : c'étaient les sentinelles grecques qui surveillaient les approches des avant-postes placés par Hadji-Skopélos. Parfois on entendait le cri lugubre : prenez garde à vous ! puis un coup de fusil retentissait, répercuté par les échos de la montagne, et tout rentrait dans le silence.

Dans un endroit où la futaie plus vieille et plus clairsemée laissait entre chaque tronc d'arbre un facile passage, deux hommes se promenaient gravement l'un près de l'autre, causant à voix basse et s'arrêtant parfois, comme pour mieux réfléchir à leurs paroles. C'étaient Fédor et Fabien, portant tous deux, sous leurs larges pelisses, le sabre au côté et les pistolets à la ceinture. Ce bois de chênes était leur lieu de rendez-vous habituel, et comme ils connaissaient chaque jour les mots d'ordre des deux armées, il leur était facile de circuler à travers les avant-postes sans être jamais inquiétés.

— Eh bien ! demandait Fédor, es-tu toujours en paix du côté de Zéituni ?

— Toujours, répondait Fabien avec un mouvement d'épaules très-méprisant. Tu connais Rusteim-Bey : c'est un Turc de la vieille roche, inébranlable dans son fatalisme comme le Parnasse sur sa base ; il croit très-sérieusement que tous les souverains d'Europe règnent par permission spéciale de son padischah, qui est l'ombre de Dieu sur la terre. On lui a dit de garder Zéituni, il garde Zéituni. Une fois, poussé par je ne sais quelle fantaisie, il a voulu enlever la petite redoute qui défend le pas des Thermopyles et que j'ai armée de trois canons; il a été reçu comme tu penses, et mon vieil ami Hadji-Skopélos l'a ramené, le couteau dans les reins, jusqu'aux murs de la ville. Ce bon Rusteim s'est contenté de dire : « Dieu est le plus grand, » et depuis ce moment il n'est point sorti de son immobilité. Du reste, il nous est fort utile ; il envoie sa cavalerie fourrager dans la plaine Lamiaque, et c'est là que nous allons prendre des chevaux quand nous en avons besoin.

— Békir-Pacha, un coquin qui vendrait son âme au diable pour dix paras, un verre d'eau-de-vie ou une jolie femme, reprit Fédor, voudrait l'engager contre vous de concert avec lui, car Ibrahim lui a promis quelques sacs de piastres, s'il parvenait à vous déloger de Molos et de Bodonitza.

— Je le sais, dit Fabien, et ne m'en soucie guère ; j'ai un homme à moi auprès de Rusteim-Bey, et à toutes les exhortations de ton ami Békir on répond invariablement que l'hiver est trop dur pour se mettre en campagne, que rien ne presse, et qu'au printemps on verra quel parti il convient de prendre. De ce côté je suis donc en repos; je n'en dirai pas autant des Égyptiens, qui pourraient bien, un de ces jours, venir voir si Léonidas est encore aux Thermopyles; Bah! ajouta-t-il en souriant, s'ils y viennent, il y sera!

— C'est précisément de quoi je voulais te parler, reprit Fédor; Békir est fatigué des lenteurs de Rusteim, son amour-propre d'Égyptien le pousse à agir sans le concours des Turcs, quitte à rejeter sur eux la faute de sa défaite, s'il est battu; Ibrahim, qui est en Laconie, et à qui les Maïnotes donnent une rude besogne, crie comme un bœuf qu'on assomme et envoie courrier sur courrier à Békir-Pacha pour lui intimer l'ordre de marcher contre vous; il s'indigne, il s'exaspère, il n'y comprend rien. Réussirai-je longtemps encore à retenir l'Égyptien? J'en doute; puis Samla est inquiet et recommande une vigilance active. Tiens-toi donc prêt; vos postes seront attaqués d'un jour à l'autre; si par malheur on laisse le combat dépasser les défilés de Gravia et déborder dans la plaine, il est fort possible que Rusteim-Bey sorte enfin de son repos et vous tombe sur les bras à revers au beau milieu de la bataille. La jonction des Turcs et des Égyptiens se ferait alors sans difficulté, et Dieu sait ce qui en résulterait.

— Il en résulterait que je me concentrerais derrière les Thermopyles en m'appuyant sur Bodonitza, et je défie bien tous les pachas du monde de me déloger.

— Tu raisonnes comme un soldat que tu es, répliqua durement Fédor; ne pourrais-tu pas oublier que tu as été officier sous l'empire? Tu fais ici une œuvre politique et pas autre chose; il importe fort peu que tes hommes soient vainqueurs ou vaincus; il importe d'arriver au résultat que nous cherchons, c'est-à-dire d'empêcher les infidèles, ainsi qu'on écrit dans les journaux parisiens, d'aller renforcer les Turcs d'Athènes. Tant que l'Acropole tiendra, il y a espérance d'une intervention européenne; l'Acropole tombée, la révolte est éteinte, c'est un fait accompli, et nul ne s'en occupe plus. Et puis crois-tu que ces musulmans soient assez stupides pour s'attaquer de front aux Thermopyles? Ils te tourneront par le mont OEta, ou te débarqueront des troupes sur tes derrières, et alors tu serais absolument perdu.

Tout en parlant, Fédor avait, du bout de son pied, dessiné sur la neige les différents mouvements qu'il indiquait.

— Tu as raison, dit Fabien; alors nous nous battrons sur Gravia.

— Tu es toujours en bons termes avec Hadji-Skopélos ? demanda Fédor.

— Toujours, répondit Fabien, le brave homme ne voit que par mes yeux.

— Renforce donc tes postes vers Gravia, reprit Fédor ; mets des troupes suffisantes derrière le Mavro-Potamos, et dès qu'il en sera temps, je te ferai prévenir.

— Par qui ?

— Mais toujours par mon caloyer[1]. Ah ! le bon bandit ! Plus Turc que les Turcs, plus Grec que les Grecs ; fumant l'opium avec les uns, buvant l'araki avec les autres ; pappas ici, derviche là-bas ; pratiquant toutes les momeries ; déguisé, méconnaissable en un tour de main ; ne croyant à rien et profitant de tout... Ah ! celui-là est un homme sans préjugés.

— Mais où as-tu découvert cette merveille ? demanda Fabien.

— Je l'ai fabriqué moi-même, répondit Fédor, et, mettant la main sur le bras de Fabien, il ajouta : Mon cher, les bons ouvriers font eux-mêmes leurs outils ; tâche de t'en souvenir.

1. Caloyer ou caloger, de Καλός (bon), γέρον (vieillard) ; le nom donné aux moines de Saint-Basile, qui, malgré leurs mœurs fort dissolues, rendirent de grands services à la Grèce pendant l'insurrection. La plupart des chefs de l'Hétairie furent pris dans leur ordre.

Ils se dirent adieu et s'éloignèrent chacun de son côté ; tout à coup Fédor s'arrêta, et, se retournant, il cria d'un ton goguenard à Fabien :

— A propos, es-tu toujours amoureux ?

Une sorte d'éclair intérieur brilla sur le visage de Fabien, qui leva les yeux au ciel et répondit : toujours !

Fédor resta pensif ; pas à pas il se rapprocha de Fabien, et, le regardant fixement, il lui dit :

— La responsabilité qui pèse sur toi ne suffit donc pas à occuper ton esprit, qu'il te faille encore des sensations de cette nature ; amuse-toi, si tu en as envie, mais n'aime pas. L'amour est plus qu'inutile, il est dangereux ; c'est le père de toutes les sottises humaines.

— O blasphémateur ! s'écria Fabien en souriant ; tu es dans la patrie des dieux, et tu nies la puissance du vrai maître de l'Olympe !

— Mythologie et pathos ! reprit Fédor ; avec cela, on ne fait rien de bon dans la vie.

— Vasilissa est si belle ! dit Fabien avec une expression indéfinissable de tendresse et d'orgueil.

— Oui, elle est belle ; mais est-ce une raison pour t'absorber ainsi en elle et risquer ta vie, comme tu l'as fait vingt fois, pour lui épargner une égratignure ? Ta vie est précieuse, et nous en avons besoin.

— Que veux-tu que je te dise, répliqua Fabien, sinon que je l'aime comme un fou et que je donnerais le sort du monde pour un cheveu de sa tête ?

— Aime-la donc, et grand bien te fasse ! dit Fédor avec humeur ; quant à moi, je préfère les mathématiques, c'est plus sûr et moins bavard. Adieu, berger fidèle !

Les deux amis se serrèrent la main, et Fédor s'éloigna. Il marcha quelque temps à travers les arbres, et tout en cheminant il murmurait : Pauvre garçon ! le voilà tout pâmé devant cette poupée imbécile qui ne sait dire ni *a* ni *b*, et qui n'est bonne qu'à bâiller, manger des confitures et dormir ! — Ah ! ajoutait-il avec un soupir où se mêlaient quelques regrets, de mon temps, nous les menions mieux que cela, les femmes ! et les choses n'en allaient pas plus mal.

Parvenu à un coin du bois serré par un angle du Mavro-Potamos, il siffla d'une façon particulière. Quatre cavaliers parurent, conduisant un cheval de main ; Fédor se mit en selle, et par un sentier à lui connu, qui tournait le village de Gravia, il arriva au bout d'une heure à Topolia, où Békir était cantonné avec le gros de ses troupes.

Quant à Fabien, marchant lestement à travers la neige, répétant à mi-voix la chanson albanaise, qu'il entendait souvent chanter : « Tu es le médecin, ma belle, et moi le blessé ; donne-moi un baiser, ma belle, afin que je guérisse, pauvre que je suis ! » il pensait à sa maîtresse et se sentait heureux.

Au moulin que font tourner les sources chaudes, il reprit son cheval, et comme il s'approchait de la petite redoute qu'on avait construite là même où s'éleva le mur de Justinien et où combattirent les trois cents de Sparte, il répondit au qui-vive des sentinelles et passa. Les hommes de garde étaient réunis à quelque distance de la montagne, autour d'un feu qui faisait fondre la neige et découvrait la terre noire. Un chevreau, enfilé d'une broche en bois, tournait lentement au-dessus des flammes ; deux ou trois palikares jouaient aux dés ; un autre, étendu sous un gourbi de paille, frottait les cordes de sa mandoline et chantait à tue-tête d'une voix de fausset : « Arbre, reçois-moi, reçois-moi, cyprès ! Voilà mes branches, mon ami, mon basilic à triple épi ! Voilà ma tige, attaches-y ton cheval ; voilà mon ombre, mon ami, mon basilic à triple épi ! voilà mon ombre, couche-toi et t'endors ! »

Fabien s'assura d'un coup d'œil que tout était en ordre ; il recommanda la vigilance, continua sa route et arriva à Molos. C'était un petit village où les maisons, largement espacées, semblaient s'être disséminées au hasard dans des champs où les figuiers privés de leurs feuilles agitaient tristement leurs branches noueuses et bleuâtres. Dans des hangars ouverts à tous les vents, construits avec des baliveaux non équarris et abrités par un léger toit en chaume, des chevaux entravés et tout sellés mangeaient leur maigre pitance sous la surveillance des palikares déguenillés. Des feux flambaient çà et là, autour desquels les soldats accroupis dormaient, ou causaient entre eux. On entendait la plainte monotone de la mer qui bruissait à une lieue vers le nord, et l'on apercevait dans la direction du sud les hauteurs du mont Cnémis, verdies par les mélèzes et par les pins laryx. Après avoir quitté son cheval, Fabien se dirigea vers une assez grande maison carrée, entourée d'une véranda sur ses quatre faces; il gravit les degrés en bois d'un escalier extérieur où se tordaient, comme de gros serpents noirs, les rameaux d'une vigne dépouillée. Au bruit de ses pas, la porte s'ouvrit, et une jeune fille s'avança vers lui avec un sourire : c'était Vasilissa.

Elle était d'une beauté merveilleuse, et l'on pouvait comprendre, à la voir, l'amour ardent qu'elle inspirait à Fabien. Son costume en laine blanche, brodé de soies de diverses couleurs, le simple mouchoir de nuance éclatante qui se mêlait à ses cheveux, dont deux longues nattes ornées de sequins d'or battaient jusque sur ses jarrets, sa démarche lente et onduleuse, l'admirable pureté des lignes de son visage, qu'éclairaient deux grands yeux d'une douceur et d'une soumission étranges, ses lèvres cernées par un imperceptible bourrelet semblable à celui qu'on remarque à la bouche des sculptures d'Égine, lui donnaient un air antique plein de splendeur et de sérénité. Elle était fort jeune, mais je ne sais quelle expression de tristesse résignée répandue sur tous ses traits racontait mieux que son histoire les événements terribles qu'elle avait déjà traversés. Elle était née à Arachova, dans ces hauts lieux situés près de Delphes, où les dominations étrangères n'ont jamais réussi à s'établir sérieusement et n'ont pu se mêler au sang de la race grecque primitive, à laquelle elles ont laissé toute sa pureté. Dans un des premiers combats de la guerre d'indépendance, sa maison avait été incendiée, ses deux frères tués, sa mère éventrée, et elle-même n'avait été sauvée du massacre ou de l'esclavage que par la vigueur courageuse de son père, le pappas Gregorios, qui, l'emportant dans ses bras, réussit à gagner la Thessalie, où Hadji-Skopélos les avait recueillis au milieu du petit corps d'armée qu'il y commandait alors. De ce jour, la vie de Vasilissa fut errante ; elle ne quitta plus son père, qui suivait les insurgés, leur disait la messe le dimanche, priait pour eux à l'heure des combats, et récitait sur leurs tombes les paroles consacrées par le rite orthodoxe. Quelquefois, pendant les vives alertes, le vieux prêtre prenait aussi le mousquet et faisait le coup de feu tout aussi bien qu'un autre. Quant à sa fille, elle était aimée et respectée de tous les palikares, qui voyaient en Vasilissa je ne sais quel être presque surnaturel qui les protégeait dans leur dure vie d'aventures. Ils en auraient dit volontiers ce que Marco Botzaris disait de sa femme Chrysé : « Les femmes sont des génies mystérieux qui versent un baume salutaire sur le cœur ulcéré des guerriers. »

Lorsque Fabien, avec le titre de philhellène, fut envoyé par les Téphrapotes auprès d'Hadji-Skopélos, dont il dirigeait tous les mouvements, il devint vite amoureux de Vasilissa et ne tarda point à s'en faire aimer. Toute Grecque qu'elle était, elle avait trop vécu dans les mœurs fatalistes de l'Orient pour ne point s'abandonner sans combat le jour où elle se sentirait poussée par son cœur. Fabien était beau, il avait assisté aux dernières convulsions de l'épopée impériale, il avait une réputation de bravoure qu'il justifiait en toute occasion. Dans maintes circonstances, par son énergie habilement employée, il avait sauvé les troupes d'Hadji-Skopélos, menacées par des forces supérieures, et son prestige, justement acquis, lui avait valu l'amour de Valissa. Sans être un homme d'une intelligence hors ligne, sans être un sectaire implacable et mathématique comme Samla, sans être un vieux conspirateur plein d'expérience comme son ami Fédor, Fabien Sidorovich n'était point le premier venu. C'était un Dalmate d'assez bonne origine ; attaché par sa famille au parti français, il était entré fort jeune dans le corps de Marmont, avait parcouru l'Europe au bruit des trompettes, et fut surpris autour de Paris, avec le grade de capitaine, par la chute de l'empire.

Le dégoût, l'oisiveté, l'activité de sa nature, le jetèrent dans les conspirations de cette époque ; il montra quelque énergie dans l'affaire de l'Epingle noire, fut distingué par les Buveurs de cendres et envoyé par eux à Constantinople, où il résida jusqu'au commencement de l'insurrection grecque. Ce ne fut pas sans danger pour ses forces morales qu'il séjourna cinq ans dans la vieille Stamboul ; il subit tyranniquement l'influence des milieux, et, sans trop s'en rendre compte, il s'endormit un peu dans la paresse, dans la rêverie, dans le *kief*, ainsi qu'on dit près du Bosphore. La nonchalance ottomane était entrée en lui ; involontairement il disait aussi : *Bakaloum!* mot essentiel, difficilement traduisible, qui est comme le fond de la langue turque, et qui pourrait signifier aussi bien — dépêchons-nous — que — nous verrons ! mot commode, à l'aide duquel on ajourne indéfiniment les affaires, tout en ayant l'air de les presser ; mot sans cesse répété, qui sert à la fois d'excuse et d'encouragement, et qu'on entend aussitôt qu'on aborde à Constantinople. Dans la fréquentation des Turcs, Fabien s'était émoussé ; lui aussi, il eût maintenant volontiers remis à demain les affaires sérieuses ; il profitait du moment quand il était propice, s'inquiétait peu de l'avenir, conspirait par habitude peut-être plus que par conviction, et dans sa vie de soldat aimait plutôt l'aventure cherchée que le devoir accompli. Samla l'avait assez bien défini en lui disant dans un jour de reproches : « Tu es fruste comme une médaille antique ! » La médaille était fruste, soit ; mais le trait n'en avait pas moins été profondément gravé, et Fabien, sous sa nonchalance ordinaire, retrouvait parfois, quand il en était besoin, une énergie soudaine et rapide qui le rendait capable des résolutions les plus excessives. Il s'abandonnait indolemment à sa tendresse pour Vasilissa, sans regrets, sans prévisions, au hasard des jours que le sort lui envoyait ; mais, si l'on eût voulu la lui disputer, il l'eût défendue avec rage, de même qu'il l'eût quittée sans même se retourner, s'il ne l'avait plus aimée. A part ce contraste, qui rendait parfois son caractère assez difficile à comprendre, c'était un homme doux, indulgent, auquel ses trente-cinq ans avaient appris la grande science de la vie, qui est l'indifférence.

On savait dans tout le corps d'armée que Vasilissa était sa maîtresse ; nul n'en était surpris, et l'on comprenait facilement qu'au milieu d'une existence pleine de périls, sans lendemain assuré, on se passât de certaines formalités pour être heureux pendant qu'on en avait le temps encore. Pappas Gregorios fermait les yeux comme les autres, et se disait, lui qui avait prié sur tant de tombes, qu'il aurait sans doute un mariage à bénir après la guerre. Quant à Hadji-Skopélos, il avait, ainsi qu'il le disait lui-même, vu tant de « caravanes » qu'il ne s'étonnait plus de rien.

A Molos, Fabien habitait une grande maison qu'il partageait avec Vasilissa et pappas Gregorios. C'est là qu'il travaillait, qu'il recevait ses agents secrets et les communications que Fédor lui faisait parvenir ; c'est là qu'il se reposait de ses fatigues et qu'il était heureux. Parfois il quittait la table sur laquelle il était penché à écrire ses notes, ses dépêches chiffrées, ses combinaisons stratégiques, il allait vers le large divan où Vasilissa à demi endormie tuait le temps à force de ne rien faire, il la prenait dans ses bras, lui baisait les yeux, lui disait : — Tu m'aimes toujours ?

Elle répondait : — Toujours, mon cher seigneur !

Alors il ne se sentait pas d'aise, et reprenait son travail interrompu.

Malgré ces puérilités, Fabien n'était pas inutile. Ses relations constantes avec Fédor, les avis ou plutôt les ordres que Samla lui expédiait, lui permettaient de déjouer sans cesse les projets de l'ennemi, et Hadji-Skopélos, émerveillé de sa sagacité, lui laissait la direction absolue de toutes les affaires. Du reste, le vieux chef palikare, ancien klephte du mont Olympe, avait pour Fabien un dévouement sans bornes ; tous deux avaient subi les rites de l'*adelphopoiétie*. Accompagnés d'une petite fille de dix ans, emblême de la pureté de leurs intentions, ils avaient été liés de la même ceinture, avaient communié de la même hostie et avaient été bénis par le même pappas, qui les avait déclarés et sacrés *frères-faits*, cérémonie antique qu'inventèrent sans doute les Thésées et les Pirithoüs d'autrefois, que le moyen âge renouvela pour les frères d'armes, et qui subsiste encore dans la Grèce d'aujourd'hui. Skopélos, était à la fois dissolu, brave, rusé, avide et religieux; il savait au besoin se faire valoir, et portait avec orgueil le titre de *hadji*, qu'il avait mérité en faisant le pèlerinage de Jérusalem.

Trois jours après l'entrevue des deux compagnons dans le petit bois de chênes de Gravia, Hadji-Skopélos était sorti depuis le matin pour aller surveiller lui-même ses avant-postes; Vasilissa, accroupie sur son divan, faisait très-sérieusement un *charme* favorable en disposant dans un certain ordre des tiges d'anémones nées du sang d'Adonis et des larmes de Vénus, et Fabien, incliné sur une carte géographique, un compas à la main, étudiait je ne sais quel mouvement militaire qu'il méditait pour déloger Rusteim-Bey de Zéituni; deux jeunes officiers placés en face de lui, à la même table, copiaient des papiers répandus devant eux.

On entendit un pas pesant qui gravissait l'escalier sonore et une voix nasillarde qui psalmodiait les premiers vers de la chanson de saint Basile : « Là où nous avons chanté, que jamais pierre ne se crevasse, et que le maître de la maison vive pendant mille ans! »

— Ah! dit Vasilissa en relevant la tête, c'est le bon caloyer!

En effet, la porte s'ouvrit, et le caloyer parut couvert de la robe noire serrée d'une large ceinture de cuir, coiffé du bonnet plat et carré d'où retombe par derrière une étroite bande de drap; ses cheveux grisonnants flottaient sur ses épaules, sa barbe touffue cachait la moitié de son visage effronté, et il s'appuyait en marchant sur un gros bâton terminé par une pomme d'ébène.

— Que Basile, le saint patron du mont Athos, veille sur vous! dit-il en entrant; je traversais le village, et je suis venu voir en passant comment allaient Fabien, l'ami des pauvres Grecs, et la belle Vasilissa.

Il posa son bâton dans un coin de la chambre, s'assit sur le divan, et quand on lui eut apporté la pipe et le verre d'eau traditionnels, il continua :

— Mauvais temps pour les palikares qui dorment en plein air! Le froid augmente, il a neigé encore cette nuit : au premier rayon du soleil les torrents seront infranchissables. Que la Panagia [1] veille sur nous car bien des braves gens qui sont pleins de vie à cette heure n'entendront pas chanter le coucou lorsque viendra le printemps. Le vent est aux batailles. On dit

---

1. La *toute sainte*, c'est le nom que les Grecs donnent à la Vierge.

que les Arabes d'Ibrahim, que Dieu maudisse! grelottent dans le Taygète et crèvent comme des mouches, car ils ne sont point accoutumés au froid de nos pays.

— Sont-ce là toutes tes nouvelles, demanda Fabien.

— On dit encore, reprit le caloyer, que les Egyptiens de Galaxhidi et de Topolia préparent un mouvement contre vous autres ; mais, par mon bâton, je ne sais rien de plus!

Fabien se leva et se promena de long en large; tout en marchant, il arriva près du coin de la chambre où le caloyer avait déposé son bâton. Il le prit, et, le pesant dans sa main :

— Tudieu! moine de saint Basile, dit-il en souriant, est-ce avec un tel aspersoir que tu donnes ta bénédiction ?

— Eh! répondit le caloyer en prenant une mine piteuse, il y a bien des chiens qui mordent et bien des gens qui volent maintenant dans les campagnes. Dieu n'a point ôté à ses ministres le droit de se défendre; il ne les a point protégés non plus contre la soif et la fatigue : je suis las, altéré, et j'avoue qu'un verre d'*araki* me ferait grand bien.

Sur un signe de Fabien, un de ses officiers ouvrit une armoire et en tira une bouteille d'eau-de-vie et un verre qu'il plaça devant le caloyer, qui ne fut pas long à y faire honneur.

Fabien tenait toujours le bâton à la main; tout à

coup il fit le geste de quelqu'un qui se rappelle subitement une chose oubliée, et sortit. Le moine buvait à petites gorgées son second verre d'araki. Fabien entra dans une autre chambre, s'assura d'un regard qu'il était seul, dévissa rapidement la pomme du bâton, et de l'intérieur, qui était creux, tira un billet couvert de chiffres; c'était une lettre de Fédor.

« Békir-Pacha a fait ses préparatifs pour vous attaquer demain, sur Gravia, au point du jour. Alerte et bon courage ! Il veut établir ses communications avec Rusteim-Bey, et lui a donné avis de son mouvement. Rusteim-Bey marchera-t-il ? Je l'ignore. Utilise le caloyer, qui peut rapidement devenir un derviche. Tu as la nuit pour parer à tout, tâche que ta Vasilissa ne te la fasse pas perdre. »

Avec les mêmes signes de convention, Fabien répondit :

« Merci, je serai prêt. Si ton Békir ne trouve personne pour le recevoir à Gravia, n'en sois pas surpris : je veux lui donner une leçon qui puisse lui profiter, et je compte le laisser s'engager sérieusement, afin de lui ôter l'envie de recommencer. — A quoi bon te moquer sans cesse de cette pauvre Vasilissa ? Quant à ton caloyer-derviche, je vais l'empêcher de se griser et l'expédier à Zéituni. En tout cas, je suis en mesure de rejeter Rusteim, s'il descend dans la plaine. »

Fabien roula le billet, l'introduisit dans la canne,

dont il revissa la pomme, et revint près de Vasilissa. Le caloyer causait avec elle et faisait de temps en temps claquer sa langue après avoir bu quelques gouttes d'araki.

— Ah! fille de Gregorios, disait-il, je t'ai vue toute petite quand, il y a déjà bien longtemps, j'ai traversé Arachova en recueillant des aumônes pour l'érection de notre chapelle de saint Georges. Tu étais déjà charmante; mais depuis tu es devenue si belle que saint Chrysostôme lui-même se damnerait, s'il t'apercevait!

— Eh bien! moine endial lui dit Fabien en riant, il me semble que tu oublies singulièrement tes vœux d'abstinence et de chasteté; tu bois comme une éponge, et tu débites des fadaises à Vasilissa.

Cette dernière leva les épaules comme pour répondre : Qu'importe ce qu'il dit? ne sait-on point que je suis belle?

Fabien, tout en parlant, avait retiré la bouteille que le caloyer menaçait de mettre à sec; le pauvre moine fit un geste pour la ressaisir, et Fabien, le regardant entre les deux yeux, lui dit :

— Tu as assez bu; tu auras peut-être une longue course à faire encore aujourd'hui avant de trouver ton gîte; conserve tes jambes pour ne point tomber en chemin.

— Ah! jeune homme, dit le caloyer avec un gros

soupir, tu es dur pour ceux qui vieillissent. En buvant, je ne manque point à mon vœu d'abstinence, car jamais je n'ai pu réussir à me griser. Quant aux paroles que je dis à Vasilissa, en quoi sont-elles coupables ? Sa réputation n'est-elle pas faite à vingt lieues à la ronde ? Tu connais le proverbe arabe : « Les secrets sont comme le musc, l'ail et le meurtre ; ils finissent toujours par se trahir. » Eh bien ! la beauté est comme les secrets, on ne peut la cacher longtemps. Les Turcs de Zéituni, les Égyptiens de Topolia, ne parlent que d'elle. Un des nôtres qui a été fait prisonnier par les cavaliers de Békir, qui a vécu dans le camp du pacha et qui a réussi à s'échapper, me disait il y a deux jours : « Le pacha ne parle que de Vasilissa, la fille de pappas Gregorios ; il ne l'a jamais vue, mais on lui a fait de tels récits de sa beauté qu'il a juré de la faire prisonnière et de la mettre dans son harem, quitte à la revendre un bon prix lorsqu'il en sera fatigué. » Et, ajouta-t-il, elle ne serait pas la première fille grecque à qui pareille aventure serait arrivée.

— Tant que Fabien vivra, répondit Vasilissa, je ne crains rien ; il est mon cher seigneur, et je suis toute à lui.

— Elle parle aussi bien qu'un sansonnet, dit le caloyer d'un ton qui n'était rien moins que respectueux, elle a récité toute sa phrase sans se tromper.

Vasilissa lui saisit la barbe et la lui tira assez rudement; avec un geste plein d'une force douce, le moine prit la main de la jeune fille et l'éloigna de son visage.

— Si tu avais jamais entendu parler d'un de nos compatriotes qui s'appela Homère, petite fille, lui dit-il, tu saurais que lorsqu'on est jeune et belle ainsi que toi, on caresse la barbe des vieux, comme fit Thétis à Jupiter, au lieu de la leur tirer irrévérencieusement.

Il se leva. — Adieu! la journée avance, il faut que je parte.

— Je vais, dit Fabien, te conduire jusqu'aux grand'gardes, afin d'y donner un coup d'œil.

Les deux hommes traversèrent le village sans parler; les femmes baisaient dévotement le bas de la robe du caloyer qui, sans même sourire, leur donnait sa bénédiction. Quand ils furent dans la campagne, dont la neige faisait un vaste tapis blanc, troué çà et là par le piétinement des chevaux, Fabien dit au caloyer :

— Tu sais de quoi il s'agit?

— Eh! comment ne le saurais-je pas? répliqua le moine. J'ai vu de mes propres yeux tous les préparatifs de Békir; il ne faut pas être sorcier pour deviner ses intentions, et j'allais partir, sans ordres, pour t'en donner avis, lorsque Fédor m'a envoyé. Je vais retourner près de lui et lui montrer mon bienheureux bâton.

— Non pas, reprit Fabien, tu vas aller à Zéituni ; tu t'arrangeras de façon à savoir si Rusteim-Bey est prévenu de l'attaque projetée pour demain, et s'il a l'intention de la seconder en faisant un mouvement vers les Thermopyles.

— Allons, dit gaiement le caloyer, il n'y a d'autre Dieu que Dieu, et Mahomet est l'apôtre de Dieu, je vais redevenir derviche, ce qui me sera facile, car j'ai laissé ma défroque musulmane dans un coin du bois de Gravia. Rusteim est un nigaud qui restera tranquille, à moins que Hadji-Skopélos ne se laisse battre, auquel cas il arrivera pour profiter de la victoire sous prétexte que, d'après les firmans de la Porte, les Égyptiens ne doivent opérer que contre la Morée. Quant à connaître ses projets, rien ne sera plus aisé, et je t'en rendrai bon compte.

— Je t'attendrai toute cette nuit dans la maison de Molos, dit Fabien.

Le caloyer s'était arrêté et semblait réfléchir profondément. — Non, dit-il après quelques instants de silence, ne m'attends pas ; la route est longue d'ici à Zéituni, plus longue encore de Zéituni à Topolia, où il faut que je sois avant le jour, afin d'être auprès de Fédor, qui peut avoir besoin de moi. Quand demain tu te rendras à Gravia avec tes palikares, regarde le premier chêne à droite du sentier, avant d'arriver au Mavro-Potamos ; s'il porte, à hauteur d'homme, une forte entaille faite d'un coup de hache, c'est que Rusteim-Bey ne bougera pas; s'il en porte deux, c'est que son intention sera de t'attaquer sur tes derrières, à l'entrée des défilés qui s'ouvrent sur la plaine. Est-ce entendu ?

— Oui, répondit Fabien; mais avec quoi feras-tu les entailles ?

Le caloyer releva sa robe et montra une de ces larges serpes emmanchées droit qu'on nomme hansart, et qui sont une arme redoutable; elle pendait, rattachée à une ceinture que cachaient les plis de la robe.

— Avec un tel joujou, dit le caloyer en riant d'une façon sinistre, on peut faire des entailles à tout ce qu'on rencontre en route : chêne ou Turc.

Les deux hommes se séparèrent après s'être serré la main, et Fabien se rendit auprès d'Hadji-Skopélos, afin d'aviser avec lui aux moyens de faire payer cher aux Égyptiens l'agression qu'ils méditaient contre les avant-postes de Gravia.

La nuit se passa en préparatifs; une heure avant le lever du jour, tout était prêt. Fabien s'était assuré que le chêne désigné ne portait qu'une entaille; il était donc en repos du côté de Zéituni, dont la garnison ne viendrait pas le prendre à revers. Avant de partir, il avait embrassé Vasilissa, qui était si fort accoutumée à ces perpétuelles escarmouches auxquelles

son amant prenait part, qu'elle ne s'en inquiétait
même plus. Seulement, afin de lui porter bonheur,
elle avait cousu à ses vêtements un morceau du voile
de la Panagia de Tinos, ce qui est un infaillible talisman contre les balles, comme chacun sait.

Les combats ne peuvent trouver place dans ce récit,
qu'ils allongeraient inutilement. Il suffit donc de dire
que, grâce aux dispositions prises par Fabien, les soldats de Békir, imprudemment engagés, purent s'emparer, presque sans coup férir, du village de Gravia,
mais qu'arrivés au bord du Mavro-Potamos, ils trouvèrent une résistance à laquelle ils ne s'attendaient
guère. Repoussés en face, attaqués à droite et à gauche
sur leurs flancs, ils furent contraints à précipiter leur
retraite, qui ressemblait bien à une fuite, après avoir
laissé plus de cinq cents hommes couchés pour toujours sur la terre qui avait bu leur sang.

Békir-Pacha était de fort méchante humeur; il hâtait
lui-même la marche de ses soldats qu'il activait parfois à grands coups de *courbach*; il maugréait contre
ces maudits Grecs que jamais il ne pouvait surprendre
et contre ces Turcs imbéciles qui ne se mettaient
jamais en mouvement pour seconder ses opérations.
Il traversa ainsi la montagne, franchissant les ravins
qui roulaient une eau argileuse et bruyante, jurant
contre ses officiers et se retournant à chaque pas pour
voir s'il n'était point suivi de trop près. Il arriva à

Topolia, tripla les grand'gardes, donna l'ordre de redoubler de vigilance dans la crainte d'une surprise, et entra dans la maison placée au bord de la voie antique, qui lui servait de quartier-général. Impassible et comme désintéressé, Fédor l'attendait.

Békir-Pacha jeta sa pelisse au nez d'un esclave abyssin, détacha son sabre qu'il lança à l'autre bout de la chambre, se coucha sur le divan sans même penser à enlever sa chaussure, ce qui est un signe de grave préoccupation, fuma son narguileh, but une tasse de café sans prononcer une parole, et, regardant Fédor qui se promenait de long en large, il lui dit enfin :

— Eh bien ! nous voilà encore battus, c'est à n'y rien comprendre !

— Dieu est le plus grand ! répondit froidement Fédor à la mode musulmane.

— Dieu est le plus grand ! Dieu est le plus grand ! reprit Békir avec impatience, je le sais bien ; tu parles comme un derviche ; garde pour toi tes sentences, si tu en as besoin, mais donne-moi des raisons. Comment se fait-il, comment se peut-il qu'avec mes troupes, qui sont braves, qu'en suivant ponctuellement nos plans, qui sont bons, car c'est toi qui les fais pour la plupart, je n'arrive jamais à surprendre et à anéantir ces lièvres infidèles qui ne savent se battre que derrière des rochers, et dont on ne voit jamais la poitrine en face ?

Fédor hocha plusieurs fois la tête, et, s'arrêtant devant Békir, il lui dit en le regardant avec des yeux dont l'expression, à force d'indifférence, était irritante dans un tel moment : — J'y songe comme toi et comme toi je suis troublé, car tout ceci n'est point naturel. Ah ! je voudrais bien être dans l'âme de ce Rusteim-Bey qui est à Zéituni afin de savoir ce qu'il pense. Les Turcs sont jaloux des soldats d'Ibrahim, tu le sais mieux que moi, et bien souvent je me suis demandé si ce n'était point faire œuvre d'imprudence que de lui confier tes projets en lui demandant de les seconder ?

— Tu crois ? s'écria Békir.

— Je ne crois rien et surtout je n'affirme rien, répliqua nonchalamment Fédor ; mais enfin quel est l'intérêt de Rusteim ? De laisser les Grecs et les Égyptiens s'épuiser mutuellement par des combats toujours renouvelés, afin d'arriver seul un jour contre les Hellènes diminués, fatigués, à demi vaincus déjà par toi, de remporter une victoire facile et d'en recueillir toute la gloire, et l'on dira alors : Les Turcs ont fait en un jour ce que les Égyptiens n'ont pu faire en plusieurs semaines. Tu sais bien que les Turcs vous regardent comme des intrus et se demandent pourquoi vous êtes venus vous mêler de leurs affaires.

Békir resta longtemps silencieux, puis il se leva et se pencha sur la table où s'étalait une carte de la

Grèce ; certes il n'était point en état de lire topographiquement une carte quelconque, mais il s'y appliquait de son mieux. Après quelques instants de contemplation, il dit d'une voix frémissante : — Ah ! si ce que tu soupçonnes était vrai, je laisserais là les Grecs, je tournerais la montagne par Patradjik, j'irais moi-même attaquer les Turcs à Zéituni, je les grillerais comme des fèves et je ferais empaler Rusteim.

— L'idée n'est point mauvaise, répliqua Fédor en souriant ; mais alors le grand-vizir écrira à ton maître Ibrahim, qui n'est point tendre, et tu risquerais fort de t'en aller aussi à ton tour vers le paradis de Mahomet, à califourchon sur un pieu que tu trouverais peut-être trop pointu. *Bakaloum ! Bakaloum !* comme disent les Turcs ; patience, Békir, l'occasion te viendra peut-être de te venger dignement de tous ces esclaves de sultan Mahmoud !

— Tu as raison, dit Békir ; il faut savoir attendre, car Dieu est le plus grand !

Puis Békir se leva, et, pour rasséréner son esprit, s'en alla passer quelques heures en compagnie de ses femmes, qui voyageaient toujours avec lui, car c'était un pacha qui se piquait de belles manières.

Vers le soir, on remit à Békir les rapports de la journée, et il put voir combien ce combat, que les Grec sont appelé la bataille du Mavro-Potamos, lui avait coûté de monde. Cinq cents hommes manquaient à l'appel ; de plus un bey, trois *bimbachi* [1], et plusieurs officiers avaient péri dans la mêlée. On décida qu'une trêve momentanée serait demandée à Hadji-Skopélos, afin que de chaque côté on pût enterrer les morts. Deux trompettes, un parlementaire escorté de cavaliers furent donc envoyés aux avant-postes de Gravia, et là il fut convenu qu'une trêve de douze heures, commençant le lendemain après le lever du jour, était accordée aux deux armées, et que leurs états-majors respectifs assisteraient à la lugubre solennité, afin que leur présence assurât la ponctuelle exécution de la parole échangée.

C'était un triomphe, et ce fut presque une fête pour les Grecs. Hadji-Skopélos, monté sur son petit cheval noir, accompagné de Fabien et de tous ses officiers, précédé de pappas Grégorios escorté de quatre diacres, marchait orgueilleusement en caressant sa longue moustache grise, car il s'attribuait, en bon Grec qu'il était, tout l'honneur de la journée. Curieuses de spectacles sinistres, des femmes venaient en foule, mêlées aux palikares chargés d'ensevelir ceux qui étaient morts pour la patrie. A cheval auprès de Fabien s'avançait Vasilissa, qui, sous prétexte de suivre son amant et son père, avait voulu venir prendre sa part des émotions d'une telle cérémonie. Elle avait mis ses vête-

---

1. Chef de bataillon, littéralement chef de *mille* (hommes).

ments de fête ; un plastron composé de pièces d'argent de toutes les époques et de tous les règnes, large et semblable au gorgerin de Pallas, tombait sur sa jeune poitrine ; les tresses de ses cheveux noirs s'enroulaient autour d'un *takticos*, sorte de bonnet rouge, plat et agrémenté de passementeries d'or ; derrière ses oreilles, elle avait placé des perce-neige roses ; sur son front, une pièce d'or byzantine de Constantin Porphyrogénète jetait des reflets fauves ; Fabien la couvait des yeux, s'enorgueillissait de la trouver si belle, et écoutait avec ravissement les murmures d'admiration qu'elle arrachait à ceux qui la voyaient passer. Elle-même, elle se sentait en beauté, et, à défaut d'intelligence, je ne sais quel trouble joyeux animait sa physionomie, ordinairement calme jusqu'à l'immobilité.

Après avoir traversé le Mavro-Potamos, on arriva sur le terrain même du combat. La neige, longtemps piétinée, n'était plus qu'une boue grisâtre marquée çà et là de larges taches de sang. Les cadavres défigurés, grimaçant de l'horrible rictus qui ne se referme jamais, déjà roidis dans leurs attitudes diverses, étaient couchés au hasard de leur chute, nus pour la plupart et déjà dépouillés par les rôdeurs de nuit, qui avaient su profiter des ténèbres. On reconnaissait les musulmans à leur tête rasée et les Grecs à leur longue chevelure. Des chevaux gonflés, étalant leur gros ventre et leurs jambes grêles, attiraient une bande de corbeaux voraces qui s'enfuirent en croassant à l'arrivée d'Hadji-Skopélos et de son escorte. Les hommes détournaient les yeux et les femmes faisaient des signes de croix en passant auprès des cadavres.

Lorsqu'on fut arrivé sur l'emplacement neutralisé par la trêve, on aperçut Békir-Pacha à cheval au milieu de ses officiers; Hadji-Skopélos alla vers lui; les deux chefs échangèrent quelques paroles, et les rapides funérailles commencèrent. Les Grecs, précédés de pappas Gregorios, devant qui l'on portait la croix aux branches égales, conduisaient leurs morts au delà de Gravia; les femmes les suivaient en se meurtrissant le visage, en s'arrachant les cheveux, en hurlant comme des pleureuses antiques, pendant que les diacres psalmodiaient les longues et fatigantes litanies mortuaires de l'Église orthodoxe. Lorsque le cadavre qu'on retrouvait avait été pendant sa vie un vaillant soldat, une *voratrice* s'avançait au bord de la tombe et improvisait une chanson en l'honneur de « ce brave dont l'âme est devenue un petit oiseau, parce qu'il en a tué mille et encore mille avant de tomber en criant : O Grèce, tu seras libre ! »

Les Égyptiens, de leur côté, avaient creusé une large fosse; un derviche déguenillé, coiffé du haut bonnet pointu entouré d'Astrakan noir, portant à sa ceinture de cuir la longue cuiller de bois qui lui sert à se gratter le dos lorsque sa vermine le tourmente, couchait les morts sur le côté droit, la face tournée vers la Mecque, et répétait pour chacun d'eux la profession de foi musulmane; puis il disait : « Au nom de Dieu clément et miséricordieux! » et il ajoutait encore : « Que Nakir et Moukir, les redoutables anges de l'examen, n'entendent de toi que des paroles propices! » On abrégeait ainsi, autant que l'on pouvait, les lentes et minutieuses fonctions par lesquelles les musulmans honorent leurs morts ; du reste n'étaient-elles pas inutiles, et le prophète n'a-t-il pas dit : « Ceux qui auront succombé dans le chemin de Dieu, Dieu les introduira dans le paradis qu'il leur a déjà fait connaître? » Or la guerre contre les infidèles n'est-elle pas, par excellence, l'œuvre chère à celui qui envoya Mohammed pour prêcher sa parole?

Pendant que ces cérémonies sommaires s'accomplissaient, les officiers des deux états-majors s'étaient mêlés; Fabien causait à voix basse avec Fédor; Békir-Pacha contemplait Vasilissa et la trouvait très-belle. Tout en la regardant, il supputait ce que pourrait coûter une si merveilleuse créature, et il se disait que nulle, parmi les Circassiennes qu'il possédait ou qu'il avait vues, n'était digne de baiser le bout de ses pantoufles.

— Ah! se disait-il encore, sans ce Rusteim-Bey maudit, j'aurais battu les Grecs hier, j'aurais pris cette belle fille pour ma part de butin, et maintenant elle serait à moi, dans mon harem, et pour toujours.

Il s'approcha d'Hadji-Skopélos, et, lui parlant avec ces façons pleines de câlinerie que les musulmans savent si bien employer lorsqu'ils veulent obtenir quelque chose, il lui dit : N'est-ce point là cette belle Vasilissa, fille de pappas Grégorios, et dont on parle tant ?

Le vieux chef palikare fit un signe de tête affirmatif.

Békir reprit : — Vos caisses doivent être vides, pauvres Grecs, car vous avez été mangés vivants par ces Turcs avides qui, bien plus que nous, sont vos ennemis. Sais-tu bien que je donnerais une grosse somme, une somme considérable en guinées d'Angleterre, à celui qui voudrait me vendre cette Vasilissa dont les yeux sont si doux ?

Hadji-Skopélos se mit à rire et répliqua : — Nos femmes sont libres et ne sont point denrées que l'on achète. Je sais que vous vendez vos prisonniers, parce que vous êtes des mécréants ; mais ignores-tu la différence qu'il y a entre un musulman et un chrétien ?

— Je donnerais beaucoup d'argent à son père, reprit Békir en insistant ; je ne suis pas un petit personnage dans mon pays, et ce n'est point un mince honneur que de m'appartenir.

Hadji-Skopélos appela Fabien et dit à Békir : — Pacha, fais tes offres à cet officier ; lui seul peut arranger l'affaire.

Puis il s'éloigna en riant.

Aux propositions de Békir, Fabien sentit un jet de sang lui monter jusqu'aux yeux. Il le regarda avec fureur. — Sans la trêve jurée, lui cria-t-il, tes paroles te coûteraient cher !

— Comme ces Grecs ont un caractère singulier ! se dit Békir, qui ne comprenait pas pourquoi on ne vendrait pas une femme, puisqu'on vend les chevaux et les chiens.

Il marcha vers Vasilissa, et quand il fut près d'elle : — Pourquoi, lui dit-il, restes-tu avec ces esclaves révoltés et dépenaillés ? Ta vie est remplie de misères, ton pain est dur, tes nuits sont inquiètes, tu couches au hasard du campement, et ta jeunesse se flétrit dans cette mauvaise existence qui n'est point faite pour toi. Tu es belle comme une nuit pleine d'étoiles, ta vue est rafraîchissante comme l'ombre au désert ; quitte ces mendiants qui te traînent avec eux, tu auras des vêtements de soie, des pierreries pour mettre autour de ton cou, un palais au bord du Nil, quand nous serons revenus en Égypte, et, au lieu d'être la compagne de ces voleurs de grands chemins, tu seras, si tu le veux, la femme légitime d'un pacha qui commande une armée.

Vasilissa regarda Békir, dont les yeux étaient humides et dont les lèvres tremblaient. Son instinct féminin ne la trompa point ; elle comprit qu'elle venait d'allumer une passion foudroyante au cœur du pacha. Son orgueil en fut touché, et naturellement elle exprima son dédain de la façon la plus méprisante lorsque, crachant sur les pieds de Békir, elle lui répondit : — Chien ! fils de chien ! j'aimerais mieux me donner à un Juif que de t'appartenir ! Va-t'en, vautour circoncis, je maudis ta barbe !

En entendant cette injure, la plus violente qu'on puisse adresser à un musulman, et que Vasilissa avait criée à haute voix, Békir-Pacha devint très-pâle. — Par ma barbe que tu maudis, je te jure, lui dit-il, que je t'aurai et que je te garderai, dussé-je mettre le feu à la Grèce et faire tuer jusqu'à mon dernier soldat.

Le soir de cette journée, Békir, couché sur son divan, dans sa maison de Topolia, pensait à Vasilissa, et se sentait envahi par un amour brutal et impérieux comme en éprouvent ceux qui jamais n'ont rencontré d'obstacles, et qui pour la première fois de leur vie se trouvent en présence d'une difficulté sérieuse. Plus il se disait qu'il n'aurait point la fille de Gregorios, et plus il se répétait qu'il voulait l'avoir. Tout en s'absorbant dans ses pensées il buvait du vin de Chypre qu'il coupait avec de l'eau-de-vie, car, en bon pacha qu'il était, Békir était ivrogne au premier chef. Il comprit que sa raison troublée le conseillait mal et allait le pousser à quelque sottise. Il appela Fédor, son confident habituel. — Je meurs d'amour, lui dit il, cette Vasilissa m'a rendu fou.

— Mais qu'a-t-elle donc pour les ensorceler tous ainsi? se demanda Fédor.

— Je lui ai proposé de me suivre, continua Békir; elle a craché sur moi. J'ai offert beaucoup d'argent au vieux Skopélos, s'il voulait me la vendre; il m'a ri au nez. Je suis très-malheureux, et je ne vois pas pourquoi je ne l'aurais pas, puisque j'en ai envie.

En entendant cette balourdise, Fédor haussa les épaules. — Raisonnement de pacha! murmura-t-il, ces gens-là s'imagineront toujours que le monde est à eux. — Puis il ajouta à haute voix :

— Ton harem est-il donc vide que tu aies besoin de cette poupée grecque pour te distraire? Il ne manque pas de captives en Morée; envoies-y un de tes eunuques, et il t'en ramènera plus de femmes que tu n'en peux désirer.

— Je le sais, repartit Békir; mais ce ne sera pas Vasilissa, et c'est d'elle que je suis amoureux.

— Prends ton mal en patience, car, à moins que tu ne l'enlèves, tu ne l'auras pas.

— Eh bien! je l'enlèverai; tu es un homme de bon conseil, Fédor…

Il frappa dans ses mains, un esclave parut.

— Va me chercher Ismaël-Aga, lui dit Békir, et qu'il fasse diligence! J'ai besoin de lui.

Ismaël-Aga était un musulman thessalien, sous-officier dans cette singulière milice irrégulière que la guerre de Crimée a rendue célèbre sous le nom de *bachi-bouzouks*, et chef des cavaliers qui servaient spécialement d'escorte au pacha. C'était, comme la plupart des individus de cette espèce, un homme prêt à tout, ne discutant jamais un ordre et poussant volontiers jusqu'au crime la passivité de l'obéissance.

Dès qu'il fut entré, pieds nus, car il avait, selon l'usage musulman, laissé ses babouches à la porte, il se pencha vers Békir, baisa le bas de son vêtement, et, se redressant, il se tint immobile devant son maître.

— Tu connais le village de Molos, lui demanda Békir; peux-tu t'y rendre par la montagne sans traverser les grand'gardes grecques? As-tu dans ta troupe quatre hommes résolus prêts à se faire tuer avec toi si tu le leur ordonnes? As-tu de bons chevaux pour galoper à perdre haleine? As-tu de bons pistolets pour casser la tête de ceux qui voudraient t'arrêter?

A chacune des questions de Békir, Ismaël-Aga répondait : oui.

— Tu vas monter à cheval ; tu vas prendre quatre hommes solides, continua le pacha; tu vas aller au village de Molos; tu découvriras la maison où demeure un pappas qu'on appelle Gregorios; tu y trouveras sa fille Vasilissa, à laquelle tu m'as vu parler ce matin ; tu l'enlèveras coûte que coûte, et tu me l'amèneras.

Ismaël-Aga répondit : — Oui, s'il plaît à Dieu !

Békir reprit : — Si tu te fais prendre, tant pis pour toi ; c'est que tu n'es qu'un sot. Si tu m'amènes la fille, tu auras un bon *backchich* [1]. Si tu ne la ramènes pas tu auras cinquante coups de bâton. Va !

Ismaël tournait déjà les talons et allait sortir, lorsque Fédor l'arrêta.

— Un instant ! dit-il à Békir, tu vas tout perdre avec ta précipitation. Il est déjà fort tard ; les nuits sont longues en cette saison, je le sais, mais la route d'ici à Molos est plus longue encore, surtout lorsqu'il faut faire, à droite, le grand détour de la montagne. Or les opérations de cette sorte sont œuvre de ténèbres, et si ton aga part maintenant, quelque diligence qu'il fasse, il sera surpris par le jour et arrêté par les Grecs ; il sera écharpé à coups de sabre, ce qui n'est qu'un mince inconvénient, mais Vasilissa sera reprise et jamais tu ne la reverras.

— Que faire donc ? demanda Békir.

— Attendre jusqu'à demain, répondit Fédor ; faire partir Ismaël avant la fin du jour, de manière à lui donner le temps matériel d'exécuter tes ordres. Du reste il n'aura pas trop d'une journée pour prendre ses dispositions.

— Allons, dit le pacha en poussant un soupir, il

---

1. Pourboire.

faut se résigner. Tu as tout entendu, Ismaël, agis en conséquence, et sache réussir, si tu tiens à la peau de ton dos.

Fédor avait gagné du temps : c'était tout ce qu'il voulait, car il était lui-même fort perplexe et tout à fait indécis sur l'enlèvement de Vasilissa. Il savait très-bien que dans un village mal gardé, comme Molos, où tout le monde serait sans doute endormi, un coup de main semblable à celui que projetait le pacha avait des chances favorables ; mais devait-il l'abandonner au hasard de l'événement ? Telles furent les pensées qui l'agitèrent lorsqu'il fut resté seul. Il se disait : Fabien est mou, cette fille lui fait tourner la tête, et ce serait peut-être lui rendre service que de l'en débarrasser. On lui laisserait croire qu'elle est disparue, morte, que sais-je ? qu'il ne peut plus la revoir. La première douleur passée, le premier accès de rage calmé, il redeviendrait un homme, et je n'aurais plus la crainte perpétuelle de lui voir faire quelque grosse sottise pour cette idole. Je sais bien que, s'il apprend où elle est, et cela lui sera facile, il fera marcher Hadji-Skopélos, engagera la bataille à tout prix, et risquera fort de faire battre les forces grecques dont nous avons besoin. Ah ! que le diable emporte tous ces Lindors qui se mêlent de vouloir remuer le monde et qui ne peuvent vivre un seul jour sans conjuguer le verbe aimer avec la première fillette qu'ils rencontrent sur leur chemin ! Mais d'un autre côté, si j'empêche ce Békir d'enlever Vasilissa, il va s'abrutir de plus belle, boire et glisser dans nos mains. Je le pétrirai comme une cire molle, et j'en ferai ce que je voudrai, ce qui est à considérer.

Fédor, on le pense, n'était point homme à s'attendrir pour une mésaventure d'amour. — Bah ! disait-il, j'en ai vu bien d'autres ! — Mais malgré lui il pensait à la douleur que l'enlèvement de Vasilissa ne manquerait pas de causer à Fabien. Quoiqu'il ne l'estimât guère et qu'il méprisât ses faiblesses, il avait de l'affection pour lui ; une vague commisération vint donc encore en aide à son intérêt personnel, à l'intérêt de la cause qu'il avait à défendre, et il résolut de prévenir son compagnon du guet-apens que le pacha méditait. Après avoir écrit à Fabien un rapide billet, il traversa une chambre où dormaient, tout vêtus et couchés sur des nattes, quatre hommes, quatre Arnautes, serviteurs dévoués, âmes damnées de leur maître, moitié domestiques, moitié bourreaux, n'ayant besoin que d'un signe pour savoir obéir, et qui servaient *d'ordonnances* à Fédor, ainsi que l'on dirait dans l'armée française. Il marcha sans bruit et passa ; il pénétra dans une autre pièce, il poussa du pied une masse informe et déguenillée qui dormait roulée sur un coin du divan, comme un paquet de linge sale ; c'était le derviche, qui, le matin même, avait enterré les Égyptiens morts. En se réveillant, il prononça à haute voix la profession de foi musulmane, car c'est ainsi que doit faire tout bon croyant.

— Trêve de sornettes! lui dit Fédor; nous sommes seuls. Où est ton bâton?

Sans répondre un mot, le derviche, qui n'était autre que le caloyer, prit sous les coussins du divan le rude gourdin que nous connaissons et le remit à Fédor. Celui-ci y introduisit son billet, puis, ayant rajusté la pomme d'ébène, il tendit la canne à cet étrange émissaire et lui dit :

— Bon voyage, moine de saint Basile! tu salueras de ma part Fabien Sidorovich.

— Eh quoi! faut-il marcher encore? Mes vieilles jambes ne peuvent plus me porter.

— Prends un de mes chevaux et pars, répondit Fédor d'un ton qui n'admettait guère de réplique.

Le faux derviche jeta sur ses épaules une besace qui contenait son costume de caloyer, saisit son bâton, regarda encore une fois Fédor, et comprit immédiatement que toute tentative pour ajourner la course serait inutile. — Allons! murmura-t-il avec un soupir résigné, et il partit.

Fédor revint dans sa chambre. Longtemps et régulièrement, la tête penchée, les mains derrière le dos, il se promena d'un bout de l'appartement à l'autre. Sa pensée était déjà bien loin de Vasilissa, de Békir et de Fabien, car, une ou deux heures avant le lever du jour, au moment de se jeter sur son lit, il murmura :

— Que se prépare-t-il là-bas du côté de l'Acropole d'Athènes? Samla est bien silencieux depuis quelques jours. Ah! j'ai bien peur qu'avant peu nous n'ayons un rude coup de collier à donner.

Pendant la journée, Békir fit appeler de nouveau Ismaël-Aga et lui réitéra ses recommandations, ses menaces, ses promesses. A tout ce que lui disait son maître, l'Aga répondait : — Oui, s'il plaît à Dieu! — Quand vint le soir, l'agitation de Békir était extrême ; il ne pouvait tenir en place, il se levait, marchait, se rasseyait, roulait entre les doigts son chapelet de corail, demandait sa pipe, buvait du café, essayait de dormir, rouvrait les yeux et disait à Fédor : Crois-tu qu'Ismaël réussisse à l'enlever? Si elle ne vient pas, j'en mourrai!

Fédor levait les épaules, riait de pitié, et lui chantait ironiquement ces vers, qui sont le début d'une *cacideh* versifiée par Abd-Allah, fils d'Adjlan : « Allez vers ma chère Hind, allez lui porter ma pensée. Hind est loin de moi, mon âme est anéantie depuis le jour où mon amie a emporté sa tente! »

Presque toute la nuit se passa ainsi, car Békir, trop énervé pour trouver le repos, avait prié Fédor de rester près de lui. Vers quatre heures du matin, au moment où les coqs chantent pour annoncer le jour encore lointain, on entendit le galop d'un cheval qui s'arrêtait devant la maison. Quelques instants après, la porte s'ouvrit, et Ismaël-Aga parut.

— Où est Vasilissa? cria Békir en se précipitant vers lui.

— Elle ne viendra pas, répondit Ismaël, et mes compagnons sont morts!

Békir prit sa longue pipe et la brisa d'un seul coup en travers du visage d'Ismaël.

— Chien! lui cria-t-il en bégayant de fureur, je te couperai le nez, je te pilerai dans un mortier comme faisait Sultan-Mourad à ceux qui prenaient du tabac.

Ismaël courba les épaules sans même reculer d'un pas, et ne répondit rien ; pour les musulmans l'idée d'infamie n'existe réellement pas ; un châtiment corporel quelconque, un soufflet même, ne comportent aucun déshonneur, et la douleur qu'il cause est exclusivement physique ; or Ismaël-Aga avait un cuir résistant, et les coups ne l'épouvantaient guère. Il laissa son maître exhaler sa colère en imprécations, en menaces, en serments terribles, et attendit avec un calme impassible le moment de se justifier. Quand Békir se fut un peu calmé, il dit à Ismaël :

— Parleras-tu enfin, bœuf stupide? me raconteras-tu ce qui t'est arrivé ?

— Je suis parti, répondit l'aga d'une voix tranquille, avec quatre hommes, quatre cavaliers bien montés, bien armés, qui ne redoutaient rien ; nous avons marché sans nous arrêter, sans être inquiétés ; nous n'avons rencontré qu'un berger qui s'est enfui à notre approche, nous avons tourné la montagne de façon à entrer à Molos par derrière en laissant à notre droite la bourgade de Dervich-Ali. A deux cents pas avant le village, nous nous sommes arrêtés, nous nous sommes cachés sous des figuiers ; j'ai dit à mes hommes de faire manger l'orge aux chevaux afin de leur donner bon jarret pour le retour, et, au milieu de l'obscurité profonde, je m'en suis allé seul, glissant et rampant, pour faire ma reconnaissance et prendre mes points de r...re. Le village était éteint et endormi ; nul bruit, nulle lumière ; dans le lointain seulement, j'ai aperçu le feu d'une grand'garde, et j'ai entendu des chevaux qui frottaient leur licou contre la mangeoire. J'ai promptement trouvé la maison du pappas Gregorios, car j'avais des informations précises ; j'en ai fait le tour ; elle était muette, et nulle clarté n'y brillait ; j'ai tâté la porte, elle était faible et pouvait être facilement renversée en dedans par un coup d'épaule. Un chien s'est élancé vers moi en aboyant, je l'ai fait taire en lui jetant de la viande que j'avais apportée, car, tu le vois, maître, je n'avais négligé aucune précaution. Tout était bien, mais il fallait agir silencieusement et rapidement. J'allai retrouver mes hommes ; en deux mots, je leur expliquai ce qu'il y avait à faire et je leur défendis de se servir d'autres armes que de leur yatagan, si nous rencontrions de la résistance, afin de ne pas donner l'éveil à tous les Grecs de Molos en tirant des coups de pistolet : nous prîmes nos chevaux par la bride, nous avançâmes lentement et nous les attachâmes à quelques pas de la maison du pappas. L'yatagan à la main, je marchai, suivi de mes hommes; arrivé devant la porte, je dis ; « Au nom de Dieu ! allons ! » et je me précipitai. La porte céda, et nous pénétrâmes dans une grande chambre. Par Chîtan le lapidé ! je ne sais quel démon avait donné l'éveil à ces chiens maudits, mais à peine étions-nous entrés que nous fûmes entourés, saisis, terrassés; je n'eus que le temps d'allonger un coup d'yatagan à un Grec qui se mit à crier comme une poule qu'on plume toute vive. On apporta de la lumière trente hommes armés nous environnaient, on nous lia les mains derrière le dos ; je vis que nous allions mourir ; alors je crachai sur ces raïas révoltés, et je leur dis : « Il vous faut la nuit, la trahison et trente soldats pour que vous osiez attaquer cinq musulmans ; s'il tombe un poil de notre barbe, Békir-Pacha mettra le feu à votre village et vous rôtira tous comme des chevreaux écorchés. » Un homme qui parlait très-bien turc, mais avec un accent étranger, nous interrogea : « Quel est votre chef? » Je fis un pas en avant. — Ah! c'est toi? reprit-il en me regardant fixement. Et que venais-tu faire ici ? — Je répondis que je venais chercher Vasilissa, la fille du pappas, afin de la conduire à Topolia, où elle était attendue par mon maître. — Beaux soldats, en vérité, que ces Égyptiens, répliqua l'homme, qui ne pourraient même pas enlever une redoute volante et qui viennent la nuit, dans l'ombre, se cachant comme des chacals, pour nous voler nos femmes. Puis, désignant mes compagnons, il dit aux Grecs qui l'entouraient : Prenez ces quatre coquins et allez les passer par les armes ; quant à toi, ajouta-t-il en se tournant vers moi, puisque tu étais chargé d'une mission du pacha, tu retourneras lui dire comment tu l'as remplie. On m'enferma dans une chambre basse sous la garde de deux palikares armés de fusils ; j'entendis mourir mes compagnons qui, avec leur dernier soupir, crièrent notre divine profession de foi, comme de bons musulmans qu'ils étaient. Au bout d'un quart d'heure environ on vint me chercher, on me fit monter sur un cheval après m'avoir bandé les yeux ; douze cavaliers m'escortaient ; nous dûmes traverser des postes grecs, car on s'arrêta plusieurs fois pour échanger des mots d'ordre. Après deux grandes heures de marche on fit halte, on détacha mon bandeau ; nous étions au delà de Gravia, non loin des vedettes de notre armée. Alors le chef de l'escorte me dit : Tu es libre ! si le diable ne te casse pas le cou en route, tu remettras cette boîte à ton maître et tu lui diras que nous sommes disposés et prêts à renouveler de pareils cadeaux. — Voilà toute la vérité, ajouta Ismaël, et tirant de son *silacklik* une boîte de dimension moyenne, il la remit à Békir.

Elle portait pour suscription : Vasilissa, fille de Pappas Grégorios, à Békir-Pacha, commandant les forces Égyptiennes dans les défilés de la Phocide. Békir ouvrit la boîte avec empressement; mais, dès que le couvercle fut levé, il la jeta loin de lui avec dégoût : elle contenait des oreilles sanglantes, celles des quatre cavaliers d'Ismaël que les Grecs avaient mis à mort.

— Eh! dit Fédor, de sa voix ironique, qu'allons-nous devenir si les Grecs se mettent à imiter les Turcs et coupent les oreilles aux prisonniers qu'ils fusillent?

Pendant le récit d'Ismaël, le pacha s'était calmé. — Les Grecs étaient-ils donc sur leurs gardes? demanda-t-il.

— Je ne sais, répondit l'aga, peut-être le berger que nous avons rencontré a-t-il couru jusqu'à Molos pour donner l'alerte, peut-être sommes-nous entrés dans une salle qui servait de corps-de-garde; j'ai fait de mon mieux, mais il n'a pas plu à Dieu que je réussisse.

— C'est un coup à refaire, reprit Békir ; une autre fois, drôle, quand tu rencontreras un berger, ne le laisse pas s'enfuir, prends-le, casse-lui la tête d'un coup de pistolet. De cette façon du moins, tu seras certain de son silence.

Ismaël s'inclina vers Békir pour baiser le bas de sa pelisse; le pacha lui donna un coup de poing sur la tête comme dernier témoignage de son mécontentement, et Ismaël s'en alla fort aise d'en être quitte à si bon compte.

— Qu'en penses-tu? dit Békir à Fédor lorsqu'ils furent seuls.

— Je pense, répondit Fédor, d'abord que Dieu est le plus grand, et ensuite que Vasilissa paraît n'avoir qu'un goût fort modéré pour les douceurs de ton harem. Je t'engage à renoncer à cette aventure.

— Dussé-je y perdre la tête, je n'y renoncerai pas, répliqua Békir en avalant d'un trait un grand verre d'eau-de-vie, pour se confirmer dans sa résolution.

Quoique Vasilissa fût un être passif et absolument neutre, elle n'avait pu écouter sans battements de cœur les cris des malheureux que l'on tuait à cause d'elle; ces clameurs d'effroi, ces râles désespérés la poursuivirent longtemps. Elle plaignait ceux qu'elle appelait « ces pauvres gens. » Elle en voulait à Fabien de les avoir expédiés si vite; elle aurait désiré les interroger elle-même, poussée par l'invincible besoin d'entendre parler de soi qui travaille toutes les femmes; elle eût aimé à savoir ainsi de quels efforts l'amour de Békir-Pacha était capable. Elle fit donner aux morts une sépulture honorable, et pleura quand elle vit que Fabien riait des regrets que, dans sa naïveté peu commune, elle exprimait avec toute franchise.

Deux jours après cette scène nocturne où Ismaël-Aga avait vu périr ses compagnons, des vedettes grecques amenèrent jusqu'à Molos, avec toutes les précautions usitées en pareil cas, un officier égyptien précédé d'un clairon, porteur d'un fanion blanc, et qui avait sonné en parlementaire. Il demandait à parler à Vasilissa, à laquelle il était chargé de remettre en mains propres un envoi de son général, Békir-Pacha. On conduisit l'officier dans la chambre que nous connaissons déjà; là, on lui débanda les yeux, et en présence de Fabien et d'Hadji-Skopélos il offrit à Vasilissa un coffret en nacre, semblable à ceux que l'on fabrique à Constantinople dans le quartier de la mosquée du Sultan-Bayezid. Redoutant je ne sais quelle méchante ruse, Fabien s'empara aussitôt du coffret et l'ouvrit lui-même ; il contenait de magnifiques pendants d'oreilles et une lettre ainsi conçue :

« Le pacha Békir à Vasilissa, qui est plus belle qu'Aïcha, la femme bien-aimée du prophète, sur qui soient les bénédictions de Dieu :

» Que ces bijoux, indignes de toi, te rappellent les hommes qui sont morts pour te conquérir et te fassent penser à celui qui mourrait rien que pour te contempler une fois encore ! »

Vasilissa avait pris les pendants ; elle les regardait, les faisait miroiter devant ses yeux ; ils étaient en émeraudes, de la nuance propice réservée aux vêtements des bienheureux lorsqu'ils seront dans le paradis. Jamais Vasilissa n'avait vu une telle et si riche parure ; elle en restait éblouie, elle pensait à l'effet charmant que produiraient ces longues girandoles brillantes en tombant sur son cou ; elle s'en parait déjà par la pensée, et trouvait que Békir faisait les choses d'une façon qui ne paraissait point habituelle aux Grecs. Elle fut arrachée à sa contemplation avide par Fabien, qui lui disait :

— Il faut renvoyer promptement ces brimborions au pacha avec la réponse que méritent ses procédés inqualifiables.

Vasilissa ne trouvait point du tout inqualifiables les procédés de Békir ; mais, habituée à se soumettre, elle poussa un soupir, donna les pendants à Fabien, et le laissa répondre, car il est, je crois, inutile de faire remarquer qu'elle ne savait ni lire, ni écrire. Fabien écrivit donc :

« Vasilissa à Békir. — Tes cadeaux brûlent les mains de ceux qui les touchent. Il y a entre nous le sang versé de nos deux races ; jamais une fille grecque n'appartiendra volontairement à un barbare infidèle. Hadji-Skopélos me charge de te prévenir que tout parlementaire qui reviendrait pour moi ou à cause de moi serait

considéré comme espion et pendu immédiatement.
Que Dieu te damne et t'aveugle ! »

— C'est bien dur, dit Vasilissa à demi-voix pendant
que l'on renvoyait le parlementaire.

II

La vie de Vasilissa, un instant troublée par cet incident, reprit son calme habituel ; elle s'abandonna
de nouveau à ses nonchalances orientales, passa ses
journées sur son divan, immobile, rêvassant à des
choses confuses qu'elle définissait mal, répondant machinalement à Fabien lorsqu'il l'interrogeait, se laissant adorer avec l'impassible ingratitude d'une idole,
et ne trouvant dans son âme rudimentaire et obscure
rien qui pût la tirer de l'existence purement physique
où elle se complaisait. Elle dormait, mangeait et était
aimée, et, comme elle ne soupçonnait pas qu'il pût
exister d'autres joies sur la terre, elle ne cherchait
rien au delà.

Quant à Fabien, il avait une telle adoration pour
elle qu'il lui suffisait de vivre à ses côtés pour être
heureux. Il était possédé, comme on eût dit au moyen
âge, et faisait converger toutes ses facultés vers sa
tendresse. Il veillait cependant à la tâche qui lui était
confiée ; il se tenait du côté des Turcs et du côté des
Égyptiens sur une défensive habile, qui le plus souvent

inquiétait et immobilisait Rusteim et Békir; mais quand il avait visité les avant-postes, quand il avait poussé lui-même un reconnaissance sur les chemins qui lui semblaient douteux, quand il avait acquis la certitude que les troupes d'Hadji-Skopélos ne seraient point attaquées, il revenait vite auprès de sa maîtresse, causait avec elle autant qu'elle pouvait causer, lui disait des contes de fées qu'elle aimait beaucoup, baisait ses grands yeux noirs et se fondait de bonheur en la contemplant.

Ce n'était point positivement par des églogues de cette nature que Fédor remplissait sa vie. Son âme, violemment tendue, uniquement empreinte du sujet qui le préoccupait, cherchait avec ardeur et persistance le moyen de dénouer le fatal nœud gordien qui, chaque jour, se resserrait autour de la Grèce et menaçait d'étrangler encore ses destinées renaissantes. Parfois il daignait bien écouter les lamentations du Pacha qui lui déclarait que, sans Vasilissa, il ne pouvait pas vivre; mais promptement il rentrait dans son rôle et marchait impérieusement vers le but qu'il poursuivait. En somme, il riait de Békir, il méprisait Fabien, et regardait Vasilissa comme un instrument qui, plus tard, pourrait lui être utile. Sous prétexte d'une mission à remplir auprès d'Ibrahim-Pacha, il quitta Békir pendant quinze jours environ, après s'être assuré que les Égyptiens ne tenteraient rien sur Gravia, et après avoir recommandé à Fabien de ne faire aucun mouvement offensif pendant son absence.

Un soir il revint, triste et préoccupé plus encore que de coutume. Où avait-il été pendant ces deux semaines qui n'avaient apporté aucun changement aux positions respectives des Grecs et des Égyptiens? Il était allé reconnaître par lui-même la situation de l'Acropole d'Athènes, sur laquelle, en ce moment, reposait le sort de la Grèce entière. Servi par des guides qui le précédaient sans oser l'interroger, il avait traversé la chaîne du Parnasse; par des chemins secrets il s'était rendu à Lepsina qui fut Éleusis, et là, monté sur un mystic fin voilier, après avoir passé entre l'île de Salamine et les côtes de l'Attique, il était débarqué dans la rade de Phalères, d'où Thésée partit jadis pour aller combattre le Minotaure. Fédor avait eu de longues entrevues avec le colonel Fabvier, qui n'attendait qu'un instant propice pour chercher à ravitailler l'Acropole épuisée. Il avait visité les campements de Gouras qui gardait les défilés du mont Pentéli, du côté de Marathon, et enfin, par une nuit sans lune, se glissant dans l'ombre, comme un chacal qui guette une proie, il gravit les rochers où s'ouvre l'ancienne prison de Socrate. Il entendait résonner au-dessous de lui le pas pesant des sentinelles turques de l'armée de Rechid-Pacha, et il savait quel sort l'attendait si le moindre bruit eût donné l'éveil ; aidé d'une corde, il put franchir une brèche des murailles déjà entamées par les boulets musulmans, et il se trouva dans l'enceinte même de l'Acropole, où les généraux Grisottis et Eumorphopoulos, prévenus de sa visite prochaine, l'attendaient dans le temple d'Érechtée. Il interrogea lui-même les chefs, les soldats ; parcourut les ambulances où les blessés, jaunis par la fièvre, mouraient sur des tas de paille pourrie ; examina les munitions, supputa combien il restait de jours de vivres, et fut désespéré, car il comprit qu'à moins d'événements impossibles à prévoir, l'Acropole d'Athènes, c'est-à-dire, par le fait, la Grèce entière, allait être obligée de capituler. Quand il quitta les derniers défenseurs du rocher où s'élève le Parthénon, il leur serra la main en essayant de leur donner une espérance qu'il n'avait point lui-même.

De là il s'était rendu à Daphni, et près de la chapelle où dorment les cendres des comtes de Champlitte, ducs d'Athènes et marquis d'Éleusis, il avait rencontré Samla qui l'attendait. L'aigre et dur sectaire avait reçu son subordonné immédiat avec cette froideur impassible qui était le caractère distinctif de son individu.

— A moins d'un miracle, la Grèce est perdue, avait dit Fédor.

— Je le sais, avait répondu Samla ; c'est pour cela qu'il faut faire le miracle.

En effet, c'est à cela qu'il songeait nuit et jour, sans relâche et sans repos. Semblable au mineur enfoui dans les profondeurs de la terre, qui scrute d'un œil exercé les blocs de roche, et y découvre, à des traces invisibles pour d'autres, le filon précieux qui doit l'enrichir, Samla étudiait chaque événement, chaque incident, afin d'y trouver le point d'appui dont il avait besoin pour élever les circonstances jusqu'à l'accomplissement de son œuvre. Il interrogea longuement Fédor sur ses relations avec Fabien. Quand il apprit l'amour que Fabien et Békir portaient à Vasilissa, il dressa les oreilles, une sorte de vision vague de l'avenir lui apparut, et serrant la main de Fédor, il lui dit :

— C'est cette fille qui, sans le soupçonner, nous sauvera peut-être tous. Avive la passion de Békir; ouvre l'œil sur Fabien; il est possible que nous trouvions là le dénoûment qu'il nous faudra bientôt; joue serré et sois le plus fort; quand on fait ce que nous faisons, c'est un crime que de ne pas réussir. Du reste, attends-toi à me voir incessamment; au premier danger, j'arriverai. Ils se séparèrent, et Fédor continua sa route.

Depuis son retour à Topolia, plusieurs fois il s'était rendu dans le bois de Gravia; il avait causé avec Fabien, qui toujours avait attendu avec impatience qu'il eût fini de parler afin de pouvoir lui dire :

— Le Pacha est-il encore amoureux de Vasilissa?

Impatienté de cette incessante préoccupation, Fédor lui dit un soir :

— Mais, Hercule imbécile, ne vois-tu pas que tu t'énerves à filer la quenouille de cette Omphale obtuse, qui t'a aimé sans savoir comment, et qui te quittera sans savoir pourquoi?

— Ah! répondit le pauvre amoureux, on voit bien que tu ne la connais pas.

Fédor rentrait à Topolia et trouvait Békir qui, du plus loin qu'il l'apercevait, lui criait :

— Je suis épuisé, je ne vis plus depuis que cette Vasilissa a emporté mon cœur; Fédor, Fédor! toi qui es un esprit retors et fertile en ressources, pourquoi ne me donnes-tu pas cette enchanteresse sans laquelle je vais bientôt mourir?

— A l'autre maintenant, se disait Fédor. — Puis il ajoutait; hélas! où donc sont les hommes? Qu'est-ce que Samla veut que je fasse avec de tels et si piètres instruments?

Sur ces entrefaites, une nouvelle terrible fut apportée en même temps aux musulmans et aux Grecs. La Porte, irritée de la résistance des Hellènes et jalouse des succès obtenus en Morée par les Égyptiens, s'était décidée à faire un dernier effort pour enlever l'Acropole d'Athènes, balayer les Grecs du reste de l'Attique, anéantir l'insurrection d'un seul coup et répondre à l'Europe : c'est fini! En conséquence, une flotte turque, réunie à grands frais, devait doubler l'Eubée, débarquer douze mille hommes à Marathon, et, reprenant la mer, aller attaquer les corps grecs cantonnés vers Phalères, sur les rivages du golfe Saronique. Pendant ce temps, les troupes turques traversant la plaine où jadis Miltiade battit les Perses, forceraient les passages défendus par Gouras, chasseraient devant elles les diverses bandes grecques qui occupaient les campagnes de l'Attique, et viendraient, par leur présence, doubler l'armée de Békir-Pacha qui serait certain alors de pouvoir se rendre maître de l'Acropole, par un assaut ou par une capitulation imposée aux assiégés. En même temps, Rusteim-Bey et Békir-Pacha se réunissant enfin après avoir passé sur le corps des Grecs établis à Gravia, devaient emporter, à tout prix, le pas des Thermopyles, jeter Hadji-Skopélos dans le golfe Maliaque et, marchant ensuite par la Béotie, de façon à laisser le lac Copaïs et Thèbes sur leur droite, déboucher en Attique par les défilés du mont Parnés, afin de diviser les forces grecques ou de les entourer victorieusement de tout côté. Le plan était habile, irrésistible dans ses résultats s'il eût été fidèlement exécuté; certes, ce n'est point la Sublime Porte qui avait été capable de l'imaginer et l'on sait aujourd'hui quel courrier galopant nuit et jour sur les bords du Danube, l'avait apporté de Vienne jusqu'à Constantinople.

Le premier, en Grèce, Samla avait connu ce projet ; il en comprit immédiatement toute la gravité et envoya ses ordres à Fédor. Ce fut alors que le pauvre caloyer put se plaindre ; derviche le matin, moine de saint Basile le soir, il allait et venait, sans arrêter, sur la route de Molos à Topolia, car les correspondances étaient fréquentes entre Fédor et Fabien. Ce dernier, à travers ce cataclysme qui menaçait une nation entière, n'était, en réalité, préoccupé que de découvrir un refuge inaccessible où il pourrait cacher sa maîtresse.

Hadji-Skopélos avait répandu une fiévreuse activité autour de lui ; les femmes fondaient des balles, faisaient des cartouches, réparaient les vêtements des hommes ; les chevaux avaient été ferrés à neuf, les armes mises en état, les vivres préparés. Le vieux chef palikare avait juré de n'être pas pris vivant et chacun se préparait à le suivre jusque dans la mort ; pendant ce temps Fabien se disait : comment sauver Vasilissa ?

Un soir, dans le bois de Gravia, Fédor et Fabien causaient ensemble. Fédor traçait à son compagnon les instructions que, le matin même, il avait reçues de Samla :

— Le plan des Turcs est bien conçu, disait Fédor ; s'ils l'exécutent, nous sommes perdus ; il est donc indispensable qu'ils ne l'exécutent pas ; pour arriver à ce résultat, un seul moyen nous reste, les prévenir ;

prévenons-les ! Avant que Rusteim-Bey et Békir-Pacha aient combiné leurs mouvements, nous avons une semaine, il faut en profiter. Tu évacueras Molos, tu réuniras tous tes hommes depuis les Thermopyles jusqu'à Gravia, tu pousseras droit devant toi, comme un sanglier, tu culbuteras les Égyptiens, tu prendras la route de Castri, tu rassembleras tous les palikares du mont Parnasse, et ils sont nombreux, tu entreras dans la plaine d'Athènes par Daphni ; Fabvier et Couras seront prévenus ; tu te lanceras, tête baissée, sur les Turcs qui assiégent l'Acropole, et, au milieu du combat, Fabvier pourra ravitailler la place, s'y jeter avec ses réguliers, et prolonger la défense encore pendant cinq ou six mois.

— Tout cela est fort bien imaginé, répondit Fabien ; mais si Békir place seulement cinq cents hommes en avant de la route de Castri, il me sera impossible de passer ; une fois engagé dans la montagne, je suis certain de mener l'entreprise à bonne fin, mais il faut que j'y puisse pénétrer ; or il n'y a qu'un chemin, et Békir en est le maître

— Eh ! je le sais bien, répliqua Fédor avec impatience, il faut que je le décide à se retirer jusqu'à Galaxhidi, et cela ne sera pas facile, car il connaît l'importance de sa position à Topolia. J'y parviendrai peut-être en irritant sa haine envieuse contre Rusteim-Bey, mais il est tellement fou d'amour qu'il ne comprend plus rien ; il se grise, dort, fume, geint, parle de Vasilissa, trouve qu'il fait froid, se grise encore et me donne quarante fois par jour envie de le jeter par les fenêtres.

— C'est ton affaire, reprit Fabien, livre-moi la route et je passerai ; sinon je ne puis que me faire écraser, ce qui me paraît d'une utilité contestable.

— Tiens-toi prêt jour et nuit, dit Fédor, d'un instant à l'autre je puis réussir à dégager la route ; tu serais prévenu et sur l'heure tu te mettrais en marche. Il faut absolument arriver à Athènes ; c'est là ton objectif, penses-y sans relâche.

— Il faut obéir, je le sais, reprit Fabien, mais au moins qu'on ne m'ordonne que des choses possibles !

— Sois en repos, dit Fédor, je te ferai la route libre ; je ne sais comment, mais j'y réussirai.

Ils se séparèrent. Fédor connaissait trop à fond l'insouciance des Orientaux, qui laissent toujours au hasard la meilleure part de leurs affaires importantes, pour questionner les officiers de l'état-major de Békir sur le nombre exact des troupes égyptiennes destinées à garder la route de Castri. Aussi, dès qu'il fut revenu à Topolia, il fit appeler un de ses Arnautes et lui ordonna d'aller lui-même examiner les postes, de faire le compte des hommes, de reconnaître leur position précise et de venir lui rapporter tout ce qu'il aurait vu. Passivement l'Arnaute obéit, et, au point du jour, Fédor savait que quatre mille Égyptiens environ étaient cantonnés à Galaxhidi, et que, de Galaxhidi à Topolia, trois mille hommes échelonnés rendaient le passage absolument impossible.

— Mes calculs étaient justes, se dit Fédor ; il n'est que temps d'agir, et si nous ne réussissons pas, je me doute de ce que Samla me réserve !

Il entra chez Békir-Pacha avec l'impassibilité voulue d'un homme qui a mis sa vie sur l'enjeu de sa dernière partie. Békir venait de se réveiller, par conséquent il n'était point encore ivre, et, selon l'usage matinal des riches musulmans, il fumait une longue pipe en bois d'oranger. Dès qu'il aperçut Fédor, il lui dit d'un ton pleurard :

— Ah ! quelle nuit mauvaise j'ai passé ; cette Vasilissa éloigne le sommeil de mes yeux ; nul au monde n'est plus à plaindre que moi.

— Il ne s'agit pas de Vasilissa, répondit Fédor prêt à mentir à chaque parole ; il s'agit des Grecs qui vont tenter, par le golfe de Lépante, un débarquement sur Galaxhidi afin de te prendre entre deux feux et d'anéantir ton armée.

— Cela m'est indifférent, reprit Békir, que la volonté de Dieu se fasse ; l'armée sera détruite ; quant à moi, je ne bouge pas d'ici ; je veux aller à Molos pour avoir Vasilissa.

— Eh ! laisse cette fille en paix et écoute moi ; marche avec tes troupes sur Galaxhidi, concentres-y toutes tes forces et attends-y les Grecs de pied ferme.

— J'ai assez d'hommes à Galaxhidi pour n'y point redouter les Grecs, reprit le pacha ; je ne veux point dégarnir les défilés et en livrer les portes. Hadji-Skopélos pourrait passer, et je perdrais toute espérance de jamais revoir Vasilissa.

— Quelle que soit ta chanson, dit Fédor, le refrain ne varie guère : Vasilissa et rien que Vasilissa. Ibrahim serait content s'il savait que son meilleur général est ensorcelé par une femme et risque de compromettre ses troupes. Suis mon conseil, et fais prévenir Rusteim-Bey ; il descendra de Zéituni, s'emparera de Gravia, et tiendra les Grecs d'Hadji-Skopélos en échec, afin de les empêcher de sortir de leurs positions.

— Rusteim-Bey est un chien, dit Békir avec violence, et je voudrais qu'il fût écrasé par les palikares ; le jour du combat de Mavro-Potamos, j'aurais culbuté les Grecs et pris Vasilissa s'il eût fait la diversion que je lui avais commandée.

— Je le sais, reprit négligemment Fédor ; aussi je déteste ce Rusteim, qui, dans son orgueil de Turc, est ravi de savoir que tu as été battu. Ah ! si j'étais à ta place, pacha Békir, je sais bien ce que je ferais.

— Eh ! que ferais-tu ?

— A quoi bon te le dire ? répliqua Fédor, tu me répondrais encore que tout t'est indifférent, et puis tu redoutes Ibrahim et tu respectes les Turcs plus que tu ne voudrais en avoir l'air. En somme, ils sont vos maîtres, et tu as raison de ne pas oser te brouiller avec eux.

Békir éclata; il jura qu'il n'avait peur de personne, qu'il méprisait les Turcs, qu'il ne tendrait même pas la main pour les sauver, et supplia Fédor de lui dire le projet auquel il faisait allusion.

— Eh bien ! dit Fédor, je laisserais les Turcs et les Grecs vider leur querelle ensemble sans plus m'en mêler, j'irais m'installer tranquillement à Galaxhidi ; si les Grecs parviennent à s'échapper, tant mieux pour eux, mais tant pis pour Rusteim, qui a fait tout ce qu'il a pu pour te faire battre, qui mérite une dure leçon, et qui paiera sa défaite de sa tête. Un Turc de moins, c'est presque une victoire pour un Égyptien.

Je ne sais si Békir pressentit une embûche, ou si sa haine pour les Turcs fut moins forte que son dévoûment à l'islamisme, mais il secoua la tête à la façon d'un homme mal convaincu. Fédor reprit avec plus de vigueur : habilement, il insista sur la jalousie que ses talents militaires, et quels talents ! inspiraient à Rusteim; dans le cœur de Békir il remua l'envie, l'ambition, la cupidité, toutes les passions enfin qui font mouvoir les âmes inférieures; il fit miroiter devant ses yeux des gloires futures auxquelles le pauvre homme n'avait jamais pensé. — Embarque-toi à Galaxhidi, lui disait-il, prends terre à l'isthme de Corinthe, passe par Mégare, attaque l'Acropole, emporte-la à la barbe des Turcs, et tu aurais le Pachalik d'Athènes, comme Ibrahim a déjà celui de la Morée.

A toutes ces exhortations, Békir levait les épaules ; enfin, lassé et comme vaincu par la persistance de Fédor, il lui dit :

— Où en veux-tu venir ? Je ne le sais ; tu es une âme profonde et mystérieuse, tu médites quelque projet sinistre : que m'importe ? les Grecs, les Turcs, Sultan-Mahmoud, Ibrahim-Pacha, Gravia, Galaxhidi, Athènes, le diable et l'Acropole, je ne me soucie plus de rien. J'aime, voilà tout, et je meurs d'amour, ne le vois-tu pas ? Si tu veux que je t'écoute, parle-moi de Vasilissa ; j'irai la chercher à Molos, j'irai la chercher au bout du monde ; donne-la moi, et je ferai ce que tu voudras.

Ce fut un éclair pour Fédor : Ah ! se dit-il, Fabien n'y consentira jamais !

— Pour l'avantage des armes égyptiennes, reprit-il à voix haute, pour l'intérêt du puissant Ibrahim, pour rabaisser l'orgueil des Turcs, il n'est rien que je ne tente, il n'est rien que je ne fasse ; mais ce que tu me demandes n'est point facile, et comment réussirai-je ?

Longtemps ils discutèrent ; la passion aveuglait Békir ; Fédor, plein d'hésitation, ne savait à quoi se résoudre. Il promit de mettre tout en œuvre pour s'emparer de Vasilissa, et le dernier mot de Békir fut :

— Amène-la moi, et je te jure de t'obéir comme si tu étais Ibrahim lui-même, je me retirerai sur les bords de la mer et je laisserai les Grecs et les Turcs se débrouiller entre eux sans même me retourner si j'entends le bruit de leur fusillade.

En rentrant dans sa chambre, Fédor trouva Samla qui, sans lui laisser le temps de la surprise, lui dit brusquement :

— Où en sommes-nous ici? Le temps presse, il faut se hâter. Je viens activer vos lenteurs, tenter un dernier effort et mourir, au besoin, à la tête des palikares d'Hadji-Skopélos pour forcer le passage et préparer la délivrance de la Grèce.

Il ne fallut pas longtemps à Fédor pour mettre Samla au courant de la situation et pour lui apprendre à quelle condition fort peu politique Békir-Pacha consentait à faire un mouvement de retraite qui laisserait la route libre aux Grecs.

— Eh bien, dit alors Samla dont l'œil bleu rayonna d'un éclair de joie, nous sommes certains de réussir; Fabien te livrera sa maîtresse, cela est fort simple; c'est un dénoûment inespéré, et dont il faut profiter en toute hâte.

— Le dénoûment ne sera pas facile, répondit Fédor, Fabien refusera.

— Cela est impossible, reprit Samla; notre intérêt

particulier doit disparaître et s'anéantir devant l'intérêt général. Qu'est-ce qu'un plaisir ou un chagrin personnel en présence du salut d'un pays.

— Je connais Fabien, répliqua Fédor, il est fou de cette fille et refusera.

— Nous n'avons pas à discuter, dit Samla, il faut obéir. Moi-même, le premier, je vous donne l'exemple; de gré ou de force Fabien se soumettra. Nous sommes trop heureux qu'une fantaisie de ton pacha nous permette de sortir d'une position inextricable. Fabien le comprendra et cédera, car son cœur est droit et sa volonté n'est point mauvaise; je peux tout exiger, il le sait. Dis-lui que s'il refuse de t'amener cette créature, c'est moi-même qui irai la chercher.

Ce fut encore le pauvre caloyer qui se mit en marche, toujours grommelant, toujours se plaignant de la fatigue, mais allant toujours néanmoins, car il était soutenu par l'amour de la patrie, par la conscience des dangers dont elle était menacée et par la terreur que Samla lui inspirait.

A l'endroit habituel de leur rendez-vous, les deux affiliés se rencontrèrent. Dès le premier mot, Fédor, qu'animait l'impitoyable esprit de Samla, attaqua vivement la question, si vivement que Fabien en resta décontenancé et comme chancelant, malgré sa révolte, pendant tout l'entretien.

— Demain, lui dit Fédor, tu m'amèneras Vasilissa.

— Eh! grand Dieu! pourquoi faire?

— Pour que je la conduise à Békir, qui, à cette condition, promet de se retirer avec ses troupes. La route de la montagne sera donc libre demain, vers le soir : tu y entreras à la tombée de la nuit et dans quatre ou cinq jours tu seras sous les murs d'Athènes. Tu laisseras tes feux allumés à Molos et aux Thermopyles, afin que Rusteim-Bey ne se doute de rien.

— Fédor, sais-tu bien ce que tu exiges de moi?

— Je le sais parfaitement; c'est l'ordre de Samla et j'obéis. Je te demande ta maîtresse, et je te la demande parce que sa présence près de Békir peut seule nous sauver. Il est indispensable que la route de Castri soit ouverte, elle ne peut l'être que si je mène Vasilissa à Békir, donc il faut la lui mener. Cela est fort simple et à la portée de toutes les intelligences.

— Mais, malheureux, tu m'arraches le cœur, reprit Fabien éperdu et doutant encore de ce qu'il entendait.

— Tant mieux, répondit Fédor, c'est un grand service que je te rends; car ce cœur que vous invoquez toujours et à tout propos, vous autres hommes sensibles, n'a jamais été bon qu'à vous faire faire des sottises.

— Seras-tu donc inflexible? demanda Fabien.

— Inflexible! répondit Fédor comme un écho; puis il ajouta : Prends garde, Samla est avec nous.

Fabien se tordait les mains et pleurait; il supplia Fédor de lui épargner une telle douleur.

— Je n'ai promis que ma vie, c'est plus qu'elle que tu réclames, lui disait-il.

— Voyons, le temps est précieux, dit Fédor, assez de lamentations inutiles. Tu connais Samla; sa mère morte lui apparaîtrait et lui baiserait les genoux, tu sais qu'elle ne ferait même pas osciller sa volonté. Oui ou non, demain m'amèneras-tu Vasilissa?

Sous le regard de Fédor, Fabien baissa les yeux, car il craignait de laisser lire ce qui, en ce moment même, se passait dans son âme.

— Oui, demain vers neuf heures, aux avant-postes de Gravia, je te l'amènerai moi-même, répondit Fabien, et il accentua le dernier mot d'une façon singulière. Fédor lui posa la main sur l'épaule, et le regardant, comme l'on dit, dans le blanc des yeux :

— Tu sais, dit-il, en cas de désobéissance ce qui t'attend.

— Oui, répondit Fabien, la mort, je le sais.

— Et tu sais aussi qu'avec un homme comme Samla je serais impuissant à te sauver; ne l'oublie pas! Donc demain, à neuf heures, je serai vers Gravia; j'emmènerai la fille du pappas Gregorios; derrière moi les grand'gardes égyptiennes se replieront; tiens-toi prêt à marcher. Quand l'instant sera venu, j'enverrai le caloyer soit à toi, soit à Hadji-Skopélos. Adieu, Fabien, pardonne-moi, mais il faut sauver la Grèce, et tu auras bientôt oublié cette triste fin de ton amourette.

Fabien resta longtemps seul, la tête penchée, absorbé dans sa douleur ; puis il leva son poing fermé vers la direction par où Fédor s'était éloigné, et s'écria :

— Va ! servile instrument de ce Samla orgueilleux qui prend les chimères de son cerveau pour les destinées du monde, tu verras ce que demain vous trouverez tous les deux à Gravia !

Ce fut au galop de son cheval que Fabien retourna à Molos, car il n'avait pas trop de toute la nuit pour mettre à exécution le projet qu'il méditait. L'idée d'abandonner, que dis-je, de livrer Vasilissa lui avait parue insupportable, et plutôt que de la conduire volontairement à un rival, il préférait cent fois courir la chance des batailles et mourir en défendant la femme qu'il aimait. Quoiqu'il fût loin de posséder la volonté de fer de Samla, il avait sur lui-même assez d'empire pour savoir dissimuler les émotions qui l'agitaient. En présence de Vasilissa il fut calme et tendre comme d'habitude, avec Hadji-Skopélos il fut assez entraînant pour que le vieux Grec fît donner ordre à tous ses hommes d'être prêts à marcher une heure avant le point du jour, afin de forcer les lignes égyptiennes et de se jeter dans la montagne qui va vers l'Attique. Une partie de ses troupes, les meilleures et les plus aguerries, fut massée aux environs de Gravia ; l'autre partie, formant à la fois la réserve et l'arrière-garde, devait rester derrière les Thermopyles, attendant l'issue du combat dont elle serait informée par de nombreuses vedettes placées à courte distance les unes des autres. Ce fut au milieu de l'arrière-garde que Vasilissa, son père, les enfants, les femmes et les vieillards devaient être placés ; des hommes dévoués, choisis par Fabien lui-même, jurèrent de défendre Vasilissa et de ne point la laisser tomber vivante entre les mains de l'ennemi. Vasilissa s'étonnait un peu de ces précautions extraordinaires :

— Mon cher seigneur, disait-elle à Fabien, n'aie pas souci de moi, je n'aurai point peur, car j'ai souvent entendu les coups de fusil ; du reste, pourquoi t'inquiéter ? Je suis certaine que si j'étais prisonnière il ne me serait fait aucun mal et que le pacha me traiterait fort bien.

— Hélas ! je ne le sais que trop, se disait Fabien, dont le cœur se soulevait à cette pensée.

La nuit se passa dans ces préparatifs accélérés par la fiévreuse activité de Fabien, et vers deux heures du matin le corps d'armée d'Hadji-Skopélos était prêt à commencer son mouvement offensif.

En rentrant à Topolia, Fédor, après avoir conféré avec Samla, avait vu Békir et lui avait laissé entendre que le lendemain même il serait peut-être enfin mis en possession de Vasilissa ; les ordres avaient été donnés pour que les troupes égyptiennes pussent se retirer rapidement sur Galaxhidi, et Békir s'était endormi en rêvant de la belle fille grecque qui lui tenait tant au cœur. Quoique Samla ne fût point absolument sans inquiétude, il se croyait près de toucher au but qu'il voulait atteindre. Il dormait encore vers six heures du matin dans la chambre de Fédor, à ce moment indécis où le froid crépuscule de l'hiver commence à blanchir le ciel du côté de l'Orient, lorsque le caloyer-derviche ouvrit la porte avec précipitation :

— Voilà Fabien qui fait des siennes sans crier gare, dit-il ; il a battu les avant-postes égyptiens et marche en hâte vers Topolia ; il va se faire écraser. Alerte, Fédor ! Békir vient d'envoyer chercher des renforts et jure à faire crouler le ciel..

Samla et Fédor se jetèrent à bas des divans qui leur servaient de lits. Ils n'eurent point besoin de prêter l'oreille pour entendre l'appel des clairons, le roulement des tambours et la crépitation des coups de fusil. En deux minutes ils furent vêtus et armés.

— Qu'y a-t-il donc ? demanda le caloyer.

— Il y a, répondit Fédor, que Fabien est fou, et qu'il veut mourir.

— Fédor, dit Samla, cours auprès de Békir, surveille ses mouvements, neutralise-les, si tu peux. Je vais voir où en sont les Grecs.

Il descendit, sauta à cheval et s'élança jusqu'au

sommet de cette colline étrange et rocailleuse qui précède Topolia comme un haut bastion naturel, et qui domine la campagne environnante. Là il s'arrêta; nulle colère ne troublait sa pensée : avant de prendre un parti et d'accuser Fabien, il voulut voir par lui-même si l'effort désespéré des Grecs avait quelque chance de réussir. Les palikares, qui étaient à peine à deux cents pas de Topolia, ramenaient, il est vrai, les grand'gardes égyptiennes, qui fuyaient à toutes jambes en criant : *Aman! aman!* mais au delà de Topolia, vers le sud, la route, tournant brusquement, découvrait une sorte d'entonnoir où trois mille hommes, avec du canon, étaient rangés en bataille. Il n'y avait pas d'autres chemins pour les Grecs, et ils devaient trouver là une destruction inévitable, car déjà des Égyptiens alertes grimpaient sur les rochers afin de dominer le passage. En un clin d'œil, Samla comprit que les Grecs étaient perdus si l'on ne parvenait à les arrêter immédiatement. Il se retourna vers eux. Au premier rang marchaient Fabien et Hadji-Skopélos. Les deux Buveurs de cendres s'apercevaient de bien loin, cependant ils se reconnurent, et quelques balles sifflèrent autour de Samla.

— Ah! ah! se dit-il, il paraît que Fabien m'a vu.
— Samla! Samla! dit une voix derrière lui, ne vois-tu pas que Fabien Sidorovich fait tirer sur toi?... Mon Dieu! qui se passe-t-il donc?

— Ah! c'est toi, mon bon moine? dit Samla en reconnaissant le caloyer, qui l'avait suivi. Il ne se passe rien que de très-simple : Fabien est entre son intérêt et son devoir; il tâche de tuer le devoir pour sauver l'intérêt, voilà tout. Tu vas aller dire à Fabien que Fédor l'attendra ce soir, à sept heures, au bois de Gravia; puis tu diras à Hadji-Skopélos qu'il s'est laissé berner comme un niais, que s'il fait cent pas de plus il est écrasé, et qu'il batte en retraite à l'instant.

— Me croira-t-il? demanda le caloyer.

— Oui, il te croira.

Et Samla, se penchant à l'oreille du moine, lui glissa tout bas le mot d'ordre suprême des chefs de l'Hétairie, auquel tout affilié était tenu d'obéir sans répliquer.

— Si je suis tué, cria le moine en s'éloignant à toute vitesse, tu mettras dix bouteilles d'araki dans mon tombeau.

— Va, mon brave ivrogne, dit Samla avec une certaine émotion, si nous n'avions que des hommes comme toi à manier, notre tâche serait moins rude.

Il suivit de l'œil le caloyer qui descendait rapidement la colline; il le vit, courbé et demi rampant, filer derrière les rochers et les arbres, puis échanger quelques paroles avec Fabien et s'arrêter près d'Hadji-Skopélos. Il vit alors ce dernier rassembler ses hommes et faire un mouvement rétrograde. Fabien criait, s'agitait, mais en vain, car la retraite continua.

Quelques palikares, restés en arrière pour protéger la marche des Grecs, déchargèrent encore leurs fusils dans la direction de Samla, qui, au sommet du mamelon, semblait une statue équestre placée là pour défier leurs coups. A leur tour enfin ils tournèrent les talons et s'enfuirent en courant.

La tentative des Grecs avait échoué, et, quelques heures après, les Hellènes et les Égyptiens étaient rentrés dans leurs lignes respectives. De ce combat il ne restait plus que quelques cadavres qu'on se hâtait d'enterrer. Békir-Pacha, fier de sa victoire, questionnait Fédor sur cet engagement imprévu, et celui-ci, toujours habile à exciter la division entre les Turcs et les Égyptiens, répondait :

— Je crois bien que ce Rusteim-Bey a des intelligences avec les Grecs, et qu'il les a poussés à venir t'attaquer; pourquoi hésites-tu encore à te retirer sur Galaxhidi?

— Donne-moi Vasilissa et je me mets en marche, répliqua Békir.

— Tu l'auras, dit Fédor gravement, je te le jure !

L'heure qui suivit fut une des plus douloureuses de la vie de Samla, car seul, chargé d'une responsabilité écrasante, à la fois juge et partie, il devait décider du sort de Fabien. Il s'assembla lui-même, si j'ose parler ainsi, c'est-à-dire qu'il convoqua impartialement toutes ses facultés à prononcer le jugement. Enfermé dans ses pensées comme dans un tribunal suprême et sans appel, il accusa et défendit tour à tour l'affilié prévaricateur; longtemps il hésita, il se souvint des services passés, il invoqua comme excuse la passion qui affolait cette pauvre tête faible, mais malgré ses efforts, l'implacable justice lui dictait son arrêt; la réponse de ce jury solitaire et mental qui n'était autre que la conscience rectangulaire d'un homme honnête au besoin jusqu'au crime, fut : Oui, l'accusé est coupable.

Il eut, en présence de Fédor, une longue conférence avec le caloyer auquel il donna des instructions minutieuses plusieurs fois répétées.

— Le salut est entre tes mains, lui dit-il ; joue bien ton rôle auprès de Vasilissa, et n'oublie rien de ce que tu dois dire à Hadji-Skopélos.

— Sois en paix, Samla, répondit le moine, tout ce que tu exiges sera fait ponctuellement, et ce soir tu entendras crier le corbeau, ou je serai mort à la peine; puis tristement, il ajouta : Que Dieu sauve la Grèce !

Fédor fit appeler ses quatre Arnautes; il leur parla bas pendant quelques minutes ; en les quittant il leur dit :

— Donc soyez prêts, vous m'entendez, prêts à tout.

Vers cinq heures, il entra chez Békir dont la raison déjà fort ébranlée par les libations, s'obscurcissait singulièrement.

— Je vais te chercher Vasilissa, lui dit-il ; viendras-tu,

suivi de ton armée, la prendre où je dois la conduire ?

— Où la mèneras-tu donc ? demanda Békir.

— A Galaxhidi.

— J'irais la chercher en enfer, sur le pont *Al sirât*; tu peux compter sur moi.

Au moment de partir, Fédor s'approcha de Samla qui venait de renouveler l'amorce de ses pistolets.

— Samla, lui dit-il d'une voix émue, n'auras-tu point pitié du pauvre Fabien ?

— Je ne ferai que ce qui est indispensable, répondit Samla ; ce qu'il nous faut, c'est Vasilissa.

Et sombre comme un juge qui doit lui-même faire office de bourreau, il monta à cheval. Fédor et ses quatre Arnautes armés étaient auprès de lui. Quant au caloyer, il était parti depuis longtemps. Lorsque les six hommes furent arrivés au bois de Gravia, ils descendirent de leurs chevaux qu'ils attachèrent à des arbres ; Fédor dit à ses cavaliers :

— Vous vous rappelez bien le signal ? et il fit avec ses lèvres un petit bruit à la fois doux et aigu qui ressemblait au sifflement d'une couleuvre.

Les quatre hommes répondirent par un signe de tête et disparurent dans le bois; Fédor et Samla marchèrent vers l'endroit fixé pour le rendez-vous et ils aperçurent Fabien qui les attendait déjà. Ce dernier portait le costume grec qu'il mettait aux jours de combat : la guêtre rouge, l'antique *cnémis,* serrait ses jambes nerveuses; sa large foustanelle blanche flottait sur ses genoux, la crosse d'argent de ses pistolets brillait à sa ceinture, une *flocata* [1] grisâtre, à longs poils de laine, couvrait ses épaules, et le gland bleu de son grand bonnet rouge tombait sur son cou nu et découvert.

Samla avançait avec précaution, sondant l'obscurité, car il redoutait une embûche. Il se trompait, il n'avait rien à craindre. Fabien avait pu longtemps hésiter à venir, mais il était venu, et il était venu seul; il avait nargué la mort sur tant de champs de bataille qu'il n'y croyait plus guère, et il possédait au suprême degré cette bravoure hautaine qui marche vers le danger comme pour le contraindre à reculer. Cependant, lorsqu'à côté de Fédor il reconnut Samla, il se troubla visiblement et il se dit à voix basse : — Allons, c'est affaire de vie ou de mort.

— La tentative de ce matin n'a point été heureuse, dit Samla à Fabien en l'abordant; la seule excuse de semblables sottises, c'est le succès. Or, tu savais mieux que personne que tu ne pouvais réussir : tu as risqué de faire anéantir le corps d'Hadji-Skopélos et de ruiner la Grèce d'un seul coup; tu m'as désigné comme but aux fusils de tes palikares : c'est trop naturel pour que

---

1. Sorte de grosse redingote, étroite de la taille, abritant les épaules, laissant les bras entièrement découverts, et fort en usage en Grèce pendant l'hiver parmi les cultivateurs et les bergers.

je m'en plaigne. Je te gênais, tu as voulu me supprimer, c'est humain, n'en parlons plus ; mais tu avais juré à Fédor de lui amener Vasilissa ; en échange, on te faisait la route libre : pourquoi as-tu manqué à ta promesse ?

— Parce que j'aime mieux mourir que de la céder, répondit Fabien avec calme, parce que je ferai tuer jusqu'au dernier des Grecs plutôt que de consentir à la perdre.

— Ah ! dit Samla en riant, c'est ainsi que tu entends la politique ?

— Ne me parle plus de ta politique souterraine et ténébreuse ! reprit Fabien avec violence ; qu'est-ce que cela me fait, à moi, ces Grecs, ces Turcs à travers lesquels tu t'acharnes pour arriver à un résultat idéal que tu n'obtiendras jamais ? Je n'en veux plus, de ce métier de mensonge, de fourberie, de sang et de luttes impossibles où je me suis laissé entraîner comme un niais ! Je suis las d'être un commis-voyageur en conspiration ! Je veux être libre à la fin, et ne plus appartenir à des combinaisons illusoires dont le plus souvent je ne comprends pas le premier mot. Tu es mon chef en vertu du serment que j'ai prêté en communiant par les cendres du grand martyr ; eh bien ! je te déclare que je répudie ce serment, que je me reprends moi-même, et que je n'ai plus rien de commun avec l'œuvre où j'étais engagé.

— Colère n'équivaut point à raisonnement, dit Samla; tant que l'œuvre a besoin de toi, tu lui appartiens tout entier et tu es son justiciable. Ton serment, qui fut spontané, t'a revêtu d'un caractère indélébile que la mort seule peut effacer. Du reste qu'importent ces arguties? Nous ne sommes point ici pour discuter, mais pour agir. Pour la dernière fois, moi qui porte la vie et la mort, je te demande : Veux-tu me livrer Vasilissa?

— Nous sommes aux Thermopyles, mon cher Samla, dit Fabien en ricanant, et, comme Léonidas à Xerxès, je te répondrai : Viens la prendre!

— Ah! trêve de sornettes et de citations inutiles! l'heure est grave, reprit Samla; écoute-moi bien et tâche de me comprendre. Il faut que j'arrive à un total voulu; un chiffre me manque, il me le faut : ce chiffre, c'est Vasilissa.

— Je t'ai prouvé ce matin que je savais que l'un de nous doit mourir. Eh bien! soit, dit Fabien, battons-nous!

Samla leva les épaules avec impatience. — Ah! s'écria-t-il, tu ne comprendras donc jamais! Pourquoi me battrais-je avec toi? Pour Vasilissa? Mais je me soucie personnellement de cette fille autant que d'une noisette vide! Est-ce que je suis ton rival pour te la disputer? Je suis ton maître, et je t'ordonne de me la livrer parce qu'elle nous est indispensable. Je ne suis pas un adversaire, je suis un juge.

— Oh! reprit Fabien, dont le cœur se déchirait, n'as-tu donc point d'entrailles ; tu n'as jamais aimé, je le sais, car tu t'en vantes, mais par celle que tu aimeras un jour, épargne-moi un tel supplice.

Samla eut un sourire sombre, et portant la main à sa poitrine, il répondit : — Elle n'est pas née celle qui doit faire battre le cœur d'acier que je tiens là.

— Elle naîtra, répliqua Fabien, et tu souffriras comme moi, car tu n'es qu'un homme ; elle naîtra, et tu te souviendras avec horreur de la violence que tu m'imposes aujourd'hui.

Samla resta pensif, car malgré son indomptable fermeté, il ne pouvait se résoudre à mener jusqu'au bout sa résolution. Fédor voulut intervenir; il prit la main de Fabien. — Mon compagnon, mon frère, lui dit-il, par nos dangers partagés, par nos espérances communes, par l'œuvre de régénération que les pères nous ont transmise et que nous lèguerons aux enfants, par les longues souffrances de ce peuple que ton sacrifice peut sauver, Fabien, je te conjure à genoux de revenir à toi, d'étouffer ta passion, de dominer ta folie et de rentrer dans cette voie droite où tu as marché jusqu'à ce jour.

Fabien répondit : non !

— Ah! dit Samla d'une voix si triste qu'elle ressemblait à une plainte, quel homme tu serais si tu dépensais pour le bien où nous tendons l'énergie que tu déploies pour sauvegarder ta passion. Mais que dirais-tu donc si, lassé enfin de ta résistance et ne faisant qu'user de mes pouvoirs, je te déclarais déchu et te condamnais à mort?

— Moi, dit Fabien, je te dirais de venir exécuter ta sentence. Et, tirant brusquement un des pistolets de sa ceinture, il le leva vers Samla. D'un rapide mouvement de main, Fédor détourna le coup qui alla se perdre dans les arbres, et il siffla doucement. Fabien n'eut même pas le temps de saisir une autre arme, les quatre Arnautes l'environnaient; l'un d'eux lui jeta une corde autour du cou.

— Arrêtez! dit Samla de cette voix impérative à laquelle nul ne résistait. Fabien essaya vainement de lutter; tenu par les quatre cavaliers, il ne pouvait faire aucun mouvement.

— Au nom du ciel, ne le tuez pas, dit Fédor.

Froidement Samla tira sa montre et réfléchit un moment. Nous aurons le temps, dit-il, car Békir doit être prêt.

Sur l'ordre de Samla, on désarma Fabien, on le lia à un arbre de telle façon qu'il lui fût impossible de se détacher; il se débattait, il criait :

— Mais assassine-moi donc, puisque tu es le plus fort. Samla se tourna vers Fédor et lui dit :

— Hadji-Skopélos ne traversera pas le bois avant six ou sept heures d'ici; jusque-là nous avons le temps de faire évacuer Topolia et de toucher aux premiers postes de Galaxhidi.

Ils s'éloignèrent, abandonnant Fabien qui râlait de fureur.

— Nous nous reverrons, cria-t-il à Samla.

— Je ne te le souhaite pas, répondit celui-ci.

Tous les six, ils remontèrent à cheval, et à travers le bois se dirigèrent vers les Thermopyles; ils s'arrêtèrent à la lisière de la forêt et attendirent.

— Je te remercie de ne l'avoir point tué, dit Fédor d'une voix encore émue.

— Il est paralysé jusqu'à demain matin et cela est suffisant, répondit Samla; sa mort était inutile.

Un des Arnautes s'écria tout à coup :

— Il y a des chevaux qui galopent vers nous.

Quelques instants après on entendit un croassement de corbeau; Fédor répondit par un coup de sifflet; deux chevaux apparurent; sur l'un était le caloyer, sur l'autre Vasilissa; sans parler, et obéissant évidemment à des ordres antérieurs, les Arnautes entourèrent Vasilissa et l'on partit au galop.

De loin, Fabien put apercevoir sa maîtresse qui fuyait, près de Samla, de toute la vitesse de son cheval. A cette vue sa rage s'apaisa tout à coup; il laissa retomber sa tête sur sa poitrine, il se sentit vaincu sans retour et pleura comme un enfant.

— Hadji-Skopélos est-il prêt? demanda Samla.

— Oui, dès que ses vedettes verront le feu allumé sur la colline de Topolia, répondit le caloyer, il se mettra en marche.

— Comment as-tu fait pour amener Vasilissa?

— Je lui ai dit que son Fabien était blessé et qu'il voulait la voir.

Après quelques instants de silence, le caloyer reprit la parole :

— Qu'as-tu fait de Fabien? demanda-t-il.

— De longtemps il ne pourra nous gêner.

— Pauvre fille! dit le caloyer en pensant à Vasilissa.

On galopait, on avait traversé les avant-postes égyptiens auxquels on avait dit le mot d'ordre. Vasilissa se retournait avec inquiétude.

— Où donc est Fabien? dit-elle.

— Tu ne dois plus le revoir, fille de Gregorios, répondit Fédor; il est parti et ne reviendra que dans bien longtemps.

— Ah! dit-elle, il est parti; c'est donc pour cela que, ce soir, en me quittant, il avait l'air si triste. Et où me menez-vous?

— Chez le pacha Békir.

— Celui qui m'a envoyé des pendants d'oreilles? demanda-t-elle.

— Oui, répondit Fédor.

Vasilissa ne répliqua rien. Qui pourrait dire ce qui se passait dans cette âme incomplète?

On dépassa Topolia et l'on se dirigea vers Galaxhidi. Vers onze heures du soir, le derviche entra chez Békir-Pacha, qui ne dormait point et qui attendait Fédor avec une impatience fiévreuse.

— Pacha, dit le derviche en s'inclinant, je suis envoyé vers toi par Fédor. Il t'attend à Galaxhidi avec toutes tes troupes, et il doit te remettre une fille grecque qu'on appelle Vasilissa.

— En es-tu certain? demanda Békir avec un battement de cœur.

— Je l'ai vue moi-même et je l'ai trouvée fort belle.

— Eh bien! tu l'as vue pour la dernière fois, reprit le pacha, car ce soir même elle portera les voiles prescrits par la parole de Dieu.

Les troupes étaient sur pied; en grande hâte elles évacuèrent Topolia. Békir pressait lui-même le départ et stimulait les retardataires. Quand le dernier homme eut quitté la place, le derviche monta sur la petite colline d'où Samla avait examiné le combat, et il mit le feu à un amas de paille et de fagots préparé d'avance. Au bout de quelques minutes, la flamme claire et haute brillait au milieu de la nuit.

Deux heures après, les palikares apparurent; Hadji-Skopélos, qui marchait en tête, arriva au lever du jour à l'entrée de la route de Castri, qu'il trouva libre. Il aperçut le caloyer assis sur une pierre.

— Tu ne m'as point trompé, brave moine, lui dit-il ; nous irons jusqu'à l'Acropole.

— Dieu te conduise, dit le caloyer d'une voix grave.

Les deux hommes se donnèrent le baiser d'adieu et se séparèrent.

Au moment où le caloyer allait s'éloigner, il entendit plusieurs chevaux qui galopaient derrière lui ; il se retourna et vit Fabien à la tête de vingt cavaliers. Les chevaux fumaient et leurs flancs ouverts à coup d'éperon laissaient couler des gouttes de sang qui se mêlaient à leur sueur. En passant devant le caloyer qu'il reconnut, Fabien lui cria une injure. Le moine comprit tout, et, se jetant à genoux, levant les mains vers le ciel après avoir fait cinq fois le signe de la croix, il s'écria :

— O Seigneur, mon Dieu, acceptez dans votre miséricorde l'âme de Fabien Sidorovich qui va comparaître devant vous.

Aussi vite que ses vieilles jambes le lui permettaient, il se mit à courir derrière les cavaliers qui dévoraient la terre. Bientôt il entendit des cris, des coups de feu. Fabien attaquait l'arrière-garde des troupes égyptiennes, impétueusement, comme un fou furieux, en criant : Vasilissa ! Vasilissa !

Les vingt palikares furent entourés et anéantis, tous, jusqu'au dernier. Lorsque le moine arriva, les soldats de Békir s'étaient déjà remis en route ; un cheval effarouché et blessé courait seul dans le chemin en hennissant et en lançant des ruades. Fabien ne fut point difficile à reconnaître ; il était couché la face contre terre, les bras étendus, la main encore armée ; une balle lui avait fracassé la tête ; il était mort.

Samla, Fédor et le caloyer l'enterrèrent là même où il était tombé ; le moine priait et Fédor sentait des larmes couler sur sa barbe grise. Le visage contracté de Samla et sa pâleur extrême indiquaient seuls son émotion.

Tout ce que Samla avait prévu se réalisa et, huit jours après ces derniers événements, on apprenait qu'Hadji-Skopélos ayant heureusement fait sa jonction avec Gouras, avait attaqué les troupes de Reschid-Pacha cantonnées dans Athènes ; il n'avait pas réussi, il est vrai, à les déloger ; mais le combat qu'il avait livré permit au colonel Fabvier de ravitailler l'Acropole, de s'y jeter avec ses quatre cents réguliers et de reculer ainsi pour longtemps l'époque d'une capitulation qui semblait imminente.

Vasilissa ne fut point malheureuse, et sa pauvreté s'accommoda fort bien de sa nouvelle existence ; elle régna dans le harem, et Bekir-Pacha ne la quittait plus. Il était littéralement devenu invisible, car sa vie s'écoulait aux pieds de sa favorite ; mais Békir ignorait que l'abus est l'ennemi du bonheur ; peu à peu il se lassa de sa maîtresse, et un jour il l'échangea contre un cheval du *nedj* dont il avait grande envie et que possédait un des officiers supérieurs employés sous ses ordres. Que devint-elle ? je l'ignore ; peut-être a-t-elle pu dire comme cette princesse de Palestrina qui racontait son histoire à Candide : « J'ai vieilli dans la misère et dans l'opprobre. »

Rusteim-Bey, contre lequel Békir-Pacha avait envoyé à Ibrahim un rapport plus que sévère, fut accusé d'avoir laissé échapper le corps d'armée d'Hadji-Skopélos ; en conséquence il fut décapité ; sa tête eut l'honneur d'être offerte dans un sac à Sultan-Mahmoud et d'être exposée devant la porte du vieux sérail.

Quant au caloyer, il ne resta point oisif ; aidé par des protecteurs inconnus et secrets, il a su faire son chemin, et je crois qu'en 1833 il obtint un des dix siéges épiscopaux qui partagèrent le nouveau royaume.

L'Acropole d'Athènes, qu'on avait réussi à sauver, put tenir contre les musulmans ; mais la défaite des Grecs entre le cap Colias et Philopappus permit aux Turcs de pousser activement les approches, et le 5 juin 1827 l'Acropole fut obligée de capituler, sous les auspices de l'amiral de Rigny, qui obtint des conditions honorables. A cette époque, du reste, la capitulation ne pouvait plus avoir d'aussi graves conséquences que quelques mois plus tôt, car on n'allait pas tarder à signer, à Saint-Pétersbourg, le 6 juillet, le traité qui devait conduire la Russie, l'Angleterre et la France aux actes décisifs de Navarin et de l'expédition de Morée. Le reste est connu, et l'on sait comment la diplomatie forma un royaume de Grèce qui, incomplet, enfermé dans des limites illusoires et indécises, s'agitera et se trouvera mal à l'aise jusqu'à ce qu'on lui ait accordé les frontières auxquelles il a droit, qui seront dignes de son histoire et qui répondront à ses aspirations légitimes.

SYLVERINE

ÉPISODE

D'UNE CONSPIRATION EN ITALIE

I

Les événements de 1840 sont encore présents à tous les esprits; on se souvient que les complications, depuis longtemps prévues, de la question d'Orient, faillirent amener une guerre générale où la France fut sur le point de reprendre le rôle de puissance expansive et révolutionnaire, c'est-à-dire radicalement moderne, que la philosophie politique regarde comme sa raison d'être déterminante. Les Buveurs de cendres se mirent immédiatement en campagne afin de profiter de la circonstance; ils ranimèrent de leur souffle les découragements les plus abattus, et l'on fut surpris de sentir la vie s'agiter de nouveau chez des nations que l'on croyait ensevelies depuis longtemps dans le double linceul du despotisme et de la résignation. Bien des espérances s'épanouirent alors qui furent déçues, ainsi que chacun sait. La paix, troublée un instant, devint plus solide que jamais ; la France rentra au fourreau son épée à demi tirée, et tous ceux qui de loin avaient regardé vers elle avec anxiété reprirent en silence le long chemin de l'attente. Les Téphrapotes, un moment apparus à la lumière, se réfugièrent vite dans leur ombre habituelle, sans colère, car l'histoire leur a enseigné la science des déceptions ; sans désespoir, car l'habitude d'être constamment vaincus leur a prouvé qu'on n'a jamais pu les dompter. Ils reprirent leur œuvre ténébreuse et préparèrent de longue main le mouvement qui, en 1847 et 1848, devait ébranler si tragiquement et si infructueusement les étais diplomatiques de la vieille Europe. Un résultat important, poursuivi avec persistance depuis longtemps par les Buveurs de cendres, n'en avait pas moins été obtenu : l'Europe de 1815, l'Europe de M. de Metternich, ainsi qu'on l'a souvent appelée, n'existe plus aujourd'hui.

Entre la fin de la crise orientale en 1840 et les premières commotions italiennes de 1847, un grand calme régna sur le monde ; un silence profond enveloppa la politique ordinaire des conspirateurs, les rois s'asseyaient plus tranquillement sur leurs trônes, et les monarques les plus constitutionnels purent se croire des souverains absolus. Pendant cette période, les Buveurs de cendres, toujours agissants, semblaient s'être évanouis. Le chef suprême résidait tantôt à Paris, tantôt à Londres; ses six associés étaient disséminés en Europe : deux habitaient l'Italie, deux autres l'Autriche, et les deux derniers vivaient tantôt en Serbie et tantôt à Constantinople. Des conseils se tenaient parfois entre eux, où l'on agitait les questions générales, car une grande initiative était laissée à chacun en particulier pour la sphère d'action dans laquelle il avait à se mouvoir; ces conseils se réunissaient ordinairement en Suisse, pays libre, de circulation peu inquiétée et limitrophe des contrées spécialement travaillées par l'œuvre. Ils se rassemblaient, pareils à ces oiseaux voyageurs que guide leur instinct, et qui, à certaines époques, arrivent des quatre coins du monde dans le même pays; ils se donnaient le baiser fraternel de ceux qui, sans ambition personnelle, travaillent à une œuvre commune; ils se saluaient comme au temps d'Alexandre VI, *in nomine fratris Hieronymi,* traitaient rapidement les questions les plus ardues, se témoignaient une affection à toute épreuve, et se séparaient, non pas pleins d'espoir dans un triomphe prochain, mais armés d'une foi inébranlable et de ce courage persistant que ne peuvent abattre ni les ajournements, ni les défaites. « Si nous n'en avons encore que pour deux cents ans, disait l'un d'eux à la suite d'une de ces réunions, nous devons nous estimer heureux ! »

A cette époque, l'un des sept chefs, celui qui dans l'ordre se nommait Jobab, fils de Zera'h, roi des Édomites pour les tribus romagnoles, habitait Ravenne, au centre même de son action, dans les États du pape. Il avait su dissimuler si habilement ses opinions qu'on le laissait vivre tranquille, à sa guise, au milieu des occupations sérieuses qui paraissaient remplir son existence; il était du reste fort humain, très-affable, point fier; il causait volontiers avec les pêcheurs de la côte, et si par hasard il avait eu besoin d'une barque pour faire en mer une promenade qui l'eût conduit jusqu'à Corfou, je suis convaincu qu'il l'eût trouvée sans la chercher longtemps.

Il s'appelait Flavio Mastarna et appartenait à une très-vieille famille toscane que des généalogistes complaisants essayaient même de faire remonter jusqu'à l'Étrusque Mastarna, qui régna à Rome sous le nom de Servius Tullius. Flavio était le premier à rire de l'illustre origine qu'on voulait lui donner; il était comte ou marquis, je ne sais quoi, mais jamais il ne prit aucun titre, estimant que de telles puérilités appartiennent de droit à ceux qui sont forcés de remonter le cours du temps pour se découvrir un mérite et de chercher leur distinction personnelle parmi des générations éteintes et souvent oubliées. Il restait donc un simple particulier, fort intelligent, attaché à l'œuvre où gravitait sa vie, très-aimé de ceux qui l'entouraient, prêt à tous les dévouements, curieux de s'instruire, et cela lui suffisait.

Il habitait hors de la ville, sur la lisière de la célèbre forêt de pins, une maison isolée, pleine de livres, toute vêtue de verdure, où il semblait passer son temps d'une façon fort simple, se partageant entre la lecture et quelques amis qui le fréquentaient assidûment. À l'extérieur du moins, sa vie n'avait rien d'étrange : il accomplissait régulièrement, mais sans excès de zèle, les devoirs religieux imposés dans les États de l'Église ; il ne parlait jamais de politique, faisait volontiers l'aumône, était lié avec les officiers qui commandaient les quelques soldats tenant garnison dans la ville, servait parfois de cicerone à des étrangers qui venaient visiter la vieille Ravenne, et ne se montrait jamais dans les cafés, sachant que c'est le refuge de l'oisiveté et de la fainéantise. Parfois il faisait de longues promenades solitaires suivi d'un chien alerte et de bonne garde qu'on voyait d'ordinaire étendu au soleil sur le seuil de sa maison. Des matelots revenant de la pêche assuraient cependant l'avoir parfois rencontré vers le milieu de la nuit, au bord de la mer, assis sur une barque renversée, comme s'il attendait quelqu'un ; on n'y avait pas fait grande attention et l'on s'était contenté de dire : c'est un original.

Malgré sa douceur extrême, malgré ces façons d'être caressantes qui sont particulières aux hommes de race toscane, malgré la tristesse rêveuse qui flottait dans ses grands yeux noirs, lorsqu'on regardait attentivement sa haute taille déjà un peu courbée, sa maigreur vigoureuse, son teint olivâtre, la carrure énergique de son menton, son large front, on sentait, à voir le sérieux qui dominait sur tous les traits de cet homme de trente-cinq ans, qu'il portait en lui quelque chose d'abstrait qui lui faisait comme une vie intérieure murée pour tous, et dont lui seul possédait le secret. — Bah! disait-on, en le voyant si grave, il pense à de vieux chagrins d'amour! — On se trompait; il vivait dans les difficultés de sa double existence, et se conformait à la devise en mauvais latin du moyen âge que lui avaient léguée ses ancêtres : *atque ante panem justitiam* (et même avant le pain la justice) !

Il n'avait plus de famille ; son père était mort en exil, son frère avait été fusillé à Modène à la suite d'une insurrection avortée ; sa mère, il l'avait à peine connue ; lorsqu'il pensait à elle, il se rappelait vaguement une grande femme maigre qui, à ses oraisons de chaque soir, mêlait des prières pour les *carbonari* et des imprécations contre ceux qu'elle nommait les princes de la maudite alliance. Arrêtée à Milan pour avoir insulté un officier autrichien et interrogée sur sa profession, elle déclina ses titres et ses noms, puis elle ajouta : *schiava* (esclave) ! La police n'est point douce sous les dominations étrangères : la marquise Mastarna, des ducs de Montespertoli, fut fouettée comme une fille de mauvaise vie ; elle en devint folle, et mourut peu de temps après dans une maison de santé. Flavio était donc seul et sans aucun de ces liens naturels et puissants qui retiennent l'homme dans le cercle étroit de la vie de famille ; ces besoins d'affection étaient impérieux cependant, et il les avait concentrés sur deux personnes qui formaient ce qu'il appelait lui-même en souriant son horizon sentimental.

L'une de ces personnes habitait, non loin de lui, une maison discrète, perdue sous les pins qui séparent Ravenne de la mer. Elle sortait rarement, se nommait Sylverine et était fort belle. C'était une femme d'une trentaine d'années, liée depuis longtemps, avec Flavio et dont les origines paraissaient douteuses. On parlait vaguement d'un mari abandonné en pays étranger, de fuite, d'enlèvement ; le roman avait sans doute une grande part à ces rumeurs. Un jour elle était venue dans le pays sous prétexte d'y prendre des bains de mer ; la contrée avait semblé lui plaire, elle avait loué une maison, s'y était installée avec deux vieilles servantes qui composaient tout son domestique, n'avait créé aucune relation autour d'elle, recevait familièrement Flavio tous les jours, et ne rendait que de très-rares visites à quelques personnes de la ville. C'est là tout ce qu'on en savait. Seulement on n'avait pas tardé à remarquer que ses absences coïncidaient souvent avec celles de Flavio, et l'on avait bien vite deviné qu'il existait entre eux autre chose que de simples relations ; mais en Italie, ainsi qu'en beaucoup d'autres pays, on est fort tolérant pour ces sortes de choses ; puis, comme Sylverine allait de temps en temps à confesse, qu'elle communiait trois fois par an, que sa main s'ouvrait généreusement pour les pauvres, l'autorité ecclésiastique se trouvait satisfaite, et chacun avait accepté une situation que la libre condition des deux parties rendait plus irrégulière que coupable.

Ces deux êtres s'aimaient-ils ? Sans aucun doute ; mais il y avait dans leur affection respective des différences essentielles dont il est bon de tenir compte. Rompu aux déceptions de la vie, ayant traversé l'eau et le feu des événements, élevé dès l'enfance pour les complications supérieures d'une politique à outrance, Flavio n'avait point cette mièvrerie de sentiments si agréable aux femmes, et qui le plus souvent cache la vacuité du cœur. C'était un homme solide dans toute l'acception du terme; il lui suffisait de s'être donné sans réserve, il n'éprouvait pas le besoin de le répéter chaque jour. Il était l'amant de Sylverine, cela est vrai, son amant inaltérable et dévoué « jusqu'au delà; » mais, grâce à l'excessive maturité de sa nature, il était aussi son père, et se sentait pour elle des indulgences sans égales. Il lui eût tout pardonné, même une trahison, car il savait que la femme est une créature fragile, et il comprenait que la liberté de soi-même est la liberté la plus sacrée qui existe. — Je ne te demande qu'une chose, disait-il à Sylverine, c'est de ne point me faire de mensonge : ne me trompe jamais, je suis de force à entendre toutes les vérités. — Bah ! lui répondait-elle en riant, tu parles comme un vieux mari. — Et, en effet, elle le considérait un peu comme tel. Elle ne l'en aimait pas moins; elle était intelligente, et avait vite compris à quelle âme supérieure elle avait affaire. Elle s'était plu aux dangers de cette vie toujours en suspens dont elle connaissait le secret; elle s'associait aux idées de Flavio, qui lui racontait ses pensées les plus cachées, et une fois même, en Sicile, elle s'était associée à ses périls pendant une insurrection qui fut vite comprimée. Elle traversa près de lui les montagnes à pied, sans se plaindre, ayant oublié la faiblesse de son sexe, couchant sur la terre nue, cherchant un refuge dans les huttes de pâtres à demi sauvages, et jouant son rôle d'héroïne avec une simplicité qui fit l'admiration de ceux qui la virent; mais autant elle était invincible et résolue en face du péril, autant elle était flottante vis-à-vis d'elle-même. Elle avait des alanguissements singuliers, des rêveries sans fin, des énervements subits, d'inexplicables abondances de larmes. Ce n'était point une virago, comme on pourrait le croire après de telles aventures ; c'était une femme souffrant de toutes les misères féminines et s'y abandonnant sans courage. Dans le secret d'elle-même, elle savait que son cœur était dévoré par des besoins de tendresse que rien ne pourrait satisfaire. L'émotion, quelle qu'elle fût, avait pour elle un attrait qu'elle ne savait vaincre ; elle était tout expansion et emportement. Étant petite fille, elle cueillait d'énormes bouquets et disait : « C'est pour mon amant ! » Un jour, elle avait dix-sept ans, devant le ciel constellé, quelqu'un lui parlait d'astronomie ; elle n'écoutait guère et demeurait rêveuse. On la gronda : « L'astronomie est une science utile, » lui dit-on. Elle secoua la tête et répondit : « Il n'y a d'utile que ce qui sert à aimer ! »

Le sévère Flavio n'était point l'homme qu'il fallait pour calmer l'ascension d'une telle séve. Parfois, à défaut de l'amour qu'elle aurait voulu, elle se jouait la comédie de l'amour : elle se jetait dans les bras de Flavio, appuyait sa tête sur sa poitrine, y restait longtemps, se racontant à elle-même un roman imaginaire où elle et lui jouaient le premier rôle ; mais, lorsqu'elle relevait les yeux, elle pouvait comprendre, aux regards fixes et absents de Flavio, qu'il était plongé, même auprès d'elle, même avec elle, dans les lointaines spéculations qui emportaient son esprit tout entier. Souvent elle en éclatait de rire. — Quel ménage nous faisons! disait-elle à Flavio : je chante et tu calcules; je suis une romance mariée à un théorème. — Parfois il s'attristait de ces observations; elle se jetait alors à son cou : — Mon Flavio, ne sais-tu pas que je plaisante? Je ne suis qu'une pauvre sotte que tu es trop bon d'aimer. — En disant cela, elle était sincère, car elle se connaissait bien, ne se ménageait guère ses vérités quand elle causait avec elle-même, et se savait très-capable d'un coup de tête, ou, comme elle le disait, d'un coup de cœur. En somme, c'était une Italienne; elle ne croyait pas à la vertu des femmes et n'estimait guère plus celle des hommes. Un moine fort célèbre en Italie était venu prêcher le carême à Ravenne. Il tonnait contre les femmes, les appelait filles de Satan, les comparait à des vases d'iniquité, maudissait la chair et ses péchés, citait les Écritures, et ouvrait à deux battants les portes de l'enfer. — Quel insupportable pédant! dit à Flavio Sylverine, qui avait entendu le prédicateur. — Il est peut-être convaincu, répondit Flavio. — Sylverine haussa les épaules, puis elle fit tant et si bien que le pauvre moine, éperdument amoureux d'elle, tomba béatement à ses pieds, s'embarrassant dans les gros plis de sa propre robe, et lui déclara qu'il l'adorait. — *Padre! padre!* lui dit-elle en riant, il ne faut pas être si sévère pour les pauvres femmes! — Et il n'en fut que cela.

C'est donc auprès d'elle en réalité que Flavio passait sa vie : elle l'écoutait, l'aimait, le calmait, envisageait avec résignation les éventualités terribles que contenait son existence, était résolue à le suivre partout où elle pourrait, et lui parlait souvent de Jean Scoglio, qui avec elle partageait toutes ses affections. Ce Jean Scoglio, Buveur de cendres aussi, et roi des Édomites pour les tribus napolitaines sous le nom de Balhaname, fils d'Achbor, avait longtemps habité Naples, d'où il avait été obligé de s'enfuir, poursuivi par une police trop clairvoyante. En ce moment il parcourait l'Europe, visitant les *fidèles*, et renouant partout les liens que la défaite avait relâchés. Son voyage terminé, il devait venir se fixer à Ravenne auprès de Flavio, qui lui portait une amitié si absolue qu'on l'eût prise parfois pour de la faiblesse. Flavio se réjouissait de la venue prochaine de son ami, et Sylverine elle-même, qui avait tant entendu parler de Jean, l'attendait avec impatience, comme toute femme attend une diversion quelconque à sa vie ordinaire. « Lorsque Jean sera ici » était devenu la phrase sacramentelle des deux amants ; tout semblait subordonné à cette arrivée si vivement espérée. Sylverine ne l'avait jamais vu, mais elle se le figurait à sa façon, prétendait le connaître beaucoup mieux que Flavio, et répondait à ce dernier, lorsqu'il voulait rectifier ses idées à ce sujet : — Laisse-moi, je suis certaine de ne m'être point trompée.

Un soir enfin que Flavio était chez Sylverine, on entendit des pas qui montaient rapidement l'escalier ; presque aussitôt la porte s'ouvrit avec fracas, et Jean se jeta dans les bras de son ami. Il tendit fraternellement la main à Sylverine, puis il se mit à parler avec une volubilité qui ne ressemblait guère au calme habituel de Flavio. Sylverine regardait le nouveau-venu ; il n'était point tel qu'elle se l'était représenté : au lieu de cet homme absorbé, sérieux, un peu farouche même, qu'elle s'était figuré, elle voyait un jeune homme de vingt-cinq ans environ, blond, de petite taille, fort élégant de tournure, montrant avec complaisance des mains féminines, et laissant éclater sur ses lèvres, un peu trop rouges, une ironie que semblait démentir l'extrême douceur de ses yeux bleus. Son attitude vis-à-vis de Flavio était celle d'un enfant gâté ; c'était une sorte de respect craintif, mêlé de résistance et de câlineries. Il lui disait dans la même minute : — Ne me gronde pas ! va-t'en au diable ! Voyons, ne fais pas les gros yeux ; tu sais bien qu'en somme je finis toujours par t'obéir ! — Il y avait en lui comme une exubérance de vie qu'il comprimait en vain et qui s'échappait malgré ses efforts. Il accumulait questions sur questions : Que fait-on ici ? S'amuse-t-on ? As-tu des chevaux ? Donne-t-on des bals ? Y a-t-il un théâtre ? Les femmes sont-elles jolies ? Où va-t-on le soir ? Le légat a-t-il une maîtresse? Peut-on chasser dans les environs?

Sylverine l'écoutait, un peu ahurie par ce flot de paroles auquel elle n'était point accoutumée. — Au moins, il est en vie, celui-là, se disait-elle. Flavio lui-même semblait désorienté par tant de pétulance.

— C'est pourtant moi, dit-il, qui ai élevé cet étourdi-là.

— Tu en as l'air étonné, lui répondit Sylverine, comme une poule qui a couvé un canard.

On ne se quitta que fort tard dans la nuit, car on avait eu bien des choses à se raconter.

— Comment le trouves-tu? dit Flavio à Sylverine.

— Il est charmant, répondit-elle.

Il fit la même question à Jean touchant Sylverine.

— Ma foi, je n'en sais rien, répondit Jean, je l'ai à peine regardée. — Il mentait, car il l'avait regardée et considérée même avec beaucoup d'attention; en effet, il avait ce don singulier qu'il devait à sa double nature d'Italien et de conspirateur, d'étonner les gens par son flux de paroles, par ses mouvements précipités, par une apparence de franchise bruyante qui trompait les mieux avisés, et néanmoins de suivre imperturbablement le fil de sa pensée secrète et d'observer avec une perspicacité merveilleuse tout ce qui se passait autour de lui. Il avait mis souvent cette science au service de ses passions particulières, car il subissait la tyrannie d'une fougue pleine d'impétuosité. — J'ai des tempêtes en moi, disait-il souvent. Il était, par un contraste qui n'est pas rare, à la fois violent et dissimulé ; seulement sa violence servait à sa dissimulation ; il déroutait le soupçon à force d'abandon factice, de vivacité, de *gaminerie*, comme Flavio le déroutait à force de réserve et de dignité. Tout en causant d'abondance avec Flavio, il avait donc remarqué Sylverine ; dans les lignes pures de son beau visage, dans le regard voilé de ses grands yeux bleus si profonds qu'ils en paraissaient noirs, dans le rire éclatant qui montrait ses dents blanches, il crut voir quelque chose d'ennuyé et en même temps de révolté qui indiquait une faiblesse native ou une sourde lassitude, et il ne s'était point fait faute de se dire en regardant Flavio :

— Je parierais ma casquette contre un chapeau de cardinal qu'avec ses façons d'amoureux dogmatique et sentencieux, il l'ennuie à la faire pleurer. En cela, il se trompait : Sylverine souffrait, mais c'était de ne point assez aimer ; elle eût voulu aimer encore plus, aimer au delà du possible.

Quant à Flavio, il ne lui manquait rien ; il vivait en plénitude de bonheur entre les deux êtres qu'il aimait le plus au monde ; il les écoutait avec joie causer ensemble, riait de leurs folies et parfois s'attendrissait en les voyant marcher auprès de lui ; il les regardait un peu comme ses enfants, et souvent s'était dit avec inquiétude avant l'arrivée de Jean : — Pourvu qu'ils se conviennent! — Il pouvait être rassuré à cette heure : ils se convenaient.

En effet ils ne se quittaient guère ; pendant le jour, ils allaient se promener sous les ombrages de la *Pineta* ; ils passaient leurs soirées en tiers avec Flavio, qui, bien souvent emporté par sa propre pensée, leur laissait le bénéfice d'une sorte de tête-à-tête. Ils n'en abusaient certainement pas, mais leur causerie devenait plus intime et glissait vite sur la pente des confidences, pente dangereuse, pleine d'attraits, et que parfois il est bien difficile de remonter aussi intact qu'on l'a descendue. Ni Jean ni Sylverine ne conçurent froidement la pensée de tromper Flavio ; mais cette idée naquit d'elle-même, par le fait de leur rencontre, de leur réunion, de leur jeunesse, de ces mille circonstances contre lesquelles peuvent seuls lutter les êtres froids, dédaigneux ou invinciblement armés de vertu. Ils n'allèrent point vers la faute, si j'ose dire ainsi, ce fut la faute qui vint au-devant d'eux. Ils étaient jeunes, attrayants, et n'avaient aucune base bien solide pour étayer leur résistance. Avec plus de vaillance extérieure que Flavio, Jean offrait à Sylverine l'attraction étrange des dangers qui le menaçaient. Pour combien de femmes le don d'elles-mêmes n'est-il pas une compensation aux rigueurs de la destinée ! Cela seul explique l'indulgence de la femme, et j'entends de la meilleure, pour le soldat. — Il sera peut-être tué demain, dit-elle, et elle s'oublie.

Bien souvent le soir Sylverine, regardant alternativement Jean et Flavio, comparant leur beauté si diverse, s'était dit avec un serrement de cœur inexprimable : — Quoi! ces deux pauvres chères têtes tomberont peut-être un jour sur l'échafaud! Elle eût voulu alors les envelopper tous les deux en elle, les cacher à tous les yeux, ou les accompagner dans leur entreprise, en partager les périls et mourir dans leurs bras. Jean avait-il donc déjà pris une telle place dans son cœur? Peut-être ; en tout cas, elle fut la plus clairvoyante, et la première elle sentit que la situation devenait dangereuse.

Elle était accoutumée à se traiter très-vertement lorsque, dans le calme de ses réflexions, elle se confessait à elle-même ; elle n'eut donc aucun lâche atermoiement vis-à-vis d'elle. — Tu te laisses ensorceler par ce diable de Jean, se dit-elle ; veux-tu donc tromper Flavio ? — Ce n'est pas qu'elle trouvât cela fort mal, je l'ai dit ; la vertu abstraite n'avait pas grande prise sur cette âme, mais elle craignait d'affliger un homme qu'elle aimait beaucoup, qui avait pour elle une extrême affection, qui, depuis si longtemps, la traitait avec une bonté sans pareille. Dans d'autres circonstances, elle n'eût point hésité, elle eût tendu sa main à Jean en lui disant : — Je vous aime ; mais, arrêtée par la pensée de Flavio, elle n'osa pas avancer sur la voie où la poussait la tendre curiosité qui l'entraînait vers le nouveau-venu. — Nous pourrons peut-être nous sauver, se disait-elle sans grande conviction, car elle ne comptait guère sur elle pour accomplir un tel miracle.

De son côté, Jean non plus ne se sentait point tranquille. Le fruit qui pend à l'arbre défendu offre un attrait sans égal à certaines natures; les révoltés finissent toujours par être les maîtres du monde. Jean, résolu, fier et persistant, avait vite compté les obstacles qui le séparaient de Sylverine; mais ces obstacles n'avaient fait que l'irriter au lieu de l'attiédir. Des remords s'agitaient bien dans son cœur quand il pensait à son ami; mais il les secouait, il se rassurait par de mauvais arguments et se disait en voyant l'attitude sereine de Flavio auprès de Sylverine : — Bah! ce n'est pas de l'amour, ce n'est plus que de l'habitude! — Puis il se disait encore : — On n'a point de scrupule pour tromper un mari; un amant de si longue date n'est-il point un mari? — Raisonnement tout féminin que Jean n'aurait pas dû se tolérer, car entre l'un et l'autre il y a une différence essentielle, radicale; mais Jean ne la voyait pas ou ne voulait pas la voir.

Quoi qu'il en eût, il n'était point content de lui et ne se sentait pas en paix avec sa propre conscience ; quelque chose s'y plaignait qu'il ne pouvait forcer à se taire ; cette voix intérieure, qui crie plus haut que tous les bruits du monde, le fatiguait de ses doléances et l'énervait sans lui faire prendre une résolution définitive et bonne. — Après tout, se disait-il, je l'aime, et ce n'est point ma faute. — Il devenait triste ; à ces accès de gaieté qui, pendant les premiers jours, éclairaient la vie sérieuse de Flavio, avait succédé une sorte d'irritabilité dont il ne voulait point avouer la cause, et qui se traduisait par des bouderies d'enfant malade. — Après tant d'agitations, pensait Flavio, il a quelque peine à s'accoutumer à notre existence trop paisible. — Sylverine ne s'y trompait pas ; elle comprenait qu'une crise approchait : elle n'avait rien résolu avec elle-même, mais elle regardait Flavio avec tristesse et Jean avec anxiété.

Ce fut au bord de la mer que le grand mot s'échappa de leurs lèvres. Ils étaient sortis ensemble, avaient traversé la forêt de pins où chante cette brise monotone qui ressemble à la plainte confuse et perpétuelle des douleurs invisibles, et, toujours marchant côte à côte, ils avaient gagné le rivage sablonneux de l'Adriatique. Ils étaient silencieux. Jean, soucieux et visiblement irrité par ses luttes intérieures, ne levait pas les yeux sur Sylverine, dont le calme affecté trahissait l'inquiétude. Ils s'assirent à l'ombre de la masure d'un pêcheur ; ils regardaient vers la mer tranquille, dont l'immense nappe verdissante semblait se souder à l'horizon. Jean rassemblait avec sa canne quelques brins de varech desséchés, pendant que Sylverine traçait machinalement des lignes indécises sur le sable mouillé. Tout à coup, et comme prenant une résolution subite, Jean lui dit : — Pourriez-vous écrire sur cette grève, où le flot l'effacera, le nom de celui que vous aimez?

— Si la vague doit emporter ce nom, à quoi bon l'écrire? repartit Sylverine. Et vous, ajouta-t-elle en le regardant fixement, écririez-vous ici le nom de celle que vous aimez?

Il se leva avec impétuosité et s'écria : — Oui, pardieu! je l'écrirai, dût le ciel m'écraser! — Et à l'aide de son bâton il traça en grosses lettres le nom de Sylverine.

Celle-ci ne répliqua pas; mais, du bout de son ombrelle, elle effaça lentement les lettres une à une, puis elle ajouta en haussant les épaules, mais sans lever les yeux : — Vous êtes fou!

Jean éclata : il lui raconta qu'il l'aimait depuis longtemps, depuis le premier jour qu'il l'avait vue; qu'il s'était senti invinciblement attiré vers elle, et qu'il n'était point coupable d'avoir cédé à cet entraînement; que sa volonté, si forte d'habitude, s'était brisée lorsqu'il avait voulu la dresser comme un obstacle devant cette passion envahissante; qu'elle le savait bien du reste, et qu'elle n'en pouvait douter. Il lui dit qu'il était résolu à mettre toute considération sous ses pieds pour arriver à son but suprême, qui était elle. Il parlait avec ardeur; il s'emportait lui-même plus loin qu'il n'aurait voulu. — Je vous aime, je n'aime que vous, je ne veux que vous! lui criait-il en lui prenant les mains; si vous me refusez, si vous riez de moi, si vous me traitez comme un enfant ou comme un fou, je partirai · il ne manque pas d'endroits où je trouverai à me faire tuer!

— Et Flavio? lui dit Sylverine.

Ce fut la goutte d'eau qui apaisa cette ébullition. Jean retomba assis, la tête dans ses mains.

— Ah! dit-il, je suis un misérable!

A cette minute même, Sylverine pouvait tout sauver peut-être; il y avait dans le cœur de Jean une probité qu'elle était en droit d'invoquer. A lui, homme de sacrifice dans sa vie publique, elle pouvait montrer la grandeur du sacrifice fait à la reconnaissance et à l'amitié; elle pouvait le supplier de s'éloigner et profiter même de son trouble très-réel pour lui arracher une promesse de départ; mais elle était entraînée par la curiosité de cette passion violente, elle sentait instinctivement qu'elle allait se jeter dans des complications terribles. Loin d'en être effrayée, elle y était attirée par le besoin d'émotions fortes qui la sollicitait sans cesse, et alors elle répondit à Jean : — Hélas! et que dirai-je donc de moi?

C'était un aveu. Jean saisit ses mains et les baisa avec frénésie.

La nuit venait ; ils se levèrent et partirent pour rentrer à Ravenne. Lentement et pas à pas, ils traversèrent la forêt obscure ; ils subissaient l'involontaire affaissement qui succède à ces sortes de crises : on eût dit qu'ils s'arrêtaient sur le seuil de ce qu'ils appelaient le bonheur et de ce qui, par le fait, était la trahison. Ils parlaient peu et à voix basse, serraient l'un contre l'autre leurs bras enlacés, et pensant à l'honnête homme qu'ils allaient tromper, ils disaient :
— Pauvre Flavio !

— Ce n'est pas moi, s'écria Sylverine, qui aurai le courage de lui apprendre la vérité !

— Ni moi non plus, répliqua Jean.

— Qu'il l'ignore donc toujours ! reprit Sylverine.

Jean ne répondit pas, mais il inclina la tête en signe d'acquiescement.

On peut croire que Sylverine, qui aimait ces deux hommes et qui du reste ne voyait point très-clair dans son cœur, sinon qu'il était malade et curieux de choses troublées, obéissait au double instinct dominant des femmes, la fragilité et la perfidie, et qu'elle sut vite mettre en action le précepte : « Il faut promptement boire les mauvaises hontes ; » mais pour Jean, il faut penser qu'il ne se résigna pas sans combats intérieurs au triste rôle qui lui était réservé. Il y aurait eu une

certaine grandeur à aller trouver Flavio et à lui dire :
— J'aime ta maîtresse! Que veux-tu faire de nous? —
Mais Jean eut peur de son ami, il craignait d'avoir à rougir devant lui : lui seul pouvait savoir combien il était ingrat, et plutôt que d'avoir à faire un aveu qui coûtait autant à son orgueil qu'à son cœur, il préféra entrer dans le labyrinthe d'une intrigue où il allait être réduit à des ruses indignes de lui pour tromper l'homme qui lui avait ouvert avec une si grande confiance la porte de Sylverine. Jean, malgré les révoltes de sa conscience, qui regimbait haut, se résigna donc à jouer ce triste personnage, qui de jour en jour allait devenir plus difficile à soutenir.

En effet, l'amour de Jean pour Sylverine n'était point un caprice vite satisfait et s'apaisant de lui-même : la possession ne fit que l'exagérer, et il devint bientôt une passion ardente, passion exclusive, tyrannique, qui grandissait en raison directe des obstacles, et ne supportait plus qu'avec une peine infinie et des efforts sans cesse renouvelés la contrainte qu'elle s'était d'abord imposée. Ce n'était plus Flavio que maintenant redoutait Sylverine, c'était Jean, car il en était arrivé à un état de jalousie qui voulait briser toute réserve et enfreindre toute retenue.

— Tu me feras prendre Flavio en horreur! disait-il à Sylverine.

— Hélas! répliquait-elle presque en pleurant, c'est lui

que je trompe pour toi et non pas toi que je trompe pour lui. Ne l'as-tu pas voulu toi-même?

— Eh! que m'importe? Si ce n'était que ton mari, je le supporterais, car j'y serais forcé; mais c'est ton amant, celui de nous deux peut-être que tu préfères, et je suis en droit d'exiger que tu rompes absolument avec lui.

Il était loin, comme on le voit, du temps où, pour s'excuser lui-même à ses propres yeux, il se disait : Flavio n'est plus que son mari! — Morale fort singulière du reste, et qui tendrait à prouver que beaucoup d'hommes ne veulent respecter que la foi élective, en admettant qu'en pareille matière la passion respecte jamais quelque chose.

— J'irai le trouver, reprenait Jean, je lui dirai tout, et puis, à la grâce de Dieu!

— Fais ce que tu voudras, mon pauvre Jean, je suis prête à tout. Le cœur de Flavio est plus grand que le tien.

Jean retombait dans ses indécisions. Il aimait son ami, il adorait sa maîtresse, et parfois les exécrait tous les deux. La violence de sa nature se révélait tout entière dans ces luttes où il était toujours vaincu sans jamais parvenir à se vaincre lui-même. Il souffrait, et, comme disent les bonnes gens, il dépérissait à vue d'œil. Flavio s'en inquiéta et l'interrogea. Jean fut sur le point de se jeter à son cou et de lui avouer cette lamentable histoire ; mais une honte de mauvais aloi retint la confidence sur ses lèvres : il prétexta un malaise nerveux et se tut.

A l'extérieur du moins, rien n'était changé dans leur existence, ils vivaient réunis comme autrefois ; ils passaient leurs soirées ensemble chez Sylverine. Vers minuit, Jean et Flavio lui disaient adieu et rentraient dans leur maison : là, Jean, avec les battements de cœur que l'on peut concevoir, écoutait Flavio se coucher. Comment se passait le reste de la nuit ? L'écho de la forêt de Ravenne ne m'en a jamais rien dit ; mais parfois au matin Jean avait les yeux rouges, la face injectée, le regard sombre d'un homme qui ne contient sa fureur qu'avec peine. Quant à Flavio, tranquille, rêveur et réfléchi, il traversait ce drame et s'y mêlait à son insu sans même le soupçonner. Comment aurait-il pu le deviner ? Sa confiance n'était-elle point absolue ?

Sylverine, qui aimait les émotions, avait été servie à souhait ; de guerre lasse pourtant, elle était près bien souvent de tout abandonner. La violence et les reproches incessants dont Jean l'accablait la fatiguaient outre mesure ; Flavio, dans son affection de forme paternelle, n'avait jamais eu pour elle que douceur, indulgence et bonté. Elle aimait la tempête, il est vrai, mais à la condition d'y trouver quelques embellies, et avec Jean, qui dans le secret débordait d'autant plus avec elle qu'il s'était plus comprimé en public, elle n'en avait guère. Parfois, jouant sur ce nom de Scoglio, qui signifie *écueil*, elle lui disait : — Ah ! tu es le bien nommé ; qui ne se briserait contre toi ? — Elle fermait les yeux et se laissait emporter au courant, n'ayant pas le courage de le remonter. Parfois elle se demandait : Comment tout cela finira-t-il ? puis elle tombait dans des tristesses sans fond, d'où la réconfortante tendresse de Flavio parvenait seule à la tirer. Elle aimait Jean, elle aimait Flavio, elle les aimait tous les deux ; lequel aimait-elle le mieux ? Elle ne pouvait le dire : bien souvent elle s'était interrogée sans parvenir à se répondre. — Mais enfin, si tous deux étaient en péril de mort, si tous deux se noyaient sous mes yeux, quel est celui que je sauverais ? — Elle réfléchissait longtemps sur la question qu'elle s'adressait ainsi à elle-même, puis elle éclatait en larmes en se répondant : Hélas ! je sauverais celui qui serait le plus près de moi, et je passerais ma vie à regretter l'autre ! — A travers ces obscurités, elle ne pouvait trouver une lueur pour se conduire : elle se perdait dans la confusion d'elle-même et de ses propres sentiments ; mais, par une contradiction qu'elle subissait sans pouvoir l'expliquer, il lui arrivait souvent de penser à Jean lorsqu'elle était aux côtés de Flavio et de penser à Flavio lorsque Jean était auprès d'elle. Si tout à coup on lui eût demandé : A qui appartiens-tu ? elle aurait pu parfois répondre avec sincérité : A celui qui n'est pas là !

Cependant la vie s'écoulait, chaque jour entraînait son jour; les trois personnages de ce drame se mouvaient dans le même cercle : Flavio toujours calme, Jean méditant sans cesse de nouvelles violences qu'il n'osait exécuter, Sylverine résignée à des catastrophes qu'elle prévoyait sans pouvoir les préciser. Ce fut un hasard, mais surtout une imprudence de Jean, qui révéla d'un seul coup à son ami la vérité qu'il ne soupçonnait guère. Comme presque toujours en de telles circonstances, le sort se servit de ses moyens les plus simples pour éclairer les ténèbres.

Flavio savait depuis longtemps que les Buveurs de cendres méditaient un mouvement dans l'Italie méridionale, il en avait supputé impartialement les chances : elles étaient douteuses, sinon contraires ; mais il avait jugé que ce soulèvement, même partiel, était nécessaire, ne fût-ce que pour réveiller les sympathies de l'opinion publique. Pendant quarante ans, l'Europe a été surprise de tous les coups de main avortés qui remuaient la terre italienne, et qui le plus souvent n'aboutissaient qu'à faire fusiller, pendre ou emprisonner quelques pauvres êtres généreux jusqu'à la folie. C'est que le moteur secret avait agi; la voix invisible, mais toujours écoutée, avait dit : Il est temps que quelqu'un meure pour l'Italie ? On savait bien, et d'avance, que la victoire était presque impossible ; mais on voulait, comme en certains cas de jurisprudence, faire une protestation en temps utile pour empêcher la prescription et déclarer au monde que le gouvernement imposé n'était point consenti. Ce fut ainsi qu'en deux circonstances mémorables les frères Bandiera et le comte Pisacane marchèrent impassiblement à une mort inévitable. L'insurrection dont Flavio s'occupait à cette heure avait été préparée en silence ; au dernier instant, quand tout serait prêt, un des chefs des Buveurs de cendres devait, selon la coutume en pareil cas, se rendre sur les lieux mêmes, cacher son rôle principal sous le masque d'un comparse, réunir entre ses mains tous les fils secrets de l'aventure, lui donner un chef nominal et la diriger sans laisser soupçonner son action. Ce mouvement avait été conçu, médité et presque conduit jusqu'au point d'éclore pendant les absences de Jean, qui le soupçonnait à peine. Flavio lui en avait parlé vaguement, attendant que tout fût arrivé à terme et décidé pour lui dérouler le plan complet.

Flavio était donc très-préoccupé, car si l'insurrection réussissait dans les provinces napolitaines, il aurait immédiatement à soulever les Romagnes et à recommencer la campagne infructueuse de 1831, à laquelle ont pris part des hommes qui, à cette heure, portent sceptre et couronne. Il passait son temps à méditer son projet, et bien souvent il restait des heures entières couché sur la carte des Calabres, étudiant les points de débarquement et les chemins les plus sûrs pour arriver jusqu'à Cosenza, où l'on avait des intelligences, et qu'on espérait pouvoir enlever brusquement pour en faire la place d'armes de l'insurrection et le centre d'où la révolte rayonnerait sur les provinces voisines. Une nuit qu'il veillait, cherchant si l'on devait débarquer, soit sur la côte orientale, vers Cotrone, où les Bandiera avaient échoué, soit sur la côte occidentale, aux environs de Sapri, là même où plus tard Pisacane devait mourir, se sentant fatigué de méditation, en proie à la cruelle insomnie familière à ceux qui surmènent leur cerveau, ayant besoin de parler à quelqu'un pour se distraire de lui-même, il se rendit dans la chambre de Jean afin de causer avec lui. La chambre était vide et le lit n'avait point été défait. Flavio eut un mouvement de surprise et se prit à rire.

— Comment! dit-il, il court les aventures dans Ravenne et ne m'en a pas soufflé mot! Quel enfantillage?

Il descendit et sortit. La lune, dans son plein, éclairait de ses lueurs nacrées le ciel semé d'étoiles, et jetait une lumière mate et blanche sur la route coupée par l'ombre des grands arbres. Arrivé devant la maison de Sylverine, il s'arrêta et fit le signal convenu entre eux; il le recommença plusieurs fois de suite, nul ne lui répondit. — Elle dort, pensa-t-il. — Puis il s'éloigna, afin de faire une de ces marches nocturnes qui le rassérénaient et le reposaient en déplaçant sa fatigue. Il n'avait pas fait cent pas, qu'un soupçon le mordit au cœur. — Jean absent ! se dit-il ; la porte de Sylverine fermée ! Il secoua sa pensée sinistre. — Je suis fou ! — Cependant il s'assit au pied d'un arbre, et, surveillant attentivement la route, il resta plongé dans des réflexions qui le torturaient. Au bout d'une heure, il entendit, du côté de la maison de Sylverine, le bruit d'une fenêtre qui s'ouvrait ; puis il vit la jeune femme avancer la tête et regarder de chaque côté du chemin. Flavio, perdu dans l'ombre, était invisible. Quelques instants après, la porte fut entrebâillée, et un homme descendit du perron ; c'était Jean, qui marcha paisiblement dans la direction de sa demeure.

Flavio se leva d'un bond, il eut un rire d'une effroyable amertume. — Ah ! dit-il, cela devait être ! — Il s'éloigna, allant à grands pas, tournant le dos à cette maison qui venait de lui révéler l'odieux mystère. A son premier sentiment, qui fut de la rage, succéda un grand accablement quand il se vit face à face avec toutes ces ruines intérieures, puis une sorte de commisération profonde et singulière lorsqu'il pensa à cette trahison cachée avec tant de soin. — Ah ! se dit-il, comme ils ont dû souffrir de me tromper ainsi !

— Sa grande âme, son âme impersonnelle reprenait le dessus et calmait peu à peu les tempêtes qui d'abord l'avaient soulevée. Cependant il revenait souvent à cette pensée : — Pourquoi m'ont-ils trompé ? pourquoi ont-ils menti ? Suis-je donc un Bartholo qu'il faut duper à force d'hypocrisie ? — Il souffrait considérablement dans son amitié pour Jean, dans son amour pour Sylverine, dans sa confiance pour tous les deux. — A qui donc se fier ? demandait-il. Et la voix grave de sa vieille expérience lui répondait : — A personne ! — Il réfléchissait à sa vie, au but suprême qu'il poursuivait, à la hauteur des idées qui l'occupaient, et en regard de telles spéculations il se disait qu'une amourette tournant à mal était bien peu de chose ; mais ce raisonnement de sectaire ne l'apaisait point. — Ma vie est triste, tourmentée, misérable ; Sylverine en était la lumière et la joie. Pourquoi donc m'a-t-elle trompé ; et avec Jean encore, avec cet enfant qui a grandi sous mes yeux et qui est comme mon fils ? — Puis il se répétait son éternelle question : — Mais n'était-elle pas libre ? Pourquoi m'ont-ils menti tous les deux ? De quel air allons-nous nous regarder en nous retrouvant ensemble ? Leur seule excuse, s'ils en ont une, est d'avoir été invinciblement entraînés l'un vers l'autre par une passion plus forte qu'eux et de me l'avoir cachée pour ne pas m'affliger. — Il se retenait à cette pensée ; à force de la retourner dans tous les sens, il arrivait à lui donner un corps réel et saisissable, il s'en emparait, s'y reposait, y trouvait presque le moyen de ne pas mépriser sa maîtresse et son ami. Quoi qu'il en eût, il sentait bien que ses raisons n'étaient que de la fausse monnaie ; il se payait néanmoins avec elles, par héroïsme sans doute, et aussi par ce besoin impérieux d'espérance qui pousse l'homme à tenter l'impossible afin d'échapper au naufrage. Jean et Sylverine n'étaient-ils point comme ses enfants? Et s'il avait pour eux cette indulgence inépuisable qui survit à tout dans les cœurs paternels, il ne pouvait non plus se résoudre, en faisant un éclat, à s'éloigner de ceux qu'il aimait tant. Certes, dans une explication il eût eu le beau rôle, celui du juge et de l'offensé ; mais l'idée seule de cette explication l'effrayait et lui causait une honte sans pareille. — Allons, vieux gladiateur, se dit-il avec un sourire qui contenait bien des larmes, sache mourir avec grâce !

Quand l'aube se leva, pâle et froide, sur la campagne humide, elle éclaira Flavio debout contre un arbre et regardant la mer ; les flots déferlaient et gémissaient sur la grève. Je ne sais pourquoi ce mouvement toujours répété et ce bruit toujours semblable l'irritèrent. — O brutales et perfides, cria-t-il en jetant un caillou contre les vagues, pourquoi donc vous plaignez-vous sans cesse, puisque vous avez la force aveugle à laquelle rien ne résiste?

Cette nuit d'angoisses et de contradictions, nuit plus terrible que celle de Jacob, car Flavio eut à lutter contre ses bons et contre ses mauvais anges, épura encore son cœur déjà si pur, et il se retrempa dans cette douleur. Ce ne fut pas sans un grand déchirement qu'il prit sa résolution, mais enfin il la prit et s'y tint.

— Allons, se dit-il, au lieu d'un ami et d'une maîtresse, je n'aurai plus que deux amis.

Il imitait en cela certains maris, dévoués parfois jusqu'au martyre, qui cachent tout affront, subissent toute contrainte, acceptent d'être aveugles malgré l'évidence, afin de toujours couvrir de leur protection la femme qu'ils ont aimée et que peut-être ils aiment encore.

Lorsqu'ils se retrouvèrent tous les trois, le visage de Flavio avait repris son impassibilité habituelle, et Sylverine, malgré son inquiétude, n'y lut rien qui pût l'éclairer. — Je t'ai appelée cette nuit, lui dit-il; mais tu ne m'as pas entendu. — Elle n'était point rassurée cependant. Flavio était-il aussi ignorant qu'il voulait bien le paraître? Elle n'y croyait guère. Que se passait-il donc dans son cœur? Une défaillance d'amour, un excès de générosité? Elle n'en savait rien. En tout cas, elle eût préféré des reproches et se sentait mal à l'aise en face de ce sphinx qui ne disait point le mot de son énigme.

Il y eut dès ce jour cependant un certain changement dans les façons d'être de Flavio ; il allait moins souvent chez Sylverine, et parfois même le soir il ne paraissait pas chez elle à l'heure où d'habitude il s'y réunissait avec Jean. — Qu'as-tu donc, cher Flavio ? lui disait-elle. On ne te voit plus ?

— J'ai beaucoup à travailler en ce moment, lui répondait-il.

Elle s'étonnait, elle s'affligeait de sa réserve devenue excessive ; il n'était plus qu'un ami pour elle, et elle s'en irritait comme d'une trahison ; elle était ballottée entre deux courants contraires, et ne savait où prendre pied. Par moments elle se disait : « Que lui ai-je donc fait, et pourquoi ne m'aime-t-il plus ? » D'autres fois, au contraire, se reconnaissant coupable au premier chef, regardant jusqu'au fond de sa faute et comprenant tout ce qu'elle avait d'odieux, elle se répétait : « Pourquoi me plaindre ? N'a-t-il pas le droit de cracher sur moi ? » Mais elle ne pouvait s'accoutumer à cette pensée d'avoir perdu l'estime et la tendresse de Flavio. Alors elle maudissait Jean, oubliant qu'elle avait été presque au-devant de lui, que c'était par le fait de sa propre volonté qu'elle s'était jetée dans ces complications douloureuses, et, se retournant dans le cercle vicieux qui l'étreignait, elle regardait avec angoisse, avec regret, du côté de Flavio. Elle eût voulu fuir avec lui pour le ressaisir tout entier ;

puis alors, se représentant le désespoir de Jean, s'imaginant que celui-là aussi était nécessaire à son cœur, elle retombait dans ses indécisions et se sentait plus affolée qu'une boussole brisée. Elle était cruellement punie de son erreur ; elle avait cru que l'amour consiste à aimer beaucoup, et malgré ses douleurs, malgré ses combats, elle ne comprenait pas encore que l'amour consiste à aimer uniquement.

Jean le comprenait, lui ; il eût voulu s'inféoder à Sylverine et lui arracher toute pensée qui ne se rapportait pas à lui seul ; son amour, cet amour qui dans le principe avait paru si résigné, était devenu une sorte de fureur permanente. « Tant que nous serons tous les deux ensemble près de toi, disait-il à Sylverine, il n'y a pas de bonheur possible. » Elle avait beau lui parler de la réserve de Flavio, il n'y croyait pas, ou du moins sa jalousie, qui avait besoin d'aliment, feignait de n'y pas croire. « L'amour est un repos, lui disait-elle, ce n'est pas un combat ! » Il n'en était pas moins agressif et violent, obéissant à sa nature, qui était exclusive jusqu'à l'injustice, et il faisait souffrir Sylverine parce qu'il souffrait lui-même. Flavio, qui vivait impassible dans le mystère de ses propres douleurs, lisait sur le visage de Jean les traces trop visibles de ces luttes sans cesse renouvelées. Tout lui était expliqué maintenant, l'irritabilité de son ami, l'inquiète tristesse de Sylverine. Faisant un retour sur lui-même, mesurant à son chagrin secret la grandeur de son sacrifice, il se disait : « Et ils ne sont même pas heureux ! » Il connaissait le caractère de Jean jusque dans ses replis les plus cachés, et il s'attendait chaque jour à le voir arriver furieux, ne se connaissant plus, lui demander : « De quel droit as-tu aimé Sylverine ? » Aussi, autant pour s'échapper à lui-même que pour forcer au silence les pensées qui l'obsédaient, il travaillait avec ardeur.

Ce qu'il craignait arriva. Un matin que, seul dans sa chambre, il s'occupait à chiffrer une note importante, il vit entrer Jean. Au premier regard, il comprit que l'heure décisive était venue. Jean, les yeux en feu, les lèvres pâles et tremblantes, s'avança brusquement vers Flavio.

— J'aime Sylverine et je suis son amant, il faut que tu le saches! lui cria-t-il.

— Je le savais, répondit Flavio.

Le coup fut dur pour Jean, qui sentit s'amollir sa colère; mais, comme l'on dit, il s'était monté d'avance : il reprit vite en lui-même tous les mauvais arguments qui l'avaient soutenu, et, combattant l'émotion qui le gagnait en présence du calme de Flavio, il reprit :

— Si tu le sais, pourquoi le supportes-tu?

— Parce que tu es mon enfant, répliqua Flavio avec un sourire qui mit des larmes dans ses yeux, parce que je suis le seul juge de mes renoncements, et peut-être aussi parce qu'il m'est plus doux de souffrir que de te savoir malheureux.

Jean n'y tint plus; il se jeta d'un bond sur la poitrine de Flavio, et le serrant dans ses bras : — Ah! s'écria-t-il, tu es bien notre cher Mastarna, tu es bien celui que nous appelons *cœur de diamant,* le plus grand de nous tous!... Accable-moi, bats-moi, chasse-moi; mais, par pitié, ne m'écrase pas de ta bonté, qui me fait prendre en horreur à moi-même! Tu restes là, tu ne me dis rien! Tu savais tout, et tu ne m'as pas tué comme un chien sauvage! Ce n'est pas ma faute! c'est plus fort que moi. Je l'adore, je meurs de jalousie, et je me désespère à l'idée seule qu'elle peut t'aimer! J'ai de moi une honte sans pareille; mais que veux-tu? je suis ensorcelé, je suis possédé, je ne puis me ravoir, et je me trouve misérable. Je n'ai eu ni force, ni vertu; je t'ai trompé comme on trompe un vieux tuteur ridicule, et cependant, si je vaux quelque chose, c'est à toi que je le dois. C'est toi qui m'as recueilli, c'est toi qui m'as élevé; ce que je sais, tu me l'as appris; si je ne suis pas tombé dans le gouffre des débauches où m'entraînait ma nature, c'est parce que ta main m'a toujours soutenu. Au lieu de rester là tranquille et indulgent, pourquoi ne me fais-tu pas de reproches?

— Tu te les fais toi-même, ces reproches que tu

me demandes, répondit Flavio, je n'ai rien à te dire.

Jean eut un spasme; il serrait son cœur à deux mains. — Que faire? que faire? cria-t-il.

— Mais que veux-tu donc, terrible enfant? reprit Flavio. Ne peux-tu donc pas jouir en paix de ton bonheur, sans venir en désespérer les autres?

— Tu ne l'aimes plus au moins?

— Pourquoi mentirais-je? répondit Flavio. Je l'aime encore comme aux premiers jours, et plus que jamais.

— Ah! tu me déchires le cœur! dit Jean, qui se laissa tomber sur une chaise en cachant sa tête dans ses mains.

Flavio l'entendait sangloter; il le prit dans ses bras, le caressa comme une mère caresse son fils malade, lui parla doucement pour le calmer et l'attendrir. Jean se dégagea de son étreinte par un mouvement brusque, et levant vers lui son visage éclatant de fureur :

— Ah! lui dit-il, tu es mon mauvais génie; c'est toi qui m'as jeté dans les impasses d'une politique impossible, et la seule femme que je puisse aimer, c'est toi qui l'aimes.

Flavio eut un geste de pitié ineffable. — Pauvre petit! dit-il, comme tu dois souffrir pour être si injuste! Je te plains du fond de mon âme.

— Eh! je ne veux pas de ta commisération! répliqua l'indomptable jeune homme avec emportement.

Ses larmes étaient séchées; la fureur reprit le dessus ; il accabla Flavio de reproches, il entassa sottises sur sottises. Ce qu'il disait, il n'en avait guère conscience. Flavio le regardait et se désolait de voir un esprit de cette trempe s'oublier à ce point et se déshonorer de la sorte. Il lui prit les mains, et, tournant vers lui son calme visage, il lui dit :

— Apaise-toi donc, jeune volcan, et ne prends pas tes colères pour de la force ; nous sommes deux hommes, ne l'oublie pas, laisse toutes ces violences aux enfants maladifs. Pourquoi viens-tu m'accabler ainsi, et que veux-tu de moi ?

— Je veux en finir, une fois pour toutes, d'une manière ou de l'autre, s'écria Jean, car je ne peux plus vivre dans de telles angoisses ; l'un de nous est de trop sous le ciel ; allons au bord de la mer, battons-nous jusqu'à ce que mort s'ensuive : Sylverine sera le prix du vainqueur !

— Tudieu ! répondit Flavio avec un sourire, quel chevalier errant ! Tu oublies que les temps de l'Arioste sont passés ! — Puis tous les traits de son visage s'affaissèrent dans une expression de tristesse infinie, et il ajouta : — Et tu oublies surtout que le survivant mourrait de la douleur d'avoir tué son ami ! Tu oublies bien autre chose encore, mon pauvre Jean, tu oublies que nous ne nous appartenons pas et que nous n'avons pas le droit de disposer arbitrairement de notre vie. Tu oublies notre vieille amitié, je le comprends, car la passion t'a fait perdre la tête ; mais souviens-toi du serment que tu as juré en communiant par les cendres et par le sang !

Jean poussait des cris de désespoir ; son cœur était comme un champ de bataille où se heurtent trois armées de forces égales ; il était brisé par de si puissantes émotions. — Aie pitié de moi, dit-il à Flavio, je n'en puis plus !

Il y eut un long silence. Flavio marchait de long en large dans la chambre, et Jean, affaissé sur un canapé, la tête cachée dans les coussins, combattu par toutes les passions qui débordaient en lui, passait de la fureur à l'attendrissement, sans pouvoir trouver la force de prendre un grand parti. Il se leva enfin.

— Viens chez elle, dit-il à Flavio.

— A quoi bon ? répondit celui-ci, à quoi bon lui donner le spectacle de ces violences et l'affliger de nos discordes ?

— Viens chez elle, reprit Jean, je le veux, je t'en prie ; qu'elle prononce elle-même ; ce sera le jugement de Dieu, je l'accepte et je m'y soumets.

Ils sortirent : — Ah ! disait Jean marchant près de son ami, si tu pouvais savoir ce que je souffre et ce que j'ai souffert !

— Tu n'es pas seul à souffrir, reprit Flavio ; mais tes cris de douleur t'ont si bien assourdi, que tu n'entends même plus les gémissements des autres.

Ils arrivèrent chez Sylverine ; elle resta immobile, mais elle eut un violent battement de cœur en les voyant entrer, car il ne lui fut pas difficile de lire sur leur visage les émotions qu'ils venaient de subir. Elle sut se contenir néanmoins. — Quelle bonne fortune ! dit-elle.

Jean marcha rapidement vers elle : — Écoute, lui dit-il, Flavio sait tout. Nous voici tous les deux, nous t'aimons ; lequel aimes-tu ? Parle vite.

Sylverine se leva toute pâle et tremblante ; elle regarda ces deux hommes qui se disputaient dans son cœur, et, posant ses mains sur leurs épaules, elle osa dire : — C'est vous deux que j'aime !

Puis, comme brisée par la violence de l'aveu, elle éclata en larmes.

— O misère de nous ! s'écria Jean. Ne vaudrait-il pas mieux mourir que de vivre ainsi ?

Flavio s'approcha de Sylverine, la prit dans ses bras, la baisa au front, et, la tenant appuyée contre son cœur, il lui dit :

— Ma fille chérie, il ne faut point demander à des hommes ce que les dieux, quand il y avait des dieux, n'auraient pu supporter. Je suis un vieux soldat, j'ai eu tant de blessures, que je ne sais même plus le nombre de mes cicatrices. Tu crois à l'amour, soit ; tu me guérirais de cette faiblesse, si je l'avais encore ; tu aimes la vie, moi je n'y tiens guère, car je sais de quoi elle est faite. Je suis un obstacle pour vous deux, pour toi que j'aime avec des entrailles de mère, pour Jean, qui est comme mon fils ; je me retire de votre route, où cependant, ajouta-t-il avec quelque amertume, je ne vous gênais guère. Soyez donc heureux et parlez de moi quelquefois le soir, quand votre tendresse vous en laissera le temps.

— Au nom du ciel, ne nous quitte pas ! s'écria Sylverine.

— Je ne veux pas de ton sacrifice, lui dit Jean avec colère.

— Que tu le veuilles ou non, répliqua Flavio, je l'accomplirai ; je suis libre. Ce sacrifice, tu l'aurais accepté, s'il m'eût été imposé par Sylverine. De quel droit le repousses-tu, parce qu'il est volontaire ? Sache voir clair dans ton cœur, et fais en sorte que ton intolérable orgueil n'exige pas pour les autres plus de douleurs qu'ils n'en peuvent porter.

Il tendit la main à Jean et à Sylverine : — Que Dieu vous garde ! leur dit-il : Il s'en alla jusque sur le rivage de l'Adriatique ; il resta là longtemps, endolori par son propre sacrifice et perdu dans des pensées plus sombres et plus profondes que la mer qui battait à ses pieds.

Lorsque vers le soir, il revint à sa maison, il n'y retrouva plus Jean, qui avait loué un appartement dans une petite villa presque contiguë à celle qu'habitait Sylverine.

Flavio sortait peu, le soir seulement il errait dans la grande forêt de pins qui le cachait de son ombre; il évitait Jean, et Jean l'évitait. Que se seraient-ils dit, s'ils s'étaient rencontrés? Nul de ces trois êtres n'était heureux et ne pouvait l'être, ils pensaient incessamment les uns aux autres avec une anxiété douloureuse: — Elle l'aime encore, se disait Jean. — Est-il vrai qu'il ne m'aime plus? se demandait Sylverine. — Je l'aime toujours, disait Flavio.

Ce n'était cependant pas Flavio qui était le plus à plaindre : il avait du moins une base solide pour appuyer sa douleur; quelque terrible et inopinée qu'eût été la révélation qui venait de l'éclairer subitement, le sacrifice qui l'avait suivie avait été libre et spontanément arraché par lui-même à sa propre volonté. Seul donc parmi ces trois malheureux, il avait fait ce qu'il voulait faire, et il préférait sa souffrance au compromis pénible qu'il avait dû entrevoir pendant un instant. Il regrettait Sylverine comme on regrette une maîtresse absente, il pensait à Jean comme à un ami malade; mais du moins il se reposait sur cette idée, qu'il avait fait son devoir jusqu'au bout et sans hésiter.

Jean n'était point ainsi : irrité contre lui-même, irrité contre les autres, prêt à éclater en fureur à la moindre contradiction, il se retournait en vain dans sa conscience sans pouvoir y trouver une place qui ne lui fût pas douloureuse. C'est le sort de ceux qui, n'ayant point répudié toute probité, ont sacrifié le bonheur d'autrui à leur propre satisfaction. Le bonheur vrai contient autant d'abnégation que de jouissances. Tout ce qui aurait dû rendre Jean heureux le faisait souffrir; l'absolue soumission de Sylverine lui était un reproche vivant et insupportable. — A qui pense-t-elle? se disait-il souvent lorsque immobile et songeuse, elle gardait à ses côtés de longs silences qu'il respectait malgré lui. — Parfois, quand une lueur de raison venait éclairer les ténèbres où il se débattait et lui montrait ce Flavio si dévoué, si généreux, qui pour lui, depuis plus de vingt ans, avait eu des tendresses de père, il se sentait défaillir sous ses remords, il avait envie de courir à lui, de lui demander pardon et de lui rendre tous les biens qu'il lui avait ravis; mais à quoi bon? Ne se sentait-il pas pris, possédé, comme il le disait lui-même, et ne savait-il pas que le lendemain tout eût été à recommencer, et qu'il eût maudit son sacrifice de la veille? Dans d'autres instants, au contraire, plus docile à sa nature impérieuse, il méditait de quitter Ravenne, de se réfugier vers les côtes de la Toscane, d'emmener Sylverine avec lui, et de s'éloigner ainsi de Flavio, dont la présence, si discrète, — si *absente* qu'elle fût, — le désespérait.

Quant à Sylverine, jamais barque démontée, emportée par la tempête, ne fut plus cruellement battue de contradictions que cette pauvre âme, qui depuis longtemps ne trouvait plus en elle aucune étoile pour se guider. Elle regrettait Flavio avec une ferveur qui eût pu lui faire croire qu'il était uniquement aimé, si elle n'avait su elle-même à quel point elle aimait Jean. Tirée entre ces deux sentiments contraires, quoique semblables, elle menait une vie sans grandeur, sans dignité, sans satisfaction intime. Elle ne connaissait rien au renoncement, et elle s'imaginait qu'elle ne souffrait que de l'éloignement de Flavio; maintenant, obéissant, ainsi que la plupart des femmes, à ses impérieuses sensations, elle eût volontiers trompé Jean pour Flavio, comme jadis elle avait trompé Flavio pour Jean. Elle passait de longues heures à rêver l'exécution de projets impossibles; elle vivait dans un conte de fées perpétuel; elle regardait son nœud gordien avec effroi, et cependant, loin de le trancher avec courage, elle répétait souvent : « Il se dénouera tout seul. » La faiblesse mène au crime tout aussi bien que la perversité.

Flavio n'avait point reparu chez elle depuis la scène que j'ai racontée. Il lui manquait plus que je ne saurais dire; il était devenu pour elle comme une idée fixe dont elle ne pouvait se détacher. Du reste, elle n'avait pas bien compris son sacrifice; elle ne s'expliquait pas ce qu'elle appelait un *étalage de vertu*. C'était là sa grande corruption, mais elle n'en avait même pas conscience. Il y avait bien là aussi de la faute de Flavio, qui, toujours occupé de ses spéculations idéales, n'avait pas pris soin de façonner cette âme aux sentiments généreux ; le terrain était resté en friche, car il n'y avait rien semé ; il n'avait donc point à se plaindre de n'y rien recueillir. Sylverine, à vrai dire, ne pensait guère à tout cela ; elle cherchait Flavio, le guettait, l'attendait. Un soir, inopinément, elle le rencontra ; elle courut à lui, passa son bras sous le sien : — Enfin te voilà ! dit-elle.

Il reconnut vite le péril ; il eut la force de plaisanter malgré son trouble, et, dégageant son bras, il lui dit :

— Te rappelles-tu la chanson française que chantent les enfants : « Nous n'irons plus au bois, les lauriers sont coupés ? »

— Pourquoi me fuis-tu, cher Flavio ? Pourquoi m'as-tu quittée ? La meilleure place dans mon cœur n'était-elle pas la tienne ?

— Tais-toi ! lui dit-il en lui mettant la main sur les lèvres ; un vieux précepte dit qu'il ne faut point tenter les saints, et je ne suis qu'un homme.

Puis, sentant peut-être que l'émotion le gagnait et que son courage allait faillir, il lui baisa rapidement la main et s'éloigna à grands pas.

Elle le regarda s'éloigner sans faire un geste pour le retenir ; mais un sourire de joie glissa sur ses lèvres et brilla dans ses yeux. — Ah! se dit-elle, il m'aime encore!

Oui, certes, il l'aimait encore, car il était de ceux qui ne savent pas se reprendre lorsqu'une fois ils se sont donnés.

II

Deux mois s'étaient passés sans apporter aucun changement à cette situation douloureuse, lorsque Jean reçut tout à coup, par un de ces moyens secrets dont les Buveurs de cendres usaient pour leurs communications importantes, ordre de quitter Ravenne dans l'espace de huit jours et de se rendre à un point désigné de la côte des Calabres, pour prendre la direction immédiate du mouvement préparé depuis longtemps. Ces instructions ne permettaient ni doute, ni retard. Ce fut un coup de foudre pour Jean, qui se complaisait dans le bonheur malsain où il s'abandonnait. Au lieu d'accepter son rôle avec résignation, sinon avec empressement, comme c'était son devoir, il déclara que cet ordre était absurde et inexécutable. Aveuglé par la passion qui l'enveloppait si bien qu'il ne voyait plus rien en dehors d'elle, il s'imagina que cet ordre subit de départ était une machination souterraine inventée par Flavio pour se débarrasser de lui et ressaisir l'amour de Sylverine. « C'est lui qui a fait le coup ; pourquoi ne part-il pas lui-même ? » Il ne réfléchissait pas que c'était à lui spécialement que cette tâche devait être réservée, puisqu'il avait longtemps habité les provinces napolitaines, dont tous les moyens d'action lui étaient connus. « Il en arrivera ce qu'il pourra, dit-il ; mais je ne donnerai point dans un piége si grossier, et je ne partirai pas. » Puis il écrivit au chef même des Buveurs de cendres, lui notifiant son refus de se mêler à une entreprise qu'il regardait comme inopportune. En cette circonstance comme en tant d'autres, Jean était injuste, car la vérité est que Flavio, désireux de se jeter dans l'action pour échapper à ses chagrins, avait demandé à diriger lui-même l'expédition, et qu'on lui avait répondu que sa présence était indispensable dans les États du Pape, qu'il aurait à soulever, en cas de succès, pour donner la main au mouvement napolitain. Flavio, qui savait obéir parce qu'il avait l'habitude de commander, s'était résigné sans murmure.

Jean n'avait consulté personne pour prendre sa résolution ; il n'en avait rien dit à Sylverine, et comme il ne voyait plus Flavio, il n'avait naturellement pu lui en parler. Il ne devait pas cependant tarder à le revoir. Huit jours environ après qu'il eut envoyé la lettre qui annonçait son refus, une nuit, vers une heure du matin, il marchait sur le rivage de la mer ; arrivé à un endroit que nul arbre n'abritait, où nulle maison ne s'élevait, il s'arrêta et attendit. Un homme venant d'une direction opposée s'avança vers lui, et à la douteuse clarté des étoiles il reconnut Flavio. — Es-tu donc appelé? lui dit-il.

— Je suis appelé, répondit Flavio.

Ils restèrent debout, côte à côte, sans parler. Une barque s'approcha du rivage et s'éloigna rapidement après qu'un homme eut sauté sur la grève. L'homme marcha droit vers les deux compagnons, qu'enveloppaient les ténèbres, et, s'arrêtant à quelques pas d'eux, il dit :

— *In fratris Hieronymi nomine, salve !*

Ils répondirent ensemble et en même temps : — *In nomine fratris Hieronymi, vale !*

Jean et Flavio donnèrent le baiser fraternel au nouveau-venu, qui jeta son manteau sur le sable, et ils s'assirent. Cet homme mystérieux n'était autre que le chef des Buveurs de cendres; c'était Samla. Il entra brusquement en matière, comme les gens qui savent le prix du temps.

— Il ne peut y avoir de secret entre nous, dit-il à Jean. Voici Flavio; me voici, moi, qui suis venu exprès pour connaître tes raisons. Pourquoi refuses-tu le poste qui t'est confié?

Jean, qui malgré ses raideurs apparentes se savait coupable, qui du reste n'aurait jamais consenti à reconnaître qu'il répudiait une mission périlleuse afin de ne point quitter sa maîtresse, Jean se jeta dans les divagations; il s'élança à travers la politique, espérant échapper ainsi à l'aveu qu'il redoutait. N'était-ce pas une folie, en ce moment où l'Europe dormait dans une paix profonde, de vouloir soulever un pays où les Buveurs de cendres n'avaient jamais éprouvé que des défaites, depuis Campanella, qui subit sept fois la torture, jusqu'aux frères Bandiera, qui furent fusillés? Il était résolu tout aussi bien qu'un autre à jouer sa vie dans une entreprise désespérée, mais à la condition du moins qu'elle fût utile et qu'elle ne servît pas de prétexte à faire peser sur les peuples des oppressions plus dures. Nul mieux que lui ne connaissait les provinces méridionales, puisqu'il les avait longtemps habitées : il affirmait qu'elles n'étaient point prêtes; que le pays, écrasé sous le double despotisme du clergé et du roi, n'aurait pas un écho pour répondre à des cris de délivrance; que l'expédition projetée était absurde, impossible, et que le mieux à faire était d'y renoncer. — Et puis, ajouta-t-il, qu'irions-nous faire dans les Calabres, à Naples même? Est-ce là l'ennemi que nous avons juré de combattre? A quoi bon disséminer nos forces, dévoiler nos projets dans des opérations mal combinées, qui ne peuvent réussir? L'ennemi n'est pas là, l'ennemi est à Rome; une fois lui renversé, tout ce qui l'entoure tombe comme par enchantement. Si vous voulez sérieusement établir la liberté dans le monde, détruisez le principe même qui lui est contraire ; comblez la source d'où découle toute autorité, car, tant qu'elle jaillira, il se trouvera des gens pour aller y boire.

— Si tu savais jouer aux échecs, répondit Samla, tu ne parlerais pas ainsi. Pour prendre le roi, il faut avoir enlevé tous les pions qui l'entourent. Tu t'es jeté dans une traverse, au lieu de prendre franchement la grand'route : tu refuses de partir, non point parce que tu juges l'expédition mal conçue, mais parce que tu es amoureux d'une femme que tu as enlevée à Flavio, et parce que tu crains de la quitter.

— Est-ce Flavio qui t'a dit cela ? s'écria Jean, près de se lever.

— Reste en paix, reprit Samla. Ce n'est point Flavio. Pourquoi feins-tu de le soupçonner, toi qui le sais incapable d'une action seulement douteuse ? Je sais votre histoire à tous deux, peu importe comment et par qui. Jean, tous les torts t'appartiennent, et tu les aggraves singulièrement en manquant par faiblesse à l'œuvre qui a le droit de te réclamer. De quelle misérable argile as-tu donc été pétri pour te laisser arrêter par une femme sur le chemin de ton devoir ? Qu'est-ce qu'un sentiment de cet ordre absolument secondaire en présence du but que nous poursuivons ? Chacun de nous, sache t'en souvenir, a juré de dire aussi à celle qui voudrait le retenir : « Femme, qu'y a-t-il de commun entre vous et moi ? » Tu t'es donné à une abstraction, et la femme, qui est un être essentiellement relatif, ne peut la comprendre. Nous sommes des solitaires, la compagnie des femmes est mauvaise pour nous, ne l'oublie jamais. Te voilà, toi, notre homme d'action par excellence, notre porte-glaive, devenu plus débile qu'un vieux prêtre qui a peur de l'enfer; voilà Flavio, notre lumière la plus vive, notre projection de pensée la plus lointaine, qui s'étiole, s'obscurcit et s'en va, sans pouvoir se reconnaître au milieu de ses idées troublées. Faudra-t-il donc, comme aux enfants, vous faire épeler la Bible et vous faire réciter chaque soir, avant de vous coucher, l'histoire de Samson et de Dalila? Morbleu! soyez des hommes! Vous n'êtes faits pour être ni des maris ni des amants! Amusez-vous, si cela vous plaît, mais, par le ciel! ne donnez rien de votre cerveau à ces êtres inférieurs et sensuels qui prennent un homme comme un singe prend une noix, et le rejettent après l'avoir dévoré! Manou a dit: « Dieu a donné aux femmes l'amour de leur lit, de leur siége et de la parure, la concupiscence, la colère, les mauvais penchants, le désir de mal faire et la perversité, » et il a eu raison. Savez-vous à qui vous ressemblez avec vos tristes amourettes? Vous ressemblez à ces dompteurs de lions qui se laissent manger benoîtement par la bête féroce. Soyez chastes, si vous voulez être forts, ou du moins soyez assez forts pour savoir être chastes. Notre œuvre est une œuvre de justice. Rappelez-vous ce mot du philosophe : « La femme est la désolation du juste ! »

— Tu as tort, Samla, dit Flavio de sa voix grave. La femme dont tu parles n'a point le cœur faible : elle m'a suivi autrefois en Sicile, et elle est très-capable de suivre Jean dans les Calabres.

— Ah ! c'est une Clorinde alors ? reprit Samla en faisant un geste dédaigneux qui se perdit dans l'obscurité. Soit : elle a toutes les vertus et tous les charmes, j'en conviendrai, si vous le voulez ; mais elle n'en est pas moins un danger pour vous deux, et vous savez que nous avons l'habitude de ne point laisser les obstacles sur notre route. Souvenez-vous de Fabien Sidorovich ! Elle vous a brouillés, ce qui est déjà un crime ; sachez l'empêcher d'en commettre un autre. Il faut que l'insurrection des Calabres ait un chef. Jean est désigné. Qu'il parte. C'est pourtant cette femme qui s'y oppose !

— Comment s'y opposerait-elle ? dit Jean : elle ignore absolument notre projet.

— Alors, répliqua l'inflexible Samla, c'est toi qui refuses de partir à cause d'elle, ce qui revient au même. De toute manière, elle est l'obstacle. Réconciliez-vous, il le faut ; donnez-vous le baiser de paix. Jean, il est nécessaire que Flavio te mette au courant de toute l'affaire ; Flavio, tu dois rester en communication avec Jean, afin d'être prêt à le seconder ici au besoin. Cette femme s'élève entre vous, ayez la volonté des grands cœurs, et renoncez à elle. Si vous n'y voulez renoncer, vivez près d'elle à votre guise, comme vous l'entendrez; mais restez unis, car cela est indispensable. Il y a deux êtres en vous, ne l'oubliez jamais : l'homme et le Buveur de cendres. Si l'homme souffre, tant pis pour lui ; le Buveur de cendres n'en doit jamais rien savoir !... Donnez-vous la main ! reprit-il avec autorité. Me jurez-vous, à moi qui suis le maître et l'investi, me jurez-vous de vivre en bonne intelligence tous les deux ensemble, loin de cette femme ou près d'elle, de faire taire vos dissensions, et de n'agir qu'au profit de notre œuvre ?

— Je le jure ! dit Flavio en serrant la main de Jean.

— Je le jure, dit Jean, dussé-je en crever de rage !

— Bien, reprit Samla, j'accepte votre promesse ; je sais que vous la tiendrez. Jean, c'est toi qui es la mauvaise tête en tout ceci. Écoute Flavio, il est ton aîné, et son intelligence vaut mieux que la tienne. Tu as huit jours pour te rendre au lieu désigné et te mettre à la tête des hommes qui t'attendent : partiras-tu ?

— Oui, répondit Jean.

— Flavio, dit Samla, si, dans huit jours, Jean, saisi d'une nouvelle défaillance, n'est pas à son poste, tu prendras sa place et tu marcheras droit sur Cosenza.

— C'est bien, dit Flavio.

Ils restèrent jusqu'au jour causant de leurs projets, les discutant, les modifiant selon les éventualités possibles. Quand l'aube raya le ciel d'un trait blanchâtre, Samla se leva ; il embrassa les deux amis.

— C'est bien entendu, leur dit-il, vous pouvez être hommes à vos moments perdus ; mais avant tout vous êtes des Buveurs de cendres.

— Oui, et que Dieu nous guide ! répondirent Jean et Flavio.

Samla donna un vigoureux coup de sifflet, sa barque reparut ; il y monta, et bientôt elle se perdit dans l'éloignement, du côté de Comacchio.

Jean était attendri ; le parfum de sa vieille amitié, montant de son cœur à son cerveau, avait détendu les fibres de sa colère. Lui aussi, il était tiraillé par des contradictions douloureuses, et malgré ses emportements il sentait parfois d'une façon cruelle combien son ingratitude envers Flavio était coupable. A cette heure, ému par les derniers instants de son entretien avec Samla, il était décidé à partir ; mais, se connaissant lui-même, il craignait que sa résolution ne l'abandonnât et ne vînt encore le faire hésiter au moment suprême. L'idée d'abandonner Sylverine et de la laisser auprès de Flavio, qu'elle aimait, lui était insupportable. — Si je pars, se disait-il, il faut qu'elle quitte Ravenne. — Cependant il voulut faire dès ce moment acte de courage et d'abnégation ; mais ce ne fut pas sans un grand effort sur lui-même qu'il dit à Flavio : — Viens donc ce soir chez Sylverine, nous passerons la soirée près d'elle.

— J'irai, répondit Flavio. Samla a raison, une femme ne doit jamais s'élever entre nous.

Le soir, en effet, ils se rencontrèrent chez Sylverine, heureuse de revoir Flavio, espérant que tout dissentiment était à jamais éteint et se livrant avec naïveté à la joie que lui causait cette sorte de réconciliation ; mais il arriva ce que nul des trois n'avait prévu : à mesure qu'ils reprenaient leur ancienne intimité, leur vieux péché remontait en eux et s'emparait de leur cœur. Sylverine, plus en doute que jamais sur elle-même, s'abîmait dans une contemplation intérieure qui ne lui apprenait pas lequel de ces deux hommes elle aimait. Jean sentait sa fureur près d'éclater, il faisait de Flavio un rival redoutable, et craignait de se retrouver vaincu dans le cœur de Sylverine. Quant à Flavio, une tristesse sans nom et pleine de douceur l'avait envahi. Lorsqu'il s'était revu assis à sa place d'autrefois, là même où il avait passé de si bonnes soirées, près de cette femme adorée qu'il regrettait toujours, et dont, malgré ses déboires, il n'avait jamais pu se résigner à désespérer tout à fait, il sentit s'agiter en lui des sentiments non pas inconnus, mais sévèrement refrénés jusqu'à ce jour. Il regarda Jean avec envie, il l'accusa, il oublia le pardon tacite qu'il avait prononcé, il retira pour ainsi dire son indulgence et il se dit : — C'est trop, c'est plus que je n'en puis porter ! — Ils causaient néanmoins tous les trois, Sylverine avec un abandon forcé qui ne trompait personne, Jean avec une violence à peine dissimulée, Flavio avec une gravité qui ressemblait bien à du désespoir. Les heures s'écoulaient, minuit avait sonné depuis longtemps, ni Jean ni Flavio ne semblaient penser à se retirer. Sylverine, qui comprenait assez nettement ce qui se passait en eux, laissait parfois et malgré elle échapper un sourire d'orgueil mal déguisé ; quand deux hommes souffrent pour la même femme, celle-ci considère que c'est tout bénéfice pour elle. On eût dit en effet que Jean et Flavio restaient en présence moins pour être ensemble que pour se surveiller et se garder mutuellement. Chacun d'eux redoutait de laisser son compagnon seul avec Sylverine. Ils se sentaient invinciblement gagnés tous les trois par la fatigue de cette longue veillée, où chacun, tout en suivant le cours douloureux de ses propres pensées, se mêlait à la conversation et parlait le plus souvent comme un être inconscient de ses paroles. Le jour se leva et éclaira leur visage pâli.

— Bonsoir, dit Sylverine en leur tendant les mains, et à bientôt !

Les deux hommes se prirent instinctivement le bras

et sortirent ensemble. Longtemps et sans parler ils marchèrent côte à côte. Ce fut Flavio qui le premier rompit le silence.

— Cela ne peut durer, dit-il; j'ai eu tort de t'accompagner chez Sylverine; j'ai senti toute ma tendresse qui revenait en moi, j'ai été jaloux de toi, et j'ai souffert de te voir auprès d'elle.

— Tu as raison, répondit Jean, la situation est intolérable; je ne veux cependant pas en arriver à te haïr, et je comprends que j'en viens là fatalement. Il n'y a de repos ni pour toi ni pour moi tant que l'un de nous ne sera pas loin d'elle. Il faut en finir!

— Un de nous doit se sacrifier, dit Flavio.

— Lequel? demanda Jean avec terreur.

Flavio ne répondit pas; ils marchaient silencieux, poussant de leurs pieds les brindilles de sapin tombées du haut des arbres. Le soleil apparaissait à l'horizon, la ville s'était éveillée; des femmes déguenillées, des enfants, passaient dans la forêt et y ramassaient le bois mort. Flavio les regardait et s'était arrêté : en voyant cette misère qui n'avait d'autre souci que la dure préoccupation du pain quotidien, il eut un mouvement d'envie et il s'écria : — Ah! comme ils sont heureux! — Puis il secoua sa rêverie, et, se tournant vers Jean : — Écoute, lui dit-il, il faut aller dans les Calabres; tu aimes Sylverine, et tu voudrais ne pas partir; j'aime Sylverine, et j'ai le droit de rester ici.

Cela importe peu; seuls nous sommes juges de nos droits et de nos devoirs. Si nous allons la trouver de nouveau et si nous l'interrogeons, elle nous répondra encore : « C'est vous deux que j'aime! » et nous retomberons dans nos angoisses. Que le sort décide entre nous, ô mon cher Jean! Y consens-tu?

— Soit! répondit Jean. Ah! tout ceci est affreux!

— Ce que Dieu fait est bien fait, reprit Flavio; que nos passions du moins servent à l'œuvre commune! Ce soir nous irons ensemble chez Sylverine, et celui de nous à qui elle adressera d'abord la parole partira demain pour les Calabres. Le veux-tu?

— Je le veux, dit Jean.

Ils passèrent la journée ensemble chez Flavio, qui mit son ami au courant de tous les projets préparés; il lui indiqua le point du golfe de Tarente où le débarquement devait se faire, lui expliqua sur quelles ressources il devait compter, où était l'argent, où étaient les armes. Quand la nuit fut venue, ils n'avaient plus rien à s'apprendre. Ils sortirent pour se rendre chez Sylverine; l'instant était grave, le sort qui allait être prononcé sur eux ne pouvait leur laisser que bien peu d'espérance; le vaincu pouvait trouver la mort dans son aventure; en tout cas, ne renonçait-il pas à celle qu'il aimait? Quand ils arrivèrent devant la porte de la maison, ils s'arrêtèrent; ils se serrèrent la main avec force : — Du courage! se dirent-ils en même temps, comme s'ils s'étaient trouvés en présence d'un danger inévitable.

— Bonsoir à tous les deux! dit Sylverine en les voyant entrer. Ils lui répondirent par un signe de tête et s'assirent : elle faisait de la tapisserie ; sans lever les yeux, elle reprit : — Pourquoi n'êtes-vous pas venus me voir dans la journée ?

Nul ne répondit. Étonnée de ce silence, elle regarda alternativement Jean et Flavio ; elle vit leur pâleur.

— Qu'avez-vous donc? leur demanda-t-elle. Puis, n'obtenant pas de réponse et s'étonnant : — Mais qu'y a-t-il, au nom du ciel? êtes-vous muets?

Tous les deux ils détournèrent la tête, comme pour éviter une interpellation directe ; elle se leva, vint à Flavio, lui prit la main.

— Voyons, Flavio, lui dit-elle ; j'ai du courage, réponds-moi. Pourquoi ne me parles-tu pas?

Flavio sentit perler sur son visage cette sueur imperceptible qui est comme la rosée des émotions violentes, et il répondit d'une voix étranglée :

— Un mouvement est préparé vers Cosenza ; l'un de nous doit aller en prendre la direction.

— Lequel va partir? s'écria-t-elle. Je pars avec lui.

— Quelle folie! dit Flavio. Ce sont des fatigues sans pareilles à supporter ; je ne veux pas que tu partes.

— Je veux partir et je partirai, reprit Sylverine ; tu m'as vue à l'œuvre, tu sais ce que je puis faire ; c'est

décidé, je le veux. Qui de vous deux va en Calabre ?
Est-ce toi, Jean ? est-ce toi, Flavio ?

Jean baissait la tête sans oser répondre. Flavio fit
un effort suprême et répondit : — C'est Jean ; il part
dans un mois.

Flavio avait reconquis tout son calme ; Jean se tenait immobile et comme écrasé sur sa chaise. Sylverine lui mit la main sur la tête.

— J'irai avec toi, mon pauvre Jean, dit-elle, et tu
verras que je ne suis pas mauvais compagnon de route.

— Oui, reprit Flavio, comme continuant sa pensée ;
Jean partira dans un mois, l'expédition sera courte ;
elle a des chances de réussir ; si tout va bien, j'irai
vous rejoindre. Du reste, je n'ai pas de temps à perdre moi-même, car c'est moi qui dois tout préparer.
Je pars demain pour les côtes de Toscane, afin de faire
disposer un navire et organiser les derniers arrangements ; dès que tout sera terminé, je reviendrai ici,
et Jean partira.

Un soupçon traversa l'esprit de Sylverine ; elle regarda fixement Flavio dans les yeux et lui dit : — Tu
ne mens pas ? tu ne t'éloignes que pour un mois, et
ensuite tu reviendras ici ?

— T'ai-je jamais trompée ? répondit Flavio en baissant les paupières.

Jean se leva comme pour parler ; mais le courage
lui manqua, et il se rassit sans avoir dit un mot ; il se

faisait pitié, et se disait : Que puis-je donc penser de moi ?

Ils passèrent une partie de la nuit à causer de l'expédition projetée. Sylverine, toute ravie de sortir de sa vie monotone, battait des mains, riait et disait à Jean :

— Tu verras comme je marche bien, et que je n'ai pas peur des coups de fusil.

Les deux amis sortirent ensemble. — Ah! qu'as-tu fait ? dit Jean.

— Ce qui était convenu, répondit Flavio; celui à qui elle parlerait le premier ne devait-il point la perdre ? qu'aurais-tu pensé, si, parce que je partais, je l'avais emmenée avec moi ?

Le matin, Flavio alla dire adieu à Sylverine; il eut le courage de ne point paraître ému, malgré tout ce qui se déchirait en lui. — Dans trois semaines au plus tard, lui dit-il, je serai de retour.

Jean et Flavio eurent une dernière conférence. Au moment de se séparer peut-être pour ne plus se revoir, Jean eut une défaillance. — Reste, dit-il, c'est à moi d'aller là-bas; je n'accepte pas ton sacrifice.

— Il est nécessaire, répondit Flavio; nous sommes de ceux qui ne se retournent pas quand la route est commencée. Je te lègue Sylverine. Adieu, frère, et sois heureux !

— Si tu as besoin de moi, appelle-moi, j'accourrai,

reprit Jean. Quel sera le mot de passe, si tu as à m'envoyer un émissaire ?

Flavio étendit la main vers la table, y prit un volume de Dante, l'ouvrit et lut ce vers du vingt-septième chant du *Paradis* : — *O difesa di Dio ! perche pur giaci ?* « O justice de Dieu ! pourquoi dors-tu ? » Celui qui viendra de ma part te dira la première moitié du vers, et tu lui diras la seconde moitié.

Ils se jetèrent dans les bras l'un de l'autre. — Si tu meurs, cria Jean, c'est moi qui t'aurai tué.

— Sois en paix, répondit Flavio, la destinée n'est-elle pas notre maîtresse à tous ? Va-t'en, retourne chez Sylverine, laisse-moi seul ; je n'ai point besoin de m'attendrir. Que Dieu te garde !

— Que Dieu te mène !

Ils se séparèrent. Flavio marcha seul vers la mer ; une grande barque l'attendait, il y monta : on hissa la voile, on partit. Il regarda les côtes qui s'éloignaient ; bercé par le bruit monotone du sillage, il se sentait sombrer dans un abîme de tristesse, son cœur se souleva, et il pleura abondamment. Il pria, non pas le Dieu de telle religion, mais le Dieu inconnu, entrevu, que nous cherchons, et qui dans ses mains fermées garde cette justice que nous attendons encore. Deux heures après son départ, la forêt de Ravenne, cette forêt qui abritait tout ce qu'il aimait, ne lui apparaissait plus que comme une imperceptible ligne obscure presque confondue avec le ciel.

Sylverine fut triste du départ de Flavio ; elle avait des inquiétudes vagues que Jean ne savait point distraire, car il était lui-même en proie à des angoisses continuelles. Sa raison, ferme et lucide quand la passion ne l'aveuglait pas, lui montrait à quel point son égoïsme avait été criminel. Pour s'étourdir et fuir ses propres tourments, il avait beau se répéter que l'expédition réussirait, que la gloire en serait pour Flavio, il ne pouvait arriver à se croire lui-même quand il se parlait ainsi, car il ne se faisait guère d'illusion, et il savait mieux que personne de combien de périls une telle aventure était menacée. A certains moments où sa pensée arrivait au dernier degré d'acuité, il avait de tels battements de cœur qu'il en suffoquait. Il était devenu triste, et lui, si expansif d'ordinaire, il gardait de longs et profonds silences auxquels il était impossible de l'arracher. A aucun prix, il n'aurait voulu avoir quitté Sylverine, et cependant il eût voulu être à la place de Flavio, car là était son devoir, et il le savait bien. La pensée de Flavio le possédait, il ne pouvait l'arracher de son esprit ; cette obsession l'irritait, le fatiguait outre mesure. Il se le représentait marchant en fugitif sur les montagnes, vivant au hasard des sources et des fruits sauvages, repoussé par les pâtres auxquels il demanderait un abri, traqué comme une bête féroce par les paysans armés de faux, vendu par son hôte d'un moment, arrêté, garrotté, emprisonné, condamné, pendu ! Il succombait à tant d'angoisses, et, faisant cet égoïste retour sur soi-même que nous faisons tous quand nous souffrons d'une infortune méritée, il s'écriait : Suis-je assez malheureux ! Il ne pouvait tenir en place ; le repos lui était odieux ; il sortait, il rentrait, il s'agitait dans son oisiveté et dans son inquiétude ; il voulait partir, il ne partait pas. Il accablait Sylverine de reproches étranges auxquels elle ne comprenait rien ; il allait sur les bords de la mer, y restait de longues heures, regardant vers le sud, comme si quelque brise venue des Calabres eût pu lui parler de son ami.

Trois semaines et plus s'étaient écoulées ; Sylverine s'inquiétait : — Il est singulier, disait-elle à Jean, que nous n'ayons reçu aucune nouvelle de Flavio. — Jean devenait brutal pour éviter de répondre. Afin de le calmer, Sylverine lui parlait alors de l'expédition projetée pendant laquelle elle comptait le suivre. — Quand partirons-nous ? disait-elle. — Jean n'y tenait plus ; il sortait, et souvent elle ne le revoyait pas de la journée. — Qu'a-t-il donc ? que me cache-t-il ? — Elle se doutait bien que Flavio était pour quelque chose dans le trouble de Jean, mais elle croyait à un nouvel accès de jalousie et ne prévoyait guère la vérité.

Les voyageurs qui ont parcouru l'Italie à l'époque où se passaient les faits que je raconte trouveront fort simple qu'une insurrection ait eu lieu dans les Calabres et que les pays voisins ne l'aient pas su immédiatement. En effet, les journaux étaient muets, la police exerçait une surveillance impitoyable; la poste ne respectait guère le secret des lettres, l'on arrêtait sans miséricorde les porteurs de mauvaises nouvelles. On pourra se rendre très-nettement compte de cette absence radicale de communications, en se rappelant qu'à une époque plus récente, pendant la guerre de Crimée, la *Gazette officielle du royaume des Deux-Siciles,* seul journal alors de toutes les terres napolitaines, ne publia pas une ligne qui pût laisser soupçonner qu'une longue guerre, à laquelle cinq puissances, dont une italienne, prenaient part, se poursuivait en Orient. Une lumière, d'où qu'elle vînt et quelle qu'elle fût, pouvant allumer un incendie, il fallait d'abord, et n'importe comment, éteindre toutes les lumières. Les Calabres étaient donc agitées déjà depuis quelques jours, et Ravenne ne s'en doutait même pas.

Cependant un bateau caboteur venu de Brindisi apporta la nouvelle de l'insurrection, qui bientôt circula et grossit en se répandant. Un matin, une des domestiques de Sylverine, qui revenait du marché, entra chez sa maîtresse et lui dit : — Madame sait-elle qu'on se bat dans les Calabres, du côté de Cosenza?

Ce fut un jet de lumière pour Sylverine : elle comprit tout. Pendant qu'elle s'habillait à la hâte, la servante lui racontait ce qu'elle avait appris, que les insurgés avaient été battus par les troupes royales, que le chef était pris, que c'était un fort bel homme, et qu'on allait l'envoyer à Naples pour y être jugé et exécuté. Sylverine ne répondait rien, mais de temps en temps elle disait : — Mon Dieu! mon Dieu!

Elle courut chez Jean : — Malheureux, où est Flavio? lui cria-t-elle.

Il essaya de balbutier une réponse évasive.

— Tais-toi, reprit-elle avec emportement, je sais tout. Tu es un lâche! ta place était à ses côtés. Il est là-bas dans les Calabres; que fais-tu ici?

Jean se jeta à ses pieds: — Écrase-moi, lui dit-il; je t'aimais, je t'adorais, je n'ai jamais pu me résoudre à te quitter... Nous avons tiré au sort, ma chère Sylverine; Flavio a perdu, il est parti.

Il lui raconta tout, leurs luttes, la visite de Samla, leur résolution dernière, le départ de Flavio. Il pleurait. — Ah! je ne le sais que trop, disait-il, je ne mérite ni pitié, ni pardon; mais tu m'as rendu fou, et pour l'amour de toi je ne sais quel crime je ne commettrais pas!

— On dit qu'il est pris! s'écria Sylverine ; notre poste

est là où il souffre ; c'est notre Flavio, il faut le sauver... Tous ces bruits doivent être exagérés. Qui sait la vérité dans ce pays de mensonge? Partons vite, peut-être est-il temps encore.

— Oui, partons, et dussé-je y périr, nous irons jusqu'à lui. Dans une heure je suis prêt ; allons droit à Livourne, là j'aurai vite un bateau qui nous mènera directement à Pola : c'est le plus court et le plus sûr.

— Si nous ne le sauvons pas, reprit Sylverine, Jean, écoute bien mes paroles, je ne te reverrai de ma vie.

Ils allaient se séparer pour hâter leur départ, lorsqu'ils entendirent heurter à la porte. Jean ouvrit et se trouva face à face avec un homme vêtu en matelot.

— Jean Scoglio? dit l'homme.

— C'est moi, répondit Jean.

— *O difesa di Dio !* dit l'homme à voix basse.

— *Perche pur giaci?* répondit Jean, et, se tournant vers Sylverine, il s'écria : — Des nouvelles de Flavio !

L'homme enleva lestement un de ses gros souliers, fit sauter la semelle à l'aide d'un couteau, en tira un papier scellé placé sous l'empeigne, et le tendit à Jean.

Jean brisa le cachet. L'enveloppe contenait une lettre pour Sylverine et un billet pour Jean. Le billet n'avait que trois mots : « Tout est perdu. » Il y eut un moment de stupeur. Jean et Sylverine se regardaient sans oser se parler. L'homme s'était assis et essayait paisiblement de raccommoder son soulier.

— Lis donc vite! s'écria Jean, qui le premier revint à lui.

Instinctivement Sylverine regarda du côté de l'inconnu, qui surprit ce geste de défiance.

— Ah! que je ne vous gêne pas! dit-il; il n'y a pas plus de huit jours que j'étais encore aide-porte-clefs à la prison de Cosenza; je connais toute l'histoire, vous pouvez en parler devant moi.

Sylverine ouvrit la lettre de Flavio, et voici ce qu'elle lut :

« Je t'ai trompée; me le pardonneras-tu, ma fille chérie? Jean te racontera notre triste histoire, et tu verras que je n'ai pu faire autrement que de te cacher le but de mon voyage. Je connaissais trop la vaillance de ton cœur, je sais que tu m'aurais accompagné, si tu avais su vers quelle destinée je marchais. Cela ne pouvait être. Tu devais être perdue pour l'un de nous : j'ai accepté l'arrêt du sort, et je suis parti. Pourquoi nous plaindre? Il y a dans tout ceci une justice supérieure devant laquelle je m'incline. Chaque homme dans cette vie n'a qu'une part de bonheur; c'est toi qui étais la mienne. Devais-je donc te posséder toujours? Hélas! non, car la loi de Dieu n'admet point d'exception. Je serais ingrat d'accuser le destin : il m'a donné en toi et par toi toute la félicité à laquelle je pouvais prétendre. Je t'ai perdue quand l'heure de te perdre a sonné. J'ai pour toi une tendresse sans égale, et à ta pensée je ne sens dans mon cœur qu'une douceur infinie. Surtout ne te reproche rien ; nous sommes de ceux qui sont nés pour la défaite. J'obéis à ma destinée : tu as été l'instrument, voilà tout ; tu es innocente, ne t'accuse jamais.

» C'est de la prison de Cosenza que je t'écris ; j'y suis depuis trois jours, sous une surveillance rigoureuse, il est vrai, mais qui me laisse cependant la possibilité de te dire et de t'envoyer mon dernier adieu. Tout est fini : je ne suis pas homme à me leurrer de vaines espérances : mes jours sont comptés, je le sais ; le dernier sera le bienvenu. Peut-être, en me donnant beaucoup de mal et en risquant de compromettre bien des personnes, pourrais-je arriver à retrouver la clef des champs ; mais à quoi bon ? Recommencer ma vie d'autrefois, renouveler cette lutte énervante qui ne mène jamais à la victoire, rouler encore le rocher de Sisyphe qui toujours et toujours retombe, non certes ; je suis trop las ; j'ai besoin du bon sommeil éternel. Te souviens-tu du mot de Luther en regardant les tombes du cimetière de Worms : « Je les envie, parce qu'ils reposent ? » Grâces soient rendues à Dieu ! je n'aurai bientôt plus rien à leur envier. Sois calme, et que Jean ne se désespère pas.

J'étais le plus âgé, je devais partir le premier : je ne fais qu'aider un peu la nature, ce qui n'est pas un grand mal. Et cependant, comme ton pauvre Flavio t'aimait! comme il eût joyeusement donné sa vie pour toi! comme il dormait en confiance, et quel dur réveil tu lui as préparé ! Enfin, enfin ne parlons plus de cela. A quoi bon s'attendrir? Ne sommes-nous donc déjà pas tous assez malheureux? Tu ne m'oublieras pas, je le sais : cette pensée me console, et je t'en remercie.

» Prenez toutes sortes de précautions là-bas ; à Ravenne il est possible qu'on arrive à démêler notre écheveau et à trouver un fil qui conduirait jusqu'à vous ; cela m'étonnerait cependant. Qui sait notre secret ? Moi seul ici, et je n'ai pas besoin de te dire que jamais muet de sérail n'a été plus impénétrable que moi. Mes juges s'en exaspèrent, ce qui me laisse fort indifférent. Hier, après mon interrogatoire, le président de la cour martiale est venu dans ma chambre, et là, tout mystérieusement, il m'a offert non-seulement la liberté, mais encore une somme d'argent assez rondelette, si je voulais lui désigner les vrais coupables, car, disait-il, il ne pouvait voir en moi qu'un instrument passif sacrifié par des ambitieux. Je lui ai nommé immédiatement le roi Ferdinand et tous ses ministres. Cette escapade m'a valu une verte semonce ; de plus, hier au soir, pendant le souper, j'ai été mis au pain sec et à l'eau, comme un écolier qui n'a pas su sa leçon. Tout cela est bien pitoyable. Quand je vois par quels moyens les hommes se laissent gouverner, dans quelle abjection on les tient et de quelles raisons on les paye, je me demande par quelle ironie Dieu a doué de la parole des animaux pareils. Parfois nous nous imaginons ingénument que l'humanité aspire à la lumière ; la plupart des hommes croupissent insensibles dans leurs vices et dans leur ignorance, et y retournent avec empressement, comme des porcs retournent à la fange, quand par hasard on a réussi à les en tirer. Dieu a fait l'homme d'argile, soit : l'homme ne se souvient guère que de cette origine: Dieu veuille que je sois injuste ! mais cette lie humaine me soulève le cœur.

» A notre première rencontre, et de notre côté, nous étions bien peu nombreux, j'ai battu les troupes royales, qui se sont enfuies à notre attaque comme une volée de pigeons. J'ai marché sur Cosenza ; mais on ne tarda pas à être renseigné exactement sur nos forces ou plutôt sur notre faiblesse. Nous avons été cernés, écrasés ; on est bravement mort en criant : Vive l'Italie ! A la tête d'une quinzaine d'hommes, j'ai pu m'ouvrir un passage, nous avons gagné la montagne, nous dirigeant vers Polichoro, où j'espérais pouvoir m'embarquer. Jamais loups enragés n'ont été traqués comme nous l'avons été ; jour et nuit en alerte. Nous étions vaincus, par conséquent nous étions criminels : il est donc naturel que chacun se soit tourné contre nous. C'est une bande de paysans mêlés de gendarmes qui nous a arrêtés. Je te fais grâce du reste. Je croyais avoir déjà bu toute l'amertume de la vie : je m'étais trompé. Ceux-là mêmes que nous étions venus délivrer se ruaient sur nous avec le plus de fureur. Au reste, peut-être étaient-ils justes à leur insu, et ne nous accablaient-ils ainsi que parce que nous avions échoué dans notre entreprise et ajourné encore leurs espérances. Je me suis demandé si ce n'était pas folie de vouloir sauver de tels hommes malgré eux, et si, sous prétexte de remplir un devoir, nous n'obéissions pas instinctivement aux subtils besoins de notre ambition personnelle. Aujourd'hui que tout est fini pour moi, que je suis désintéressé des choses de la terre, que je parle, hélas! déjà comme un revenant, je répondrai : Non, non, ce n'est pas une folie de sauver l'homme malgré lui-même ; c'est un devoir, un devoir absolu, que Jean ne l'oublie jamais ! de guider ces troupeaux vers la lumière. Tout à l'heure, en te parlant d'eux, j'ai été amer, j'ai été injuste, j'ai obéi au ressentiment de ma défaite : j'ai eu tort. On les a volontairement enveloppés d'obscurités confuses, afin de les conduire et de les maintenir dans les abrutissants chemins de la servitude ; c'est à nous qu'il appartient

10.

d'apporter le flambeau, la torche au besoin. C'est notre devoir, notre seul devoir : celui qui y manque est coupable. Rappelle-toi le mot de Gœthe mourant, que si souvent tu m'as entendu citer : « De la lumière ! de la lumière ! encore plus de lumière ! » Ce sont les ténèbres qui empêchent l'humanité de reconnaître sa vraie route : à tout prix il faut les dissiper, à tout prix !

» Je te parle de moi, de ce que je pense : qu'importe ? De quoi douterais-je ? N'ai-je donc pas traversé l'histoire, et ne sais-je pas qu'il y a toujours quelque part une vestale qui veille sur le feu sacré ? Cela suffit pour que jamais il ne s'éteigne et pour qu'un jour il illumine le monde. Je meurs donc en paix, dans ma foi inébranlable. Je suis arrivé à cette dernière heure où l'on se retourne tout entier vers sa vie écoulée. Que ferais-je si, par un miracle, il m'était donné de revenir à l'existence, à la jeunesse, et de choisir ma destinée ? Je recommencerais, car ma voie était juste et mon cœur était pur. Jean, mon enfant bien-aimé, continue notre œuvre imperturbablement, et tu auras dans l'âme la paix promise aux hommes de bonne volonté.

» Quand tout doit-il finir tout à fait ? Je ne le sais pas, et je ne m'en inquiète guère. La vie est une maladie mortelle ; chaque jour qui s'écoule conduit vers la guérison ; l'essentiel est de guérir, n'importe quand et comment. Je crois bien cependant que ce ne sera pas long ; on se dépêche ici, on a hâte d'en finir. Quant à moi, je ne suis ni pressé, ni inquiet ; je suis indifférent. Quand la grande consolatrice viendra, nous nous donnerons le baiser de ceux qui s'aiment.

» Ne va pas t'imaginer d'ailleurs qu'on me fait souffrir ici. Non pas : je suis relativement bien traité ; ma chambre est fort grande, par ma fenêtre je vois la ville en amphithéâtre sur la colline, et je peux même apercevoir la place où les soldats d'Alaric enterrèrent leur général en détournant le fleuve. Hier j'étais à ma croisée, une femme qui passait en allaitant un enfant m'a aperçu ; elle a deviné sans doute qui j'étais : elle s'est agenouillée et a levé son enfant vers moi, comme pour me demander ma bénédiction sur lui. Cela m'a fait mal : j'ai été me jeter sur mon lit, et j'ai beaucoup pleuré en pensant à toi.

» L'homme que je t'envoie est sûr ; il nous appartenait de loin. Jean l'expédiera à Samla, qui fera pour lui ce qu'il y a à faire.

» Je voudrais bien t'embrasser, te serrer une fois encore, avant de mourir, sur ce cœur qui t'adorait. Cela ne se peut : que la volonté de Dieu soit faite ! Si pendant les heureuses années que j'ai vécu près de toi je t'ai fait quelque peine, pardonne-le-moi, et garde-moi le souvenir qu'on doit à ceux qui ont beaucoup aimé. Tu sais bien que je mourrai avec ton nom sur les lèvres. Adieu, Jean; adieu, Sylverine; soyez heureux, et n'oubliez pas votre

» FLAVIO. »

Le visage baigné de larmes, Sylverine se tourna vers l'homme.

— Dis-moi tout, je veux tout savoir, lui dit-elle.

— Que vous apprendrai-je? répondit-il. Quand je suis parti, il n'était pas encore condamné; la sentence devait être prononcée le lendemain ou le surlendemain. Ah! c'est un grand cœur! A la fin, les juges osaient à peine lui parler.

— Mais si tout n'est pas fini, s'écria Sylverine, il y a peut-être encore de l'espoir. Ah! mon Dieu! être si loin! Nous pouvons peut-être le sauver.

L'homme secoua la tête. — Une fois le jugement prononcé, on enverra sans doute la procédure à Naples. Dans ce cas, il se passera quelques jours avant que la sentence soit exécutée; mais comment le sauver? Croyez-vous pas qu'ils lâcheront jamais une proie pareille?

— Qu'importe? reprit Sylverine. J'irai à Naples; je suis femme, on me laissera entrer partout. J'irai chez le roi, je me jetterai à ses pieds. Jean, il faut partir, tout de suite, à l'instant!

— Partons, répondit Jean d'une voix si étouffée qu'on l'entendit à peine, et si le roi te refuse sa grâce, je l'enverrai moi-même demander sa propre grâce à Dieu.

Une heure après, ils roulaient à grande vitesse sur la route qui va de Ravenne à Livourne en passant par Florence. Ils ne se parlaient pas. Enfoncé dans un coin de la voiture, chacun s'absorbait dans ses pensées. Sylverine pleurait et parfois poussait un cri en se tordant les mains ; Jean, silencieux et farouche, ressemblait à un lion enchaîné. Une fois ou deux il entra en fureur contre les postillons, qui pourtant n'en pouvaient mais et fouettaient leurs chevaux à tour de bras. Ils arrivèrent à Livourne, ville maritime en relations perpétuelles avec les autres ports de l'Italie, toujours ouverte aux idées d'émancipation et écoutant d'une oreille avide les bruits révolutionnaires qui peuvent venir des autres pays. Là aucun doute ne pût leur rester. Flavio était mort. La sentence de la cour martiale avait été exécutée dans les vingt-quatre heures. Couvert du drap noir des parricides, la tête voilée d'un crêpe, les mains attachées derrière le dos, il avait été conduit hors de la ville, près de la chapelle Santa-Maria. Il offrit sans pâlir sa poitrine aux soldats, et tomba foudroyé, la face en avant, sans prononcer un mot.

Sylverine, qui contenait son cœur à deux mains, écouta ce lugubre récit, les yeux fixes et plus pâle qu'une morte, puis elle fut saisie d'un accès de rage folle, et, courant vers Jean, elle lui cria : — Caïn ! Caïn ! Caïn !

Un flot de larmes abattit cet orage ; elle retomba assise, épuisée, comme mourante. Jean s'agenouilla devant elle ; il lui baisait les mains, il sanglotait avec la souffrance aiguë de ceux qui ne savent point pleurer, et il répétait : — Je l'ai tué ! je l'ai tué !

— Oui, tu l'as tué ! lui dit Sylverine en le regardant avec un mépris si profond qu'il en fut atterré ; oui, tu l'as tué ! C'est ton égoïsme et ta lâcheté qui l'ont poussé vers une mort qui ne l'attendait pas. Tais-toi, ne te défends pas ! Tu lui as volé sa maîtresse, et tu l'as envoyé à ta place vers des dangers que tu n'osais pas affronter ! Je ne veux plus te voir.

Il voulut balbutier une réponse, elle ne l'écouta pas, elle le repoussa du pied. — Va-t'en, reprit-elle, tu me fais horreur ! J'ai été folle de t'aimer ou plutôt de croire que je t'aimais ; c'est lui que j'aimais, c'est ce cher mort que je ne reverrai plus. Ah ! misère de la vie, quel cœur maudit ai-je donc en moi pour voir pu le tromper, et le tromper pour qui ?

Jean tendait les mains vers elle et criait : — Sylverine ! Sylverine !

Elle se leva impétueusement, ouvrit la porte, et la lui montrant d'un geste que raidissaient toutes ses colères : — Va-t'en, lui dit-elle, et que je ne te revoie jamais, jamais ! Il y a maintenant entre nous un abîme que tu ne franchiras pas : c'est la fosse sanglante où Flavio est couché avec dix balles dans la poitrine. Ne parle pas ; va-t'en !

Elle le poussa dehors avec une violence extraordinaire et ferma la porte derrière lui. — O Flavio, s'écria-t-elle, je t'ai trompé pendant ta vie, mais je te jure d'être fidèle à ta mort !

Jean erra toute la nuit ; emporté par un tourbillon de colère et de douleur, il alla par les champs comme un insensé, s'arrêtant, se laissant tomber au pied des arbres, pleurant, marchant à grands pas, criant de fureur et montrant le poing aux étoiles comme s'il eût voulu insulter Dieu et le défier. Les contradictions les plus étranges se heurtaient dans sa tête ; parfois il voulait courir à Naples, soulever le peuple, incendier le palais du roi, égorger les soldats, pendre les ministres et faire à Flavio d'effroyables funérailles. Parfois il voulait rejeter le serment des Buveurs de cendres, reconquérir Sylverine, l'enlever et aller vivre avec elle quelque part, dans une maisonnette, près d'un bois, là où nul ne viendrait le troubler. Au matin, comme il passait devant une ferme, un chien s'élança vers lui en aboyant. Il se jeta sur le chien, le saisit par les pattes de derrière, et, s'en servant comme d'une massue, il lui écrasa d'un seul coup la tête sur un mur. La stupidité brutale de cette action le rappela à lui. — Est-ce que je vais devenir fou ? se dit-il.

Vers le milieu du jour, épuisé, hâve et défait, il revint à l'auberge où il avait laissé Sylverine. Elle en était partie laissant une lettre pour Jean.

« Je te fuis, lui disait-elle, car je connais ta violence ; je vais cacher la honte de t'avoir aimé et le désespoir d'avoir perdu celui que j'aimais. Pourquoi es-tu venu dans notre vie ? Avant ton arrivée, nous étions heureux. Ne cherche pas à me rejoindre, tu ne me retrouverais pas. Je ne tiens plus à rien, je n'aime plus rien, je ne veux plus rien. Je vais attendre la mort. Puisse-t-elle me débarrasser bientôt d'une existence que tu as faite insupportable ! Adieu, oublie-moi, c'est la seule grâce que je te demande. »

Jean parcourut la ville, il interrogea les capitaines de navires, les conducteurs de diligences ; il fouilla les auberges, il questionna les douaniers qui sont de service sur le port, les gendarmes qui gardent les portes : ce fut en vain, il ne put découvrir Sylverine.

— Au point du jour, lui dit l'aubergiste, cette dame a payé sa dépense, a remis cette lettre pour vous ; puis elle est sortie seule, à pied, et n'est point revenue.

A force de recherches, cependant, il finit par apprendre qu'elle s'était rendue en *vetturino* à Florence ; il y courut, mais là il perdit si bien ses traces qu'il ne put jamais les retrouver. Il ne la chercha pas moins ; pendant un mois entier, il s'enquit d'elle et voulut la revoir. Il essaya même de mettre en mouvement les moyens secrets dont disposaient les Buveurs de cendres; Samla lui écrivit :

« Nous ne sommes point faits pour calmer des désespoirs d'amour; cette femme est ton mauvais génie; c'est à cause d'elle que Flavio est mort, tâche de t'en souvenir, et prends garde que nous n'allions te demander quelque jour un compte sévère de ta conduite. »

Dans l'état de révolte et d'exaltation où Jean se trouvait, une telle lettre n'était point de nature à le calmer; il répondit à Samla :

« Puisque je ne dois plus être un homme, arrache donc de mon cœur les passions qui s'y agitent; j'appartiens à l'œuvre, soit! mais d'abord je suis aux besoins qui me poussent et que je ne puis vaincre. Dût le ciel m'écraser, je veux retrouver Sylverine, et je la retrouverai. »

Il continua donc ses recherches avec la fougue qu'il mettait en toutes choses; il fouilla les villes voisines de Florence, courut à Ravenne, dans l'espoir qu'elle y serait retournée, osa aller dans la ville de Cosenza, pensant que peut-être elle avait été se cacher là même où Flavio avait péri. Ce fut vainement, il ne put la découvrir. Il en vint à s'imaginer que, pour mieux le fuir, elle avait été s'établir à Rome, dans le camp même de l'ennemi, dans le lieu spécial et périlleux où il ne pouvait pénétrer sans risquer sa tête. On croit facilement à ce que l'on désire. Dès que cette idée se fut emparée de lui, elle lui apparut imposante et précise comme une évidence. Il arriva à Rome vers le moment où les fonctions de la semaine sainte y attirent un si grand nombre de curieux. Il visita toutes les auberges, demanda impudemment à la police communication du registre des étrangers, et, au lieu d'éviter les recherches que sa présence pouvait susciter, sembla prendre plaisir à les braver. Il se montrait à toutes les cérémonies de Saint-Pierre, car il espérait y apercevoir Sylverine; il riait au nez des soldats de la garde suisse vêtus comme des valets de carreau, et ne se gênait guère pour faire à haute voix et en public les observations les moins obligeantes sur le gouvernement du Pape.

Un jour que, dans les salles du Vatican, il regardait le tableau trop vanté de la *Communion de saint Jérôme,* il entendit derrière lui une voix qui disait :
— La Communion de saint Jérôme devrait rendre plus prudents ceux qui y ont pris part. — Il se retourna et vit un inconnu qui, le regardant, ajouta : — Il ne faut jamais oublier saint Jérôme.

L'inconnu s'éloigna, et Jean, habitué dès longtemps à ces choses mystérieuses et toujours un peu solennelles, n'eut point de difficulté à comprendre que cette phrase dénuée de sens apparent et qui jouait sur le nom de Jérôme, c'est-à-dire sur le prénom de Savonarole, était un avertissement que lui envoyaient les Buveurs de cendres.

Il n'en tint compte et persista dans ses recherches. Il alla à Tivoli, à Rocca di Papa, à Castel Gandolfo, à Frascati, partout enfin où il supposa que Sylverine avait pu se réfugier. Un matin qu'il marchait dans le chemin ombragé qui entoure le lac d'Albano, il se trouva face à face avec l'homme qui lui avait parlé dans le musée du Vatican. L'homme s'arrêta et lui dit : — Celle que vous cherchez n'est point ici, vous ne sauriez la retrouver.

— Où donc est-elle ? demanda Jean.

— Je n'ai point à vous le dire, répliqua l'inconnu ; mais j'ai mission de vous prévenir qu'on commence à ouvrir les yeux sur vous à Rome, et qu'il est temps pour vous d'en partir, si vous ne voulez y rester à jamais !

— Eh ! qui donc vous envoie ?

— Celui dont vous avez regardé la Communion.

— Eh bien ! allez lui dire que je me moque de Rome entière, et que j'y saurai rester, si telle est ma volonté.

L'homme eut un sourire de commisération, salua Jean et s'éloigna.

Trois jours après, Jean était retourné à Rome. Un soir qu'il se promenait solitairement dans les espaces déserts qui s'étendent le long des bords du Tibre, au delà du mont Aventin, trois hommes se jetèrent sur lui, l'enveloppèrent d'un manteau et le poussèrent dans une voiture qui partit au grand trot et ne tarda pas à rouler dans la campagne. Avant le lever du jour, Jean était arrivé au petit port de Fiumicino. Là on le porta sur une grande barque pontée, où l'un des hommes qui l'avaient enlevé lui remit une lettre de Samla. « Ne sauras-tu donc jamais te dominer, lui disait-il, et faut-il que tu nous contraignes à user de tels moyens pour te rappeler à la raison et pour te sauver ? L'heure ne tardera pas à sonner où nous aurons besoin de ton énergie, que tu dépenses si mal ; viens vite me retrouver ; à ce prix, tu sauras peut-être plus tard où est celle que tu as le tort de chercher. »

Toujours surveillé, mais servi comme un maître par ses compagnons forcés, Jean débarqua à Gênes, et de là se rendit près de Samla qui habitait Paris.

En voyant Samla, le premier mot de Jean fut : — Où est Sylverine ?

— Tu le sauras plus tard, répondit Samla. Et il ajouta avec une expression de tristesse qui n'était point habituelle à son impassible visage : — Le temps où tu pourras la revoir ne viendra que trop tôt pour toi.

Malgré ses révoltes, Jean dut se courber devant cette volonté de fer qui n'avait jamais su plier. On l'accabla de travail pour le distraire de ses pensées ; mais rien n'y faisait, et s'il avait pris sur lui de ne jamais plus prononcer le nom de Sylverine, il n'était pas moins occupé d'elle sans relâche et sans cesse. Elle régnait tyranniquement sur son cœur. On eût dit qu'elle s'était emparée de lui pour lui parler de Flavio et le battre de remords que rien n'émoussait.

Deux années s'étaient passées, deux années longues, irritantes. Nulle action n'était venue occuper les violences de Jean, nulle nouvelle ne lui était arrivée de Sylverine; mais il n'était ni plus accoutumé à son malheur, ni plus résigné.

Un jour Samla, plus grave encore que de coutume, entra chez lui et lui remit une lettre : — Tu peux aller la voir maintenant, lui dit-il, tu vas être enfin délivré.

Jean prit la lettre et l'ouvrit en tremblant, car il avait vite reconnu l'écriture de Sylverine. Elle ne contenait qu'une ligne qui semblait tracée par une main défaillante : « Je suis à Pise, je vais mourir, et je voudrais te revoir. »

Jean ne fut point long à se rendre à Pise ; il courut chez Sylverine ; quand il l'aperçut, il recula d'épouvante ; elle n'était plus, comme l'on dit, que l'ombre d'elle-même. Ses yeux enfoncés, cernés de teintes violettes, semblaient flotter dans les orbites trop grandes ; les tempes transparentes laissaient apercevoir le sang des veines violettes, une pâleur mate et profonde donnait à son visage une blancheur de cire ; ses lèvres amincies s'ouvraient avec peine et découvraient des gencives décolorées ; ses mains sèches et longues avaient des gestes vagues d'une incomparable douceur. Elle avait dit vrai, elle allait mourir ; elle s'éteignait, lucide et sans souffrance, épuisée par une de ces maladies mystérieuses où l'âme et le corps réagissent l'un sur l'autre, et qui ont pour siége ordinaire le foie ou l'estomac. Un médecin aurait dit : Elle meurt d'une dyspepsie ; un philosophe aurait dit : Elle meurt de chagrin ; ni l'un ni l'autre ne se seraient trompés.

Un pâle sourire éclaira son visage, une nuance rose et fugitive passa sur ses joues amaigries quand elle vit entrer Jean. — Je suis heureuse de te revoir, lui dit-elle, je n'aurais point voulu m'en aller vers Flavio sans t'avoir encore une fois serré la main.

Ses heures étaient comptées ; chacune d'elles, en s'écoulant, augmentait sa faiblesse et amincissait, pour ainsi dire, le dernier fil où sa vie était suspendue. Jean ne la quitta pas ; il s'établit près d'elle, tendre, empressé, désespéré, devenu féminin pour mieux la soigner, et regardant avec terreur les progrès rapides que le mal faisait de jour en jour. Du reste, elle ne souffrait guère ; l'âme semblait quitter peu à peu un corps épuisé. Ils parlaient peu, mais toujours de Flavio. Elle aimait à se rappeler les premiers temps où elle avait connu ce mort si regretté : elle se sentait si près de sa fin qu'elle se croyait vieille ; parfois elle disait à Jean :
— Te souviens-tu, quand nous étions jeunes ?

Souvent elle restait de longues heures immobile, silencieuse, les yeux clos, la tête renversée, faisant entendre une sorte de plainte machinale qui remuait le cœur de Jean. Bientôt il lui fut impossible de se lever. La mort venait impassiblement, poursuivant sans relâche et presque régulièrement sa tâche de destruction. Un jour elle sentit une pluie tiède qui tombait sur son front; elle leva les yeux avec effort, et aperçut Jean qui, debout derrière son lit, pleurait en la regardant mourir. Elle n'eut point de convulsion, point d'agonie, point de ces combats terribles où la vie et la mort semblent s'être prises corps à corps. Elle parla de Flavio, tendit vers Jean sa main humide, exhala un léger soupir et mourut.

Jean veilla près d'elle pendant qu'un prêtre murmurait à demi-voix les oraisons consacrées. Il regardait, sans pouvoir en détourner les yeux, ce visage immobilisé pour toujours. Il lui semblait impossible qu'elle fût morte. Une fois il l'appela à haute voix ; Sylverine ! Sylverine !

Un sommeil invincible s'appesantit sur lui ; il dormit vaincu, anéanti. Quand il se réveilla, le jour se levait ; il alla vers la fenêtre et regarda. Des bandes d'hirondelles voletaient dans le ciel magnifique ; une brise fraîche passait en faisant frissonner les arbres ; l'Arno coulait pacifiquement avec le bruit doux et monotone d'une plainte éloignée. Quand il se retourna dans la chambre funèbre, il vit Sylverine, sur laquelle la mort effeuillait déjà ses pâles violettes, éclairée par la lumière vacillante des bougies. — Oh ! se dit-il, se peut-il que le jour se lève et que la nature soit en fête devant un tel désastre ?

Pendant la cérémonie religieuse qui se fit au Duomo, Jean, affaissé sur lui-même, n'ayant plus qu'une conscience confuse de tant d'événements, comprenant seulement qu'il souffrait d'une façon intolérable, pensait à Sylverine, à Flavio, à l'œuvre des Buveurs de cendres ; il se sentait vaincu jusque dans la moelle de ses os, vaincu dans sa maîtresse morte, dans son ami mort, dans l'œuvre toujours combattue, toujours défaite. Il se rappelait l'idée-mère qui avait dirigé toutes ses actions, et pour laquelle Flavio s'était offert en holocauste, et, regardant la grande lampe de bronze qui descend du plafond au bout d'une longue corde dont les oscillations ont révélé jadis à Galilée la théorie du pendule, il se disait comme le grand Pisan : « Et pourtant elle se meut ! »

Sylverine repose dans le Campo-Santo, non loin de la fresque où Orcagna a peint le Christ qui découvre ses plaies pour apprendre aux hommes que la vie n'est qu'une longue souffrance. Auprès de l'emplacement où elle dort pour toujours, Jean acheta deux terrains ; on devine à quels morts il les destinait.

Enfin délivré, ainsi que lui avait dit cruellement

Samla, il revint à son poste, c'est-à-dire à Ravenne ; il eut la fantaisie lugubre d'habiter la maison même où Sylverine avait vécu ; il y trouvait un aliment nouveau pour sa douleur et son amertume ; là, farouche et silencieux, il vécut parmi les hommes comme dans un désert. En 1848, il se jeta dans l'action avec une furie aveugle ; on eût dit qu'il avait personnellement quelque chose à venger. Il fut partout, à Naples, à Curtatone, à Milan. Debout, découvert, au premier rang toujours, il effrayait les plus hardis par sa hardiesse ; on l'appelait l'invulnérable, car la mort semblait ne pas vouloir de lui malgré les avances qu'il lui faisait.

Quand il comprit que tant d'espérances s'évanouissaient devant les forces multipliées de la contre-révolution, quand il vit qu'en Hongrie, comme en Italie, comme ailleurs, la cause qu'il aimait allait rentrer encore dans le silence et dans les ténèbres, il conçut avec Samla, qui luttait à Rome même, le hardi projet d'amener en Italie les armées magyares attaquées sur le Danube par l'Autriche et la Russie. A travers des périls sans nombre et des aventures inutiles à raconter ici, il alla jusqu'en Transylvanie conjurer Bem de venir débloquer Venise et de rétablir une lutte suprême entre l'Adriatique et le Mincio. Il était trop tard : les destinées de la Hongrie, arrêtées par la triste capitulation de Villagos, forçaient Bem à chercher un refuge en Turquie. Lorsque Jean revint à Venise, là aussi tout était fini. Il se jeta follement dans Ferrare, qu'occupaient les Autrichiens, et voulut renouveler le combat. Il fut pris, jugé et condamné, non point à être fusillé comme un soldat, mais à être pendu comme un bandit.

La sentence, prononcée le matin, devait être exécutée le soir même, au coucher du soleil. Jean était dans son cachot, sur la botte de paille qui lui servait de lit, immobile, absorbé dans les contemplations rétrospectives de sa propre vie qui lui apparaissait tout entière à cette heure suprême. La porte s'ouvrit, et il vit entrer un moine hiéronymite, de ceux dont la règle est si austère que le peuple de l'Ombrie les prend pour des sorciers.

— Je ne veux point de confesseur, dit Jean d'un ton brutal.

Le moine fit signe au geôlier de s'éloigner puis, le capuchon rabattu sur les yeux, il marcha vers le prisonnier et lui dit : — *In nomine fratris Hieronymi, salve!*

— Samla! s'écria Jean, reconnaissant la voix. — Il se leva, courut à lui : — Samla, dit-il, je ne veux pas être sauvé!

— Je ne viens point te sauver, reprit Samla, qui, après s'être enfui de Rome, avait trouvé asile dans un couvent de Ferrare; je ne viens point te sauver, car je comprends que tu aies soif de mourir : je viens te demander tes volontés dernières, afin de les exécuter, si cela dépend de moi.

En présence de tant d'écroulements et en face d'une mort si prochaine, Jean ne pensa qu'à Sylverine : — Samla, dit-il, jure-moi que, lorsque tu le pourras, tu porteras mon corps au Campo-Santo à Pise, et que tu le placeras auprès de celui de Sylverine.

Un sourire de pitié passa sur les lèvres de Samla : — Je te le jure, répondit-il. — Puis il ajouta : — Que veux-tu encore ?

— Rien, répliqua Jean ; tout ce qui était de moi s'est englouti dans cette passion. En dehors, depuis longtemps, je ne vois plus rien.

Ils s'assirent côte à côte sur la paille, et causèrent comme si la mort n'eût pas attendu à la porte. Samla parla de ses projets, car chez lui l'espérance était indestructible aussi bien que la conviction. — C'est partie remise, disait-il. Il faut savoir attendre, notre jour viendra !

Puis, après un silence, il dit à Jean : — Es-tu bien certain de ne plus rien désirer ?

— Ce que je désirerais, tu n'y peux rien, répondit Jean. Je vais être pendu. Il est fort sot, je le sais, de disputer sur la forme extérieure de la mort ; mais faire la grimace en haut d'une potence, devant des gens qui battront des mains, j'avoue que cela me gêne et m'humilie. J'aurais voulu, comme Flavio, mourir debout et devant des fusils.

— Je ne puis te donner les fusils, reprit Samla, mais je puis t'éviter la corde. Tiens, ajouta-t-il en lui remettant un petit flacon, voilà toute ma provision de délivrance. Je la gardais pour une occasion solennelle : uses-en, cher enfant, et pars avec cette consolation de n'être point un spectacle pour les curieux et les indifférents.

Deux heures après, lorsqu'on entra dans le cachot de Jean afin de le conduire au lieu de l'exécution, on le trouva raidi et mort, étendu sur le carreau. Autour de lui planait un étrange parfum d'amande amère. Un médecin appelé en hâte constata qu'il était mort foudroyé par une forte dose d'acide cyanhydrique. Le cadavre n'en fut pas moins pendu au gibet, pour l'exemple. On rechercha le moine qui avait pénétré dans la prison, mais on ne put le retrouver.

Le dernier vœu de Jean a été exaucé : il repose auprès de Sylverine. Flavio aussi a été réuni à eux. Dans les premiers jours du mois de septembre 1860, après que Garibaldi vainqueur eut traversé la ville de Cosenza, le corps de Flavio fut retiré de la petite chapelle Santa-Maria, où il avait été déposé. Apporté à l'église métropolitaine, il y fut reçu avec les honneurs militaires, au bruit des cloches qui sonnaient à toute volée ; puis, chargé sur un caisson d'artillerie, accompagné d'une escorte, il fut conduit à Pola, embarqué, porté à Livourne, et de là à Pise. Ceux que la vie avait séparés sont aujourd'hui pour jamais réunis dans la mort. Sur leurs tombeaux, on lit simplement leurs noms, — Jean, Sylverine, Flavio, — que traverse une épitaphe d'une seule ligne. Elle est ainsi conçue : « *Eccl.*, c. VII, v. 27. — La femme est plus amère que la mort, et ses mains sont des chaînes. »

JEANNE
LA MORT DE L'INVESTI

I

Le vrai nom de Samla était Siegfried Lœwenherz, c'est assez dire qu'il était d'origine allemande. Une vieille tradition conservée dans sa famille donnait à ce nom une origine à la fois illustre et douteuse que semblait confirmer le blason dont quelques ancêtres de Siegfried firent usage dans des circonstances publiques ; ces armes étaient : de gueules à trois léopards d'or chargés d'une barre des mêmes composée de six pièces alternant à l'écu. C'était là, en réalité, les armes parlantes d'une descendance illégitime, mais directe, qu'elles désignaient clairement. En effet, selon la légende, Richard Cœur-de-Lion, à son retour de Palestine, jeté par la tempête à Aquilée, sur les côtes autrichiennes, enlevé près de Vienne par ordre de Léopold, duc d'Autriche, livré par celui-ci à l'empereur Henri VI, sous la promesse d'une somme de soixante mille marcs d'argent qui ne furent jamais payés, enfermé à Worms, au château de Triefel, se lia, dans cette dernière prison, avec la fille d'un de ses gardiens, et en eut un fils qui, après que le roi Richard, conduit à Haguenau en présence des états de l'Empire, eut enfin recouvré sa liberté en échange d'une rançon de cent cinquante mille marcs, resta en Allemagne avec sa mère, et devint la souche de la famille des Lœwenherz, dont le nom consacrait pour toujours la royale extraction. Quelque chose d'inquiet, de violent, de tumultueux, d'inassouvi, agita toujours les membres de cette lignée, issue d'un des hommes les plus impétueux et les plus rusés de l'histoire, jusqu'à Siegfried qui fut son dernier représentant. On eût dit que, pour toute cette race, le sang avait gardé l'indomptable chaleur qui poussait son aïeul aux combats de la Terre-Sainte, aux monstrueuses alliances secrètes avec Haçan-Ben-Saba-Homaïri, le Vieux de la Montagne, au meurtre du marquis de Montferrat, aux horribles repas de chair humaine, aux imprudences avides qui préparèrent sa mort devant le château de Chalus.

Né au delà du Rhin et fortement imprégné des idées que Fichte commençait à faire prévaloir en Allemagne, Conrad Lœwenherz, le père de Siegfried, fut remué jusqu'au plus profond de son être par les commencements de la révolution française ; il se jeta avec enthousiasme dans les idées nouvelles, et fut tout près, comme son compatriote le baron Anacharsis Clootz, de rêver la régénération immédiate du genre humain. Au moment où éclata cet admirable mouvement, dont les oscillations se prolongeront pendant longtemps encore, il était en Wurtemberg, à l'université de Tubingen, déjà homme, mais continuant à développer son esprit par les spéculations métaphysiques qui l'avaient séduit. Les bruits de la révolution, de la déclaration des droits, ces mots mal définis et presque inconnus encore de liberté, d'égalité, de dignité du citoyen, arrivaient à travers les foules surprises, et leur faisaient entrevoir des horizons qu'elles n'avaient jamais soupçonnés. On prêtait l'oreille à toutes les rumeurs qui venaient du côté de la France, et l'on croyait entendre des appels de clairon qui guidaient l'humanité entière vers des combats nouveaux. Kant, déjà vieux, Fichte encore jeune, regardaient avec une anxiété bienveillante vers cette aurore subite qui allait peut-être commencer le grand jour attendu depuis tant de siècles. Chaque âme intelligente de l'Allemagne se sentait remuée et comme solidaire des hautes espérances qui se formulaient sur les bords de la Seine. Un dimanche, par une belle matinée pleine de lumière et de parfums, quatre jeunes hommes, portant un frêle peuplier sur leurs épaules, allèrent le planter dans une prairie voisine de la ville, et consacrèrent l'arbre de la liberté en invoquant pour leur patrie le bénéfice des idées françaises ; ces quatre jeunes gens étaient Schelling, Hegel, Schiller et Conrad. Une attraction invincible attirait ce dernier vers la France, il voulait se rapprocher du foyer même ; bientôt il n'y tint plus, et quittant l'Allemagne, il vint à Paris. Le récit de ses impressions n'importe point à cette histoire. Lié d'abord assez intimement avec Anacharsis Clootz et patronné par lui, il ne tarda pas à se sentir supérieur au fameux orateur du genre humain, qui n'était, en somme, qu'une personnalité vaniteuse et passablement médiocre. Charmé, épouvanté, exalté, découragé, au gré des événements qui se succédaient avec une rapidité vertigineuse, il assista à ces luttes formidables auxquelles l'antique légende de la guerre des Titans offre seule un analogue. Malgré tant de sang, de violence, de massacres, il n'était point aveuglé, et il comprenait qu'une société nouvelle, un ordre de choses logique, appuyé sur des principes dont les conséquences obscurcies souvent, mais invinciblement renaissantes, seraient infinies, allait sortir de ces convulsions génésiaques, comme jadis aux premiers jours, la terre humide, verte et souriante était sortie du chaos de la création. Il suivait pas à pas les étapes révolutionnaires, et il admirait ces hommes extra-humains qui trouvaient le temps de renverser, de fonder, d'attaquer, de se défendre, de périr victimes conséquentes des prémisses qu'ils avaient posées, et dont la devise semblait être le mot de Vauvenargues : « Pour exécuter de grandes choses, il faut vivre comme si l'on ne devait jamais mourir. » Il éclata en larmes le jour où il entendit Saint-Just proposer à la Convention de décréter la liberté du monde !

Depuis longtemps il avait reçu ses lettres de naturalisation, à l'époque où l'Assemblée législative les avait envoyées aussi à Schiller, à Klopstock et à d'autres étrangers illustres [1]. Il était devenu Français, et

---

[1]. Assemblée législative : Séance du 24 août 1792. Pétition apportée par des citoyens de Paris demandant qu'on décerne le titre de *citoyen français* aux étrangers ayant servi la cause de la révolution par leurs écrits et leurs actions. — Bazire et Vergniaud appuient la pétition qui est renvoyée à une commission d'examen. — Séance du 26 août. — Rapport de Guadet sur la pétition ci-dessus mentionnée. — Décret de l'assemblée qui décerne le titre de *citoyens français* à : Priestley, Payne, Bentham, Wilberforce, Clarkson, Mackintosh, David Williams, Gorani, A. Clootz, Campe, Corneille Pauw, Pestalozzi, Washington, Hamilton, Madison, Klopstock, Schiller, Kosciusko. — Les diplômes adressés en vertu de ce décret furent signés par Danton et Roland, en date du 6 septembre 1792. — Entre autres erreurs commises par l'*Assemblée législative*, par le *Moniteur* (Voir le n° 241, 28 août 1792), et par beaucoup d'historiens de la révolution, à l'égard des noms des nouveaux citoyens fran-

se promettait de le rester toujours, car il avait compris que, par sa révolution, la France commençait, en Europe, un rôle initiateur qui n'était pas près de finir. Il voulut s'attacher tout à fait à sa nouvelle patrie et il s'y maria. Il épousa la fille d'un conventionnel que la loi lugubre de prairial avait poussé jusque sur l'échafaud. Il eut d'abord une fille, et plus tard, dans l'année 1800, au moment même où le canon des Invalides annonçait à Paris la victoire de Marengo, il lui naquit un nouvel enfant qu'il nomma Siegfried en souvenir du jeune héros des Niebelungen. La mère du nouveau-né ne devait point veiller sur son enfance, car un mal rapide la jeta dans la mort avant qu'elle ait eu le temps de voir les premiers sourires de son fils. Conrad Lœwenherz resta donc seul avec ses deux enfants, et il trouva dans son cœur assez de maternité pour les garder toujours auprès de lui, et façonner lui-même leurs jeunes âmes en les nourrissant de tout ce que la sienne contenait. Malgré le soin qu'il prenait de dissimuler ses préférences, il n'était point douteux qu'il chérissait son fils plus encore que sa fille. Il en était fier, et quand il voyait la raison froide de cet enfant peu aimable, qui jouait rarement et parlait peu, quand il constatait l'insatiable curiosité de ce petit cerveau qui voulait toujours apprendre

çais, je cite celle-ci: *Gilles* (au lieu de Schiller,) auteur de *Robert, chef de brigands*, dit le diplôme signé Danton.

et tout savoir, il disait avec un certain orgueil en embrassant Siegfried : « C'est moi-même qui l'ai forgé et trempé ! » Le mot était juste, car l'inflexibilité résistante et droite de l'enfant annonça, dès ses premières années, ce qu'il devait être plus tard : une barre d'acier !

L'empire était fait : la république, honnie, persécutée, semblait devoir faire oublier jusqu'à son nom. Conrad, vivant presque seul, inconnu, perdu dans sa retraite, assistait aux singuliers événements qui bouleversaient, déformaient, reformaient l'Europe au gré des victoires d'un homme qui, en vertu d'un droit nouveau, tentait de rétablir à son profit et au profit de sa famille les pérogatives des droits anciens, ou qui, du moins, semblait vouloir consacrer les idées modernes en les enfermant dans de vieilles formules. Peu ébloui par tant de glorieuses violences, habitué à demander aux faits leur raison d'être et leur portée philosophique, il cherchait à dégager l'x du grand problème qui s'agitait devant lui. Un jour qu'en sa présence un de ses amis s'irritait contre l'Empereur, maudissait son infatigable ambition et disait : « Il épuise le pays et le pousse à sa perte ; « Conrad répondit : « Patience ! il faut bien que le semeur porte la graine partout où elle est nécessaire ; » et il expliqua longuement que, selon lui, les hommes comme Napoléon sont des hommes fatals, jusqu'à un certain point irresponsables, chargés d'une mission qu'ils ignorent eux-mêmes, destinés à faire prévaloir des idées que souvent ils ne soupçonnent pas, et qui marchent, par toutes les voies, vers un but supérieur qui leur est inconnu. « Il croit asservir l'Europe, ajouta-t-il, et il ne se doute guère qu'il y porte le germe des idées qui, mûrissant lentement et profondément, feront éclore cette même liberté qu'il combat et brise partout; c'est à lui plus qu'à tout autre qu'on peut appliquer ce mot de Fénelon que, je ne sais pourquoi, on attribue toujours à Bossuet : « L'homme s'agite et Dieu le mène. »

Lorsque l'issue de la campagne de Russie eut permis à l'Europe de dévoiler ses vrais sentiments à notre égard et eut rassemblé contre nous toutes les forces vives de la coalition, Conrad fut effrayé du mouvement de l'Allemagne qui, s'abandonnant aux promesses menteuses de ses princes, préparait nécessairement un retour de la féodalité ; il résolut d'aller lui-même éclairer ses compatriotes sur ce qu'il croyait être leurs véritables intérêts, et, accompagné de Siegfried, alors âgé de treize ans, il partit pour son ancienne patrie. Il trouva l'Allemagne affolée, aveuglée par la haine, sourde à tous les conseils, debout pour ce qu'elle a appelé « la guerre de libération [1], » obéis-

---

[1]. Befreiung-Kriez.

sant à ce *landsturm*, à cette levée en masse qui devait nous écraser à Leipsick, où se livra « la bataille des nations 1. » On chantait la vieille marche de Dessau ; on récitait les vers de Kœrner : « Lève-toi, mon peuple ! la moisson est mûre ; moissonneurs, n'hésitez pas ! » Et ceux de Cramer : « Maintenant, adieu ! mordons nos sabres ; une larme tombe dessus ; partons ! à la bataille ! » En buvant de la bière, en mangeant les saucisses nationales et la choucroute traditionnelle, on parlait du *Vaterland* 2, et l'on jurait de le délivrer. L'alliance entre les peuples et les princes était intime et pleine de belles espérances : Nous vous rendrons vos États, disaient les peuples ; nous vous donnerons la liberté, répondaient les princes. Conrad secouait la tête et disait à ses compatriotes : « Unissez-vous, mais entre vous et en dehors de ces souverains, car dès qu'ils seront redevenus les maîtres, ils vous bâteront comme des baudets rétifs ; » et il leur citait la parole des Écritures : *Nolite confidere in prin-*

---

1. Waelker-Schlacht. — Landsturm, textuellement : Tempête du pays.

2. Textuellement : *le père Pays*, nous dirions la mère patrie. En somme, le *Vaterland* est très-indéfini, surtout si l'on s'en rapporte à la célèbre chanson d'Ernest Arndt : « Quelle est la patrie de l'Allemand ? C'est tout le pays où retentit le langage allemand, où les chants célèbrent Dieu dans son ciel. »

cipibus, in quibus non est salus [1] *!* On levait les épaules, on ne l'écoutait guère, et c'est à peine si l'on daignait lui répondre. — Hélas! disait Conrad, sous prétexte de sauver leur patrie, ils vont reculer dans le passé et fermer sur eux des barrières qu'ils auront, plus tard, bien de la peine à franchir. — Siegfried ne comprenait point son père : « Est-il donc, lui demandait-il, quelque chose de plus sacré que la patrie ?

— Petit enfant, répondait Conrad qui, dans ses méditations solitaires, avait gravi les sommets les plus élevés de l'absolu, petit enfant, tu sauras un jour qu'une idée abstraite, telle que l'égalité que les Français portent forcément avec eux, est peut-être supérieure à l'idée relative de la patrie. Mais ces hommes qui se lèvent aujourd'hui pour leur indépendance sont justement exaspérés par de longues misères, par des humiliations trop renouvelées, et ils ne peuvent comprendre ce que je viens de te dire.

Conrad était de bonne foi en parlant ainsi; il avait créé pour son âme une sorte de patrie idéale et intellectuelle dans laquelle il vivait sans cesse, et si on lui eût demandé : Où êtes-vous né? Au lieu de dire : En Allemagne, il aurait pu, obéissant à ses impul-

---

[1]. Ps. 145, v. 3 selon la Vulgate et les Septante; Ps. 146, v. 2 et 3, selon les Juifs et les Protestants (Cahen et Observald). « Ne vous fiez pas aux princes, le salut n'est pas en eux. »

sions secrètes et quitte à n'être point compris, répondre : En liberté ! car c'était bien là le pays abstrait qu'il habitait.

Ces souvenirs furent impérissables dans le cœur de Siegfried ; jusqu'aux dernières heures de sa vie, gardant la forte impression de cette année 1813, il se rappela le soulèvement de l'Allemagne et le calme de son père luttant seul contre un courant d'idées que rien ne pouvait plus arrêter. Ce fut là, peut-être, dans ces instants de troubles et de convulsions, qu'il prit l'habitude de s'élever au-dessus des passions humaines, et de chercher la vérité dans des combinaisons mathématiques et supérieures fermées à l'immense majorité des hommes, *vulgum pecus* qui se nourrit exclusivement d'idées reçues, enveloppées dans des phrases toutes faites et dans des lieux-communs. Il s'accoutuma dès lors à peu parler et à s'observer en lui-même, car il voyait avec quel dédain on recevait les observations de son père, que chacun, avec une douce commisération, traitait de fou. — Soit, aurait-il pu dire comme madame Roland : « La société appelle fou celui qui n'est pas fou de la folie commune. »

La double invasion de la France par les armées alliées ne troubla point Conrad, car il ne lui fut point difficile de dégager ce que j'appellerai prétentieusement l'âme de ce fait brutal, et il sentit promptement que les vainqueurs matériels retourneraient chez eux vaincus par l'idée même qu'ils étaient venus combattre. A ceux qui pleuraient sur l'humiliation de la patrie, qui se sentaient atteints au profond du cœur par l'aspect douloureux de ces soldats étrangers promenant leur barbarie relative dans nos rues et sur nos places publiques, il disait : « C'est pour le plus grand bien de la civilisation que de tels et si redoutables événements se produisent ; laissez les destinées s'accomplir, car c'est la diffusion des principes français qui s'opère en ce moment. Il était nécessaire que la France fût deux fois envahie par l'Europe entière, car il était nécessaire que l'Europe s'imprégnât des idées françaises afin de les faire triompher un jour; c'est par ses défaites que la Grèce a répandu l'art et la philosophie, c'est aussi par ses défaites et par ses conquêtes que Rome a inculqué au monde les notions du droit ; la France a porté dans l'Europe entière des éléments d'égalité, et l'Europe vient elle-même en France se pénétrer des doctrines nouvelles ; plus tard, elles porteront des fruits amers pour ces souverains qui, aveuglés par leur triomphe, ne voient aujourd'hui que la gloire de leurs succès éphémères. Chacun de ces soldats que votre patriotisme vous fait maudire, me semble un missionnaire qui vient apprendre de vous autres, fils de la révolution, la langue qu'il doit parler quand il sera de retour en son pays. L'Europe a conquis la France par ses armes ; je l'accorde, mais, en réalité, c'est la France qui, en ce moment même, conquiert l'Europe par ses idées. »

On ne croyait guère alors ce raisonneur rectangulaire, mais l'avenir a prouvé qu'il ne s'était point trompé. On comprendra facilement que sous la direction d'un tel père et vivant en communion perpétuelle avec lui, Siegfried acquit promptement des facultés de réflexion que son âge paraissait ne point comporter. Aidé par l'étude des mathématiques, qu'il avait poussée aussi loin que possible, il en était arrivé à planer, littéralement, dans des hauteurs que peu d'hommes sont capables d'atteindre. Sa gravité était telle que, malgré son extrême jeunesse, il paraissait vieux ; il ne faisait point mentir le proverbe russe : Qui veut trop savoir, vieillit vite. Une curiosité extraordinaire, une ambition effrénée de l'impossible, un grand besoin de manier les hommes et de les faire concourir, à leur insu même, à des résultats que seuls peuvent entrevoir quelques rares esprits d'élite, le poussèrent, dès sa première adolescence, dans les complications souterraines qui cherchent à faire mouvoir le monde par des ressorts secrets. Sans hésiter, il entra résolûment et avec une abnégation radicale dans les chemins pleins de défaites qui conduisent aux combats sans gloire et aux victoires sans triomphe. D'un seul coup il brisa toutes ses chances d'avenir, renonça aux espérances les plus légitimes que son intelligence pouvait lui faire concevoir ; il abdiqua sa personnalité extérieure ; il se résigna à n'être jamais rien aux yeux de la foule, et il devint l'homme-lige, le séide, l'esclave et le soldat d'une idée. Affilié à l'association de l'*Épingle noire*, il y fut distingué par Maghella lui-même, et entraîné dans le carbonarisme, dont il ne tarda pas à partager le grade supérieur ; par le carbonarisme, et surtout par son courage froid, persévérant, remarqué, il fut appelé par la société des *Buveurs de Cendres* dont, en peu de temps, il devint l'investi, c'est-à-dire le chef. De ce jour sa vie eut un but qu'il poursuivit avec âpreté jusqu'à sa dernière heure, c'est assez dire qu'il ne fut étranger à aucune des révolutions ou des tentatives de révolte qui agitèrent l'Europe depuis les premières années de la Restauration, et que bien souvent il en fut l'âme.

Son instruction était vaste, encyclopédique, pour ainsi dire ; sa morale qui, en politique, lui permettait d'employer tous les moyens pour parvenir à son but, était, par contre, dans les choses de la vie, implacablement droite et ferme ; il se traitait lui-même avec une grande sévérité, et n'accordait son estime qu'aux hommes peu nombreux qui marchent d'un pas égal sur des chemins sans détours ; quant à sa religion, je n'en dirai rien, sinon que si on lui avait parlé de Dieu, il aurait peut-être répondu comme Laplace interrogé par le Premier Consul : « Je n'ai point besoin de cette hypothèse. » Je ne l'excuse pas, je ne le blâme pas, je le raconte. Que cet ensemble de vertus et de défauts en fît un homme attrayant à première vue, j'en doute ; il n'avait rien de banal ; il ignorait ou dédaignait ces formes extérieures, gracieuses et plaisantes qui séduisent, qui captivent, qui sont fort en usage parmi les gens du monde, et qui le plus souvent, servent d'agréable enveloppe à la vacuité des esprits médiocres et serviles. Mais il avait une force réelle sur lui-même et sur les autres ; il ne pouvait passer inaperçu ; son attitude froide sans hauteur, absorbée sans rêverie, attirait et retenait l'attention ; lorsqu'on l'avait vu, il était difficile de l'oublier, car on sentait en lui quelque chose de rectiligne et d'absolu qu'on ne rencontre pas fréquemment chez les autres hommes. Sa haute taille, son nez droit et mince, la gravité de son sourire égayée par l'éblouissante blancheur de ses dents, son front bombé, ses yeux d'un bleu pâle, dont l'expression contrainte et violentée semblait toujours immobile, ses cheveux très-soyeux, très-blonds et très-fins, l'élégance extrême de ses mains et de ses pieds qui dénotait l'ancienneté de sa race, tout en lui concourait à rendre l'impression qu'il produisait plus saisissante et plus tenace. Quelques femmes, attirées par cet extérieur plus que réservé, avait tenté, comme on aurait dit au dix-huitième siècle, de faire sur lui l'essai de leurs charmes, et de fondre cette apparence glaciale dont il s'environnait, mais bientôt elles avaient été contraintes d'y renoncer. Du reste, les récits précédents, où il est question de lui, ont déjà assez fait savoir quel cas il faisait des femmes ; il ne les aimait point, il redoutait leur influence, il savait qu'elles entraînent l'homme à toutes les sottises, à toutes les lâchetés qu'il commet ; il les nommait en souriant une déplorable nécessité, et si parfois il fut lié avec quelques-unes, ce ne fut que secrètement, en cachant son nom, et sans engager rien de son cœur : qu'aurait-il pu leur donner, n'appartenait-il pas exclusivement et tout entier à l'œuvre à laquelle il avait consacré sa vie ? Quant aux hommes, il les côtoyait sans se mêler à eux : la mesquinerie de leurs instincts l'eût indigné, si son calme habituel lui eût permis l'indignation ; il savait que la plupart d'entre eux prennent leurs rancunes pour des opinions et leurs intérêts pour des principes ; il souffrait de les voir si indécis dans la conception, si mous dans l'action ; de les voir introduire leur personnalité inutile dans des questions abstraites qui, par ce seul fait, perdaient toute leur valeur ; il s'en éloignait donc, sans affectation, mais avec persistance ; il les utilisait quand il en avait besoin, tout en se plaignant mentalement de leur insuffisance, et bien souvent la faiblesse des instruments qu'il employait réduisit à néant ses projets les mieux combinés. S'il n'aimait point les hommes, ceux-ci le lui rendaient bien ; il était aveuglément obéi dans l'œuvre qu'il dirigeait, mais en dehors de cela, il était redouté et se sentait peu sympathique. Comment aurait-il pu l'être ? il ne prenait aucune part aux passions du jour, aux effervescences du moment; les projections de son esprit allaient bien au delà du présent ; par quel point de contact, par quel intérêt commun se serait-il rencontré avec ses contemporains ? Il vivait donc dans une solitude presque complète et ne s'en plaignait pas.

Les jours avaient marché et les années aussi; au moment où j'entre dans ce récit, Siegfried n'était plus de la première jeunesse; son père était mort en lui citant le beau vers de Juvénal :

Nobilitas sola est atque unica, virtus!

La Restauration avait succombé sous le poids de ses fautes et pour n'avoir point donné à la France la revanche qu'elle était en droit d'espérer; la monarchie de Juillet s'établissait sur un terrain encore remué par bien des oscillations; de grands efforts d'indépendance avaient glorieusement avorté en Italie et en Pologne; partout Siegfried avait vu ses efforts rester inutiles, vaincu mais non pas découragé, il était rentré dans sa retraite, calme et les yeux fixés vers l'avenir. Sa sœur, d'abord veuve, était morte laissant un fils sur qui Siegfried veillait; le jeune

Christiern était au collége, n'en sortait que rarement, et voyait son oncle aux grandes fêtes qui lui valaient plusieurs jours de congé. Quelquefois, c'était là les soirées de gala, ils s'en allaient tous deux au théâtre; l'enfant ouvrait de grands yeux, était ravi de ce qu'il entendait, trouvait toutes les actrices charmantes, se figurait qu'il devenait le héros des pièces qu'il voyait jouer devant lui, et lorsqu'il se retournait vers Siegfried pour lui témoigner sa joie, il constatait avec stupéfaction que son oncle dormait, la tête mal commodément appuyée contre une des parois de la loge. Quel est donc cet homme, se demandait-il alors, si désintéressé qu'il est ennuyé jusqu'au sommeil par de tels plaisirs, et si bon, néanmoins, qu'il me conduit lui-même au spectacle? — En effet, Siegfried était bon, foncièrement bon; comme ses autres qualités, sa bonté n'avait rien de banal, elle ne se répandait point à tort et à travers au hasard des rencontres et des circonstances; mais elle était active, et jamais ne se laissait surprendre en défaut : quand, après ces soirées où il avait subi l'ennui bruyant, qui est le pire de tous, il ramenait son neveu à la maison, il lui disait en souriant : « J'espère que nous nous sommes amusés ce soir; eh bien, nous recommencerons une autre fois.

Certes, Siegfried ne paraissait point apte à ressentir l'amour ou l'amitié, et cependant ce dernier sentiment occupait tout son cœur. Il avait un ami, ami d'enfance, du même âge que lui, et qui, jusqu'à présent du moins, composait toutes les affections de son existence. Rien n'était plus dissemblable que ces deux êtres qu'unissaient une confiance à toute épreuve et une tendresse sans bornes. Octave était un homme doux, aimant, point rêveur, né pour la famille, regrettant d'être forcé par les nécessités de sa vie d'habiter Paris, estimant que le suprême bonheur serait de vivre à la campagne au milieu des arbres, des bestiaux et des fleurs ; s'accommodant au mieux, par suite d'une indulgente philosophie, de tout ce qui se passait ; dans toute chose cherchant le bien au détriment du mal, prenant en grande pitié les faiblesses d'autrui, content de peu, et bornant son ambition à rendre heureux ceux qui l'entouraient. Je ne sais quelle loi singulière des contrastes avait réuni Octave et Siegfried, mais leur amitié était exemplaire et ne fut jamais troublée.

Octave savait-il dans quelles dures et décevantes destinées Siegfried avait engagé sa vie ? Je ne pourrais le dire ; mais s'il est probable qu'il ne connaissait pas tous les secrets que renfermait l'âme impénétrable de son ami, il soupçonnait du moins les travaux occultes que cet Hercule inconnu voulait accomplir. Le mystère qui, malgré lui, entourait Siegfried, ses fréquentes absences, l'espèce de nonchalance avec laquelle il répondait aux questions de façon à dérouter les questionneurs, l'absorption constante et visible de ses pensées, tout enfin devait ouvrir les yeux clairvoyants d'un ami. Jamais, du reste, un mot indiscret n'était sorti des lèvres d'Octave. Parfois Siegfried arrivait inopinément chez lui. — Adieu, lui disait-il : je pars ; si tu es quelque temps sans recevoir de mes nouvelles, ne t'inquiète pas. — Octave embrassait son ami, et lui faisait toujours la même recommandation. — Sois prudent ! — Un mois, deux mois se passaient ; on voyait Siegfried apparaître un soir, toujours froid, et, pour ainsi parler, indéchiffrable. — Eh bien ! lui demandait Octave, es-tu content ? — Pas trop, répondait le voyageur. — Ah ! mon pauvre Siegfried, disait Octave, j'ai bien peur que, comme Ixion, tu n'embrasses que des nuages.

Octave était marié ; sa femme, bonne, simple, très-gaie, accueillait de son mieux Siegfried qui, tous les jours, allait passer ses soirées auprès de son ami. La femme travaillait à quelque ouvrage de tapisserie, car elle n'était jamais oisive, et les deux hommes causaient, selon la saison, au coin du feu ou devant la fenêtre ouverte. Et puis, l'avouerai-je, Siegfried faisait des *patiences* ; que le lecteur daigne se rappeler que Spinosa, fatigué de méditations, prenait plaisir à faire combattre des araignées, et peut-être pardonnera-t-il à mon héros d'avoir cherché souvent, dans de

frivoles combinaisons de cartes, un délassement pour
son pauvre cerveau surmené et harassé. A onze
heures, Siegfried serrait la main à ses hôtes, leur
disait : à demain, et reprenait tranquillement la route
de sa maison solitaire. Certes le plaisir de voir Octave
l'attirait chaque soir, mais je n'oserais pas répondre
qu'il ne fût aussi conduit chez son ami par l'affection
tyrannique que lui témoignait mademoiselle Jeanne,
jeune fillette de trois ou quatre ans, vive, blonde,
turbulente, et qui était bien le plus joli minois d'enfant qu'il se pût voir au monde. Dès que Siegfried
arrivait, elle lui escaladait les jambes, lui tirait la
barbe, et l'embrassant « à grands, grands bras, » lui
disait dans son petit langage indistinct : « Bonjour,
mon grand ami, comment donc que tu vas, dis? »
C'était la fille d'Octave, le sourire de la maison, la
folie de Siegfried qui sentait son cœur se fondre
quand il la regardait. Mademoiselle Jeanne n'avait
place à table qu'à côté de son grand ami, et il fallait
entendre les beaux cris qu'elle poussait, voir les
coups de pied qu'elle donnait dans sa chaise, et
comme, prestement, elle renversait son assiette sur la
nappe lorsque, par hasard, on ne l'asseyait pas à côté
de Siegfried qui, redevenu plus enfant qu'on ne
pourrait croire, demandait à être aussi mis à la porte
lorsqu'on menaçait la petite fille de la renvoyer. Il
s'égayait de sa gaieté et faisait autant de bruit qu'elle.

Le pauvre Octave en perdait la tête : « Voyons, Jeanne, disait-il, sois sage et donne l'exemple à ton grand ami! » Sa femme en riait : « Quand ils sont ensemble, disait-elle, je n'en puis venir à bout, et c'est toujours Siegfried qui est le plus tapageur. »

Ai-je besoin de dire que Jeanne, toutes les fois qu'elle avait une fantaisie, se gardait bien d'en parler à ses parents; elle attendait le soir, guettait l'arrivée de Siegfried, et dès qu'il était entré s'emparait de lui, l'accaparait, et en éloignait impérieusement les autres personnes sous prétexte du grand secret qu'elle avait à confier. C'était alors entre elle et Siegfried des chuchotements sans fin, des explications recommencées vingt fois, des signes de se taire et des gestes d'intelligence au moment de se quitter. Un jour, la conversation intime fut plus longue qu'à l'ordinaire, ce fut même presque une discussion, car Jeanne avait déclaré à son ami qu'il lui fallait absolument un polichinelle à deux nez; Siegfried, avec un grand sang-froid, lui expliqua que la nature, avare pour les polichinelles aussi bien que pour les autres hommes, ne leur avait octroyé qu'un nez, situé précisément au milieu du visage. Jeanne ne se tint pas pour battue, et répliqua péremptoirement que les polichinelles ayant deux jambes, deux bras, deux yeux, deux oreilles et deux bosses, devaient nécessairement pour être complets avoir deux nez; qu'elle n'en démordrait pas, et que si son grand ami ne lui donnait pas le polichinelle qu'elle désirait, elle serait très, très-malheureuse et ne l'aimerait plus du tout. A tel argument, il n'y avait point de réplique, Siegfried s'avoua vaincu et promit de s'exécuter. Il tint parole, mais avec quelque peine. Chaque soir, dès qu'il était entré, Jeanne lui disait : « Et mon polichinelle ? » Siegfried répondait qu'il avait écrit au roi du pays de Polichinellie afin de faire venir un de ses sujets les plus distingués. La vérité est qu'il avait en vain couru chez tous les marchands de jouets sans rencontrer l'introuvable fantoche ; il s'en alla jusque dans la rue Chapon, découvrit un ouvrier en joujoux, et fit exécuter, sur ses dessins, un magnifique polichinelle orné de deux protubérances nasales fort accentuées, malgré les hésitations du fabricant, qui déclara tout net qu'on n'avait jamais vu de polichinelle fait comme cela. Ce fut une grande joie lorsqu'enfin Siegfried arriva un soir chez Octave, et remit à Jeanne un polichinelle unique, vêtu merveilleusement comme un prince des Mille et une Nuits, et orné de gibbosités considérables toutes reluisantes de clinquant. — Il vient de loin, dit Siegfried à l'enfant émerveillé, il est fort bien élevé, ne parle que rarement, a deux nez comme tu le voulais, et s'appelle le marquis de Bipif.

Jeanne fut ravie ; mais après qu'elle eut joué une demi-heure avec son pantin, elle le regarda très-attentivement : — Il serait bien plus gentil, dit-elle, s'il n'en avait qu'un ! Et lestement, d'un bon coup sec appliqué sur la table, elle fit sauter l'un des deux nez du polichinelle. — O chère fillette, dit Siegfried en la prenant dans ses bras, tu commences bien jeune ton rôle féminin. Quelle est la femme qui n'a pas rêvé le polichinelle à deux nez, et qui, l'ayant enfin découvert, ne lui en a pas cassé un afin de le rendre semblable aux autres !

A cette longue exclamation qu'elle ne comprit pas, Jeanne crut que son grand ami la grondait et se mit à pleurer ; il fallut du temps et des arguments tout neufs pour la calmer et lui expliquer que les enfants avaient droit de vie et de mort sur leurs joujoux.

Par cet exemple, que j'ai choisi entre mille, on peut voir la tendresse extraordinaire et presque maternelle que Siegfried avait vouée à Jeanne : sa vie amère et dure était adoucie par son amour pour cet enfant qui, insouciante comme on l'est à cet âge, se laissait adorer, dorloter, gâter, sans trop même s'en apercevoir. En sa présence, il se détendait pour ainsi dire, ne se fatiguait ni de ses cris ni de ses jeux, et, jusqu'à un certain point, se considérait comme un pantin supérieur destiné à son plaisir. Parfois, quand Jeanne avait été bien sage, on lui permettait d'aller chez Siegfried ; elle partait alors avec sa bonne, marchant posément dans les rues comme une grande demoiselle, achetait un bouquet de violettes de deux sous et, arrivant toute rose de plaisir, elle disait : Voilà, mon grand ami, je viens te voir et je t'apporte des fleurs que j'ai achetées avec mon argent, à moi ! Elle était maîtresse au logis ; elle bouleversait les cartes géographiques étalées sur de grandes tables ; elle mêlait les papiers sans souci et sans respect ; un jour elle déchira les feuillets d'un exemplaire d'*El principe*, de l'édition de 1532, pour confectionner de petits bateaux qu'elle voulait faire nager dans l'encrier. Du reste, quand elle goûtait chez Siegfried, elle trouvait que les confitures de son grand ami étaient bien meilleures que celles « de la maison. »

Au retour d'un voyage qu'il avait été forcé de faire en Serbie, Siegfried monta le soir même de son arrivée, selon son habitude, l'escalier d'Octave. La maison lui parut avoir quelque chose de triste et de vide qu'il ne put expliquer et qui le frappa cependant comme une impression douloureuse. Le domestique qui lui ouvrit la porte le laissa entrer sans mot dire ; il pénétra dans le salon ; Jeanne jeta un cri de joie et d'un seul bond s'élança sur sa poitrine : Ah ! c'est toi ! c'est toi ! lui dit-elle en le couvrant de baisers et en lui serrant le cou dans ses petits bras. Elle était vêtue d'une robe en laine noire. — Pourquoi es-tu en deuil ? demanda Siegfried avec un battement de cœur. — L'enfant se mit à pleurer : — Maman est morte !

Octave, prévenu, ne tarda pas à venir, pâle, le visage contracté, vacillant sous le poids de sa douleur. Il pleura longtemps sans parler, tenant la main de Siegfried dans les siennes ; puis il lui raconta que sa femme, en effet, avait succombé à une courte et violente maladie inflammatoire ; qu'il sentait bien, quant à lui, que sa vie était brisée par un coup si dur et si inattendu, qu'à travers son chagrin il était heureux de le revoir, et que, pendant les premières heures aiguës qu'il avait eu à traverser, l'absence du seul homme qu'il aimât lui avait paru insupportable.
— Me voilà maintenant devenu père et mère ; tu m'aideras, n'est-ce pas ? dit-il à Siegfried.

Les soirées devinrent bien tristes ; Jeanne avait le même emportement, la même pétulance ; mais quand elle voyait le visage altéré d'Octave, quand elle entendait les deux amis parler avec émotion de sa mère, elle se mettait à pleurer, et, grimpant sur les genoux de Siegfried, elle disait à celui qu'elle considérait comme tout-puissant pour elle : — Je voudrais voir maman ! Le pauvre Octave n'y tenait pas et sortait pour sangloter à son aise.

Octave, par les fonctions qu'il remplissait dans la vie, était fort occupé, et le dimanche seul lui offrait quelque liberté ; Siegfried et lui sortaient alors ensemble pour promener ceux qu'ils appelaient leurs enfants, c'est-à-dire Jeanne, qui avait cinq ans, et

Christiern, qui en comptait déjà douze. Les deux hommes marchaient en causant dans les Champs-Élysées, au parc de Monceaux, parfois même hors Paris, où l'on s'était rendu en voiture, et surveillaient les bambins qui couraient devant eux. Mais Christiern trouvait un peu au-dessous d'un grand collégien comme lui de jouer avec une aussi petite fille que Jeanne; il eût craint qu'on ne pût soupçonner un instant qu'il s'amusât pour son propre compte. Il restait à bayer aux arbres de la route, aux voitures qui passaient, aux officiers sanglés à la taille et dont il admirait l'uniforme; alors c'était Siegfried qui s'occupait de Jeanne, qui se cachait pour se faire découvrir, qui se sauvait pour se faire attraper, qui ramassait le cerceau tombé dans les jambes des promeneurs, et qui cherchait la balle égarée dans l'herbe. Un jour, au carré Marigny, qu'il était à genoux auprès de Jeanne, fort attentif à faire de jolis tas de sable dans lesquels il plantait gravement des branchettes mortes que la petite fille faisait semblant d'arroser à l'aide d'un arrosoir vide, il s'entendit appeler par son nom de guerre : Samla! Il se leva avec rapidité et vit un de ses affiliés qui le considérait en riant. Il marcha vers lui et lui laissant voir ce regard froid, implacable et bleu qui troublait les moins timides : — Non pas Samla, mais Siegfried, lui dit-il. — Et, d'un signe de tête, il lui ordonna de s'en aller. Lorsqu'il se retourna du côté de Jeanne, il la vit qui frappait sa pelle contre le sol avec colère et qui, toute rouge d'impatience, lui criait : — Vite, vite, veux-tu venir travailler à mon jardin ! Octave, sans bien comprendre le sens de cette scène insignifiante et rapide, avait deviné cependant qu'il venait de se passer quelque chose de mystérieux. — Oui, dit-il à Siegfried, travaille au jardinet de la fillette, cela vaut mieux pour toi. Ce fait d'une rencontre inopinée et qui, en somme, n'avait aucune importance, frappa beaucoup Siegfried ; il y pensa le reste de la journée ; le soir, chez Octave, il y songeait encore. Il savait que chaque homme porte en soi ou fait naître dans les circonstances de sa vie le germe de destruction par lequel il doit périr un jour. Il tenait Jeanne sur ses genoux. — Ah ! se dit-il tout bas en la regardant, est-ce donc toi qui, plus tard, seras l'obstacle et la pierre d'achoppement ?

Octave et Siegfried ne parlaient guère que de Jeanne, de son éducation, de sa fortune, de son avenir. Parfois, lorsqu'ensemble ils promenaient les deux enfants, il arriva à Octave de regarder Christiern et Jeanne qui s'en allaient côte à côte d'un pas inégal, de se tourner vers Siegfried et de lui dire : — Nous les marierons ! Le conspirateur sentait son cœur se troubler involontairement à cette idée ; car il pensait que, dans sa vieillesse, lassé de tant de travail et n'aspirant plus qu'au repos, il trouverait un asile plein de douceur auprès de ces enfants qu'il avait vus naître et grandir. Puis, quand il se rappelait tous ses amis morts dans des combats, sur des échafauds, dans des prisons d'État, il souriait lui-même de la naïveté de son espoir et de l'inanité de ses croyances à une vieillesse qui jamais ne viendrait pour lui. Sa vie, extérieurement si tranquille, était parfois, dans certaines circonstances exceptionnelles, menacée par un si formidable concours de dangers, qu'il fallait un miracle pour qu'il la tirât toujours saine et sauve des périls dont elle était entourée ; or, il ne croyait guère aux miracles, et depuis longtemps il s'était résigné à la mort violente qui, pour lui, n'était qu'une des chances d'aventures dans lesquelles il s'était engagé froidement, sans enthousiasme et avec la volonté toujours exécutée de ne reculer jamais. Néanmoins, pour plaire à Octave et pour se donner à lui-même la satisfaction de chercher à assurer l'avenir de deux enfants qu'il aimait, il disait aussi de Jeanne et de Christiern : — Nous les marierons !

Octave ne s'était point trompé lorsqu'il avait dit qu'il ne se relèverait jamais du coup que lui avait porté la mort de sa femme ; quand il la perdit, il était encore dans cette période de bonheur actif que le temps et l'habitude émoussent, sans le détruire, dans les ménages heureux ; sa douleur fut profonde, sans remède, car elle avait creusé un vide que rien n'était venu combler ; sans espérance, car elle se nourrissait du passé et se refusait de croire aux consolations de l'avenir; la constitution fort délicate d'Octave, minée sans cesse par des pensées lugubres et par des regrets toujours présents, s'affaiblit peu à peu ; le mal, harcelé par un chagrin aigu, augmenta dans des proportions inquiétantes, et bientôt le malade, contraint de rester au coin du feu, privé de ses occupations journalières qui, au moins, étaient une sorte de distraction forcée à sa douleur, fut pris de cet alanguissement général qui annonce que la vie est atteinte dans ses sources mêmes. Siegfried, qui suivait avec anxiété les progrès du mal, ne quittait plus son ami ; ce dernier, du reste, ne se faisait aucune illusion sur son état, et plus d'une fois on l'entendit dire à voix basse : — Je suis perdu !

Ce fut dans ces heures douloureuses et de causerie intime, pendant que la petite Jeanne jouait silencieusement avec sa poupée dans un coin de la chambre, qu'Octave essaya, pour la première fois peut-être, de ramener Siegfried dans les réalités positives de la vie et de l'arracher aux spéculations lointaines qui l'absorbaient.

— Quitte l'absolu, ô mon cher Siegfried, lui disait-il, abandonne ces abstractions que j'ignore, mais dont ton esprit se repaît jusqu'à épuisement. Dans l'existence sociale que nous sommes obligés de subir, tout est relatif, et c'est dans la voie frayée par tous que seulement tu rencontreras le bonheur ; c'est auprès d'une femme, c'est auprès d'un enfant qu'il faut vivre, sous peine de souffrir toujours, de chercher sans cesse et de ne trouver jamais. Les Siméons Stylites ne sont plus faits pour notre monde ; descends de ta colonne et marche dans la vie à côté des autres hommes ; souviens-toi du mot si terriblement vrai des livres saints : *Væ soli ?* Quand je ne serai plus là, tu seras seul et tu deviendras tout à fait malheureux. La vérité abstraite ne peut nous suffire ; au nom du ciel, mets-toi en quête de la vérité relative, et si tu la découvres, peut-être t'applaudiras-tu de m'avoir écouté.

— L'angle d'incidence est égal à l'angle de réflection, répondit Siegfried avec un soupir ; cela seul est vrai ; tout le reste est chimère. Je suis comme l'alchimiste, je cherche la pierre philosophale ; je sauterai peut-être un jour avec mes fourneaux ; mais, du moins, j'aurai poursuivi le but suprême ; d'autres reprendront mon œuvre après moi, comme moi-même je n'ai fait que continuer l'œuvre de mes devanciers.

— Que Dieu te protége, dit tristement Octave en serrant la main de son ami ; puisses-tu ne point payer trop cher les rêves auxquels tu te sacrifies tout entier !

— Les heures se hâtent, reprit Octave après un long silence, la dernière ne tardera pas à sonner ; je vais aller retrouver la pauvre femme que j'ai tant aimée et lui dire que la mort, m'arrachant à ma tâche, me force à te léguer notre chère petite fille. Les seuls parents que j'ai encore sont éloignés et indifférents ; nul, plus que toi, n'aime cet enfant ; tu as toujours été pour elle une sorte de second père ; c'est à toi que je la donne ; tu l'élèveras sévèrement et sans faiblesse, tu en feras une honnête femme, et, en récompense des sacrifices que la vie impose, tu lui montreras les joies sérieuses de sa maternité future. Toutes mes affaires sont en règle, j'ai pensé à tout ; la fortune de Jeanne sera convenable ; devant la loi tu seras son tuteur ; en souvenir de moi tu seras son père. Tu sais quels ont toujours été nos projets pour elle ; je sais que tu feras un homme d'honneur de ton neveu Christiern, je désire que plus tard il soit le mari de ma fille ; en les élevant tous les deux près de toi, en les façonnant l'un pour l'autre, tu les amèneras facilement à être heureux, et j'aurai du moins, en mourant, cette consolation de savoir que la chère petite ne sera pas livrée à un inconnu et ne fera pas un de ces mariages redoutables, usités aujourd'hui, qui rivent à la même chaîne deux êtres incompatibles qui s'ignorent, se cherchent sans se trouver et finissent par mener une vie misérable, car leur union n'a été basée que sur des convenances accidentelles de fortune et de situation ; me promets-tu de te conformer à mon désir ?

— Je te le jure, répondit Siegfried ; Jeanne sera ma

fille, et plus tard elle deviendra la femme de Christiern.

Quelques jours après cette conversation, le malade, de plus en plus épuisé, ne put plus quitter son lit ; sans faiblesse comme sans forfanterie, il accomplit les devoirs imposés par la religion à laquelle il croyait, et un matin, au soleil levant, après une lente et douce agonie, il rendit à Dieu une âme qui n'avait jamais prévariqué. Jeanne demanda pourquoi son papa dormait si longtemps ; on lui répondit qu'il se reposait ainsi afin de prendre des forces pour faire un long, long voyage pendant lequel il rencontrerait sa femme. Au nom de sa mère, Jeanne comprit vaguement que quelque chose d'irrémissible venait de se passer, et elle pleura beaucoup. Le soir, Siegfried l'enveloppa dans son manteau et l'emporta chez lui. Il avait alors trente-neuf ans, Jeanne en avait six, Christiern quatorze, et l'on était en l'an de grâce 1839.

Siegfried habitait, dans un des quartiers les plus retirés de Paris, aux environs de l'Observatoire, une petite maison isolée, entourée de jardins, mystérieuse, ouverte de plusieurs portes qui servaient à déjouer une surveillance possible, et disposée pour la vie secrète et solitaire qu'il menait. Dans sa chambre même, il installa le lit de la petite fille, et ses poupées, et l'étroite armoire où elle serrait ses vêtements, car elle était déjà fort ordonnée et tout à fait proprette.

— Voilà désormais ta maison, lui dit-il, et maintenant c'est moi qui serai ton papa.

Elle le regarda en ouvrant de grands yeux surpris et avec cet air de méditation profonde qui parfois est si extraordinaire chez les enfants ; elle sembla réfléchir, puis secouant la tête et se laissant aller sur les genoux de Siegfried qu'elle embrassa :

— Non, répondit-elle, tu seras toujours mon grand ami.

Sans être ce qu'aujourd'hui on appelle riche, Siegfried avait reçu de son père une fortune qui suffisait amplement à ses besoins ; sa maison était tenue avec un confort régulier qui s'éloignait autant du luxe que de la négligence, et ses domestiques ne tardèrent pas à devenir les esclaves de Jeanne qui les avait séduits par les grâces charmantes de sa petite personne.

Elle n'était point malheureuse dans sa nouvelle demeure ; elle avait promptement oublié le départ de son père ; on a dit : cet âge est sans pitié; on a eu tort, selon moi ; cet âge est inconscient, ce qui n'est point la même chose ; il ignore la douleur et la responsabilité, il ne comprend point la mort et oublie vite parce que ses impressions, si vives qu'elles soient, sont toujours fugitives. Siegfried lui-même avait soin de ne lui jamais parler d'Octave ; à quoi bon, en effet, exciter des regrets qui ne pouvaient être que stériles ?

Elle était maîtresse au logis et ne s'y déplaisait pas.

Le jardin la ravissait ; avoir un jardin, un vrai jardin à soi, avec de la terre à remuer, des rigoles à creuser, des fleurs à cueillir, des murs à dégrader, des allées pour courir et de vrais arrosoirs pleins d'eau à manœuvrer, c'est là une joie sans égale pour une enfant qui, d'habitude, s'ébattait dans un salon dont on lui recommandait toujours de ne pas abîmer les meubles. Et puis elle avait deux amis qui partageaient ses jeux, deux amis fort doux, point bavards et qui se laissaient tyranniser sans jamais regimber. C'était d'abord le chien Panurge, un barbet de la plus belle venue, rasé de près, portant orgueilleusement une jolie houppette à la queue et de longues moustaches qui lui donnaient l'air d'un vieux grenadier ; il ne jouait point aux dominos comme Munito, mais il se tenait gravement assis, gardant sur le bout de son nez, noir comme une truffe, un morceau de sucre qui le faisait loucher et qu'il avalait d'un seul coup lorsqu'on le lui permettait. C'était ensuite le chat Matapon qui ne se pressait jamais et qui, dans son énorme et blanche fourrure d'angora, marchait avec une dignité sereine tout à fait magistrale. Il mangeait plus d'os de poulet que de souris, je suis forcé d'en convenir, mais c'était le modèle de sa race ; on ne se souvient pas qu'il ait jamais donné un coup de griffe, même lorsque Jeanne lui faisait des moustaches et des sourcils noirs à l'aide d'un bouchon brûlé, ce qui lui donnait la plus étrange figure de chat qu'il fût possible de voir. Il vivait en bonne intelligence avec Panurge, et souvent lorsque ce dernier se couchait devant le feu afin de se chauffer, Matapon s'étendait sur lui, et pour prouver sa satisfaction, fermait à demi ses paupières sur l'or éclatant de ses yeux et faisait entendre le plus joli ronron du monde. Christiern sortait du collége tous les dimanches, et alors, seul avec Jeanne, comme il n'avait point peur d'être vu à jouer et d'être pris pour un enfant, il s'amusait à cœur-joie avec la petite fille qui lui donnait fort prestement des coups de baguette sur les doigts, lorsqu'il refusait de courir en ruant, en piaffant, et de se mettre une corde dans la bouche pour faire le cheval. Et puis le soir, avant d'aller dormir, Jeanne n'écoutait-elle pas les belles histoires que son grand ami Siegfried lui racontait si bien ? La petite fille s'épanouissait donc en plein bonheur et grandissait dans cette existence douce et tranquille.

Cette vie nouvelle et qu'il n'avait jamais prévue, dérangeait fort les habitudes régulières de Siegfried ; ce fut un bien pour lui ; il rêva moins, et contraint de s'occuper de Jeanne, il vécut moins sur sa propre substance qu'il épuisait souvent à force de réflexions et de raisonnements. Quoiqu'il se fût imposé la tâche de faire travailler Jeanne et de lui donner lui-même, tout en causant, les premières notions d'histoire, de géographie par où débutent toutes les éducations, il sentit bientôt que son temps tout entier allait être absorbé par une telle occupation ; sachant, en outre, que ses nombreuses absences l'obligeraient souvent à laisser sa fille adoptive seule entre les mains des domestiques, et n'ignorant point le danger de semblables fréquentations, il fit venir d'Angleterre, après de longues recherches, une femme qui pourrait être pour Jeanne à la fois une institutrice et une dame de compagnie. Miss May Rose n'avait rien d'attrayant au premier abord, et les parents ravis de sa naissance qui lui donnèrent ce nom printanier, ne se doutaient probablement pas qu'il serait porté par une grande femme osseuse, laide et de mine rébarbative. Avec ses hautes épaules, sa taille douteuse, ses grosses attaches couvertes d'une peau dure et jaunâtre, avec ses pieds invraisemblables et ses vêtements noirs, elle figurait assez bien une potence sur laquelle on aurait jeté un suaire. Elle était de bonne famille néanmoins, fort bien élevée, un peu fantasque, comme le sont généralement les vieilles filles anglaises, et, au demeurant, la meilleure et la plus honnête personne du monde. Jeanne eut quelque peine à s'accoutumer à cette étrange figure ; mais bientôt elle reconnut tant de douceur, tant de sollicitude vraiment maternelle dans cette créature disgraciée, qu'elle ne put s'empêcher de l'aimer, et que bientôt l'élève et la maîtresse vécurent l'une près de l'autre en parfaite intelligence. Du reste, May

Rose était folle de Jeanne et ne savait guère lui résister. Un jour Siegfried fut fort surpris de voir la pauvre miss, coiffée de l'immuable chapeau de paille orné d'un voile vert, habillée de l'éternelle robe en popeline noire, grimper grotesquement à une échelle, embarrassant à chaque pas ses gros pieds dans sa jupe, afin d'aller dénicher dans un sorbier des oiseaux dont Jeanne avait envie. Malgré sa gravité ordinaire, il ne put s'empêcher de rire en voyant le singulier emploi que Jeanne faisait de son institutrice, il gronda doucement la petite fille ; May Rose, de jaune qu'elle était habituellement, devint rouge comme une pivoine en se sentant surprise sur un arbre, ce qui est *schoking !*

Nulle femme plus pleine de respect pour l'enfance, plus dévouée, plus probe, n'aurait pu être choisie par Siegfried pour veiller sur l'éducation de Jeanne et pour la diriger ; cependant je ne suis pas bien certain que toute flamme fût éteinte dans le cœur de la vieille Anglaise ; les flacons les plus difformes contiennent souvent une liqueur violente. Vivant forcément dans l'intimité de Siegfried, avait-elle pu rester absolument insensible à la beauté froide et presque marmoréenne de cet homme dont le geste avait une autorité indicible, et dont l'intelligence rayonnait jusqu'à rendre parfois son regard insupportable ?

Je n'oserais l'affirmer. Un jour qu'elle contemplait Siegfried absorbé dans ses méditations et tenant machinalement ses yeux levés vers le ciel, elle murmura à voix basse :

... This a throne where honour may be crown'd
Sole monarch of the universal earth [1] !

Siegfried tourna rapidement la tête vers elle (c'était un lettré, je n'ai point besoin de le dire) en la regardant avec un étonnement sévère :

— Miss May Rose, lui dit-il, lorsque vous réciterez des vers de Shakspeare, je vous serai obligé de parler moins haut.

De ce jour, elle se garda bien de laisser paraître ce qui pouvait se passer en elle et elle se renferma dans une extrême réserve ; seulement, quand elle causait avec Jeanne, elle lui parlait presque toujours de Siegfried qu'elle ne nommait jamais que « My dear lord » le cher seigneur. Jeanne partageait l'admiration de May Rose et elle n'avait pas besoin d'être poussée à aimer Siegfried, car elle l'adorait et subissait son influence avec une soumission sans exemple. Il n'avait ni reproches, ni observations à lui faire ; un geste, un regard, un bruit des lèvres suffisait à la calmer subitement lorsque parfois elle avait de ces petites révoltes que les enfants les meilleurs ne peuvent éviter. Du

---

1. C'est un trône où peut être couronné l'honneur, — Seul monarque de la terre universelle.

Roméo et Juliette.

reste, d'elle il supportait tout, le bruit de ses jeux, ses éclats de rire, ses bavardages, tout, jusqu'au *tapottis* odieux de son piano qu'elle étudiait. Il semblait avoir réuni sur cette jeune tête toutes les affections qui faisaient défaut à sa vie. Parfois il se reprochait de trop l'aimer et d'employer pour elle un temps que, peut-être, il eût mieux fait de consacrer aux âpres études qui étayaient ses rêves; et puis, en y réfléchissant, il se disait qu'après tout il ne pouvait cependant pas vivre toujours seul, que la mort avait fait le vide autour de lui et qu'il était bien naturel qu'il aimât cette enfant, que pour lui c'était un devoir et qu'il n'y faillirait pas.

Dans une courte maladie éruptive que Jeanne subit, Siegfried sentit, pour la première fois peut-être, des inquiétudes poignantes, des inquiétudes humaines mordre son cœur, qui jusque-là ne s'était serré que devant l'avortement de ses projets. Il ne quitta pas la petite malade, il la veilla jour et nuit; de sa main seule elle accepta les tisanes qu'il goûtait d'abord pour voir si elles n'étaient pas trop chaudes ou trop sucrées. Il se tourmentait, se troublait, interrogeait les médecins avec anxiété.

— Que deviendrais-je si je la perdais? se disait-il.

Jeanne ne se pressait point de guérir.

— Je voudrais toujours être malade, disait-elle à Siegfried, afin de t'avoir sans cesse à mes côtés.

Une fois qu'il reprenait la tasse qu'elle venait de boire, elle lui baisa rapidement la main.

— Comme tu es bon, lui dit-elle, et comme il est doux d'être soigné par toi.

Involontairement Siegfried eut les yeux mouillés. Lorsqu'il comprit enfin que Jeanne ne courait plus aucun danger et que de simples soins suffiraient à activer sa convalescence, il respira comme un homme qui sort des ténèbres et du vide.

— Est-ce donc là la paternité ? se disait-il en s'interrogeant curieusement sur ces sentiments nouveaux que jamais il n'avait encore soupçonnés.

Il fit pour Jeanne ce qu'il n'avait point fait pour Octave qu'il aimait cependant bien tendrement ; jamais il ne s'éloigna sans rester en communication de lettres avec elle ; elle lui écrivait tous les jours, rédigeant pour ainsi dire le journal minutieux de sa vie ; elle envoyait le pli à une adresse indiquée et battait des mains quand elle recevait les réponses qu'elle lisait, enfermée, seule et comme recueillie. Jamais, non plus, il ne revint de voyage sans lui rapporter quelques bagatelles qui lui prouvaient, du moins, qu'au loin il ne l'avait pas oubliée. Des fantoccini de Chioggia, quand il avait été à Venise, des familles de poupées de Nuremberg, quand il arrivait d'Allemagne ; un jour il lui donna de petites bottines de soie rouge armées d'éperons d'or, il revenait de Hongrie. Quand il rentrait à la maison après ces absences, c'étaient des joies à le rendre heureux si sa nature lui avait permis de l'être ; Jeanne ne pouvait s'empêcher de pleurer en lui sautant au cou ; May Rose, baissant les yeux, lui donnait une vigoureuse poignée de main britannique, Panurge aboyait en remuant la queue, et Matapon lui-même secouait sa paresse pour faire le gros dos.

Cependant les années passaient, insouciantes pour Jeanne, lourdes et chargées d'obscurité pour Siegfried. Christiern était presque un homme, et Jeanne, déjà grandelette, avait douze ans sonnés. Son affection pour son tuteur, loin de s'affaiblir, augmentait tous les jours et devenait une sorte de culte. A ses yeux, il résumait l'humanité tout entière.

— Pour être un homme, se disait-elle, il faut être comme lui.

Elle le trouvait plus beau, plus spirituel, meilleur, plus intelligent que les autres. Lorsqu'il causait avec elle, elle était suspendue à ses lèvres, et ce qu'il lui disait lui pénétrait jusqu'au cœur. Elle n'avait point de miévrerie, elle s'étudiait à lui plaire en tout, à ne jamais mériter ses reproches qu'elle redoutait au delà de toute expression ; elle avait pour lui des attentions délicates et charmantes ; prétendait qu'elle seule savait arranger le thé comme il le préférait et mettre dans son encrier la quantité d'encre précisément convenable, mais jamais elle ne lui broda de pantoufles, ni de bonnet grec, car c'était une fille bien élevée et point du tout pensionnaire.

Comme tous les penseurs, comme tous ceux qui portent une idée trop lourde, et qui souvent sont écrasés par elle, il avait l'habitude de se promener de long en large dans son salon, silencieux, la tête inclinée sur la poitrine, roulant, à la mode orientale, un chapelet d'ambre entre ses doigts qui jouaient machinalement avec les perles polies. Le soir, à la clarté des lampes, au pétillement du feu, Jeanne, assise à son métier, travaillait tout en le suivant des yeux, n'osant l'interroger, et chaque fois qu'il se retournait vers elle, essayant de rencontrer ses prunelles fixes qui semblaient regarder au dedans de lui-même. Parfois elle se remuait sur son fauteuil, ou faisait tomber un peloton de laine dans l'espérance de l'arracher à sa rêverie et d'attirer son attention que rien ne dérangeait. A quoi peut-il donc toujours songer ainsi? se disait-elle, et elle-même elle restait pensive, tenant son aiguille suspendue au-dessus du canevas, jusqu'au moment où May Rose lui disait à son tour : — Miss Jenny est bien distraite ce soir!

Dans ce petit cœur qui s'entr'ouvrait à la vie, sentait-elle donc germer pour Siegfried un autre sentiment que ceux de l'amitié et de la reconnaissance? Je n'oserais le dire, et elle-même eût été singulièrement embarrassée pour répondre. Mais malgré l'extrême affection qu'elle lui portait, elle n'était pas absolument à son aise avec lui, quelque chose d'indéfinissable la dominait toujours en sa présence, tandis qu'avec Christiern elle était aussi libre que par le passé, le traitait comme un camarade d'enfance, le tourmentait de cent manières, lui faisait mille niches de petite fille, et toute prête à jouer à saute-mouton avec lui, si la convenable May Rose ne s'y était opposée. Cependant il ne faudrait pas croire qu'elle s'étudiât à faire la demoiselle avec Siegfried : loin de là, par une sorte de ruse qu'elle ne s'expliquait pas elle-même, elle exagérait plutôt vis-à-vis de lui ses côtés enfantins, afin d'être traitée avec une familiarité paternelle; bien souvent assise sur ses genoux, ou du moins sur le bras de son fauteuil, la tête appuyée sur sa poitrine, elle a dormi, elle est restée immobile pendant qu'il regardait machinalement le feu brûler. Ils vivaient dans une communion parfaite, car il y avait en lui une douceur sans pareille, et en elle une volonté de bien faire qui ne se démentait jamais. Souvent, s'arrêtant à la contempler, Siegfried s'était dit : — Comme ce pauvre Octave eût été heureux, s'il l'avait vue si grande, si sage et si belle !

Et cependant, tout enfant qu'elle aimât à rester près de Siegfried, comme elle était fière et comme involontairement elle grandissait sa taille, lorsqu'elle sortait avec lui. Avec l'instinct inné de coquetterie qui

travaille les femmes au sortir même du berceau, elle
savait bien mettre sa robe la plus jolie et le chapeau
qui dégageait le mieux son frais visage ; elle se gantait
avec soin, et donnait à sa glace, avant de partir, ce
dernier coup d'œil rassurant qui semble dire : va, tu
ne peux être mieux. — Eh ! fillette, disait Siegfried,
comme tu te fais belle, aujourd'hui ! — Il ne faut
point, mon grand ami, lui répondait-elle, que tu aies
à rougir de moi. — Elle lui prenait le bras gravement,
et ne se sentait pas d'aise pendant tout le temps de
la promenade. Ces jours-là, elle était plus généreuse
encore que de coutume, et nul pauvre ne lui tendait
la main sans emporter son aumône. C'était là sa
grande joie, elle en était jalouse, et la voulait exclusive. On laissait May Rose à la maison, et quand
Siegfried disait : — « Prendrons-nous Christiern en
passant ? » Jeanne se hâtait de répondre : — A quoi
bon ? cela le dérangerait. Par le Luxembourg, sur les
boulevards, elle marchait auprès de son ami, causant,
babillant, joyeuse ; avec elle il reprenait quelque
gaieté, riait de ses observations et se sentait tout ra-
jeuni. Quant à elle, qu'eût-elle envié encore ? Je ne
sais, mais parfois elle pensait : Si j'étais sa femme, je
ne sortirais jamais qu'avec lui et à son bras. Lorsqu'ils
rentraient vers l'heure du dîner, ils trouvaient May
Rose qui les attendait ; la vieille Anglaise était assez
morose ces jours-là, et lorsqu'elle parlait à Jeanne, il

y avait une imperceptible nuance de sécheresse que l'enfant ne remarquait même pas. Le soir, si Christiern venait, Jeanne courait au-devant de lui et lui disait : « Ah ! si tu savais comme nous nous sommes amusés aujourd'hui ! » et elle lui racontait qu'elle avait été se promener avec Siegfried.

Un soir, — ce fut une fête qui resta toujours dans le souvenir de Jeanne, — un soir Siegfried conduisit Jeanne, Christiern et May Rose à l'Opéra. On entra, ai-je besoin de le dire, « devant que les chandelles fussent allumées; » Jeanne avait à peine pris le temps de dîner dans la crainte d'arriver trop tard. On s'installa dans la loge ; Siegfried regardait avec distraction dans la salle, et Jeanne, roide, presqu'immobile, s'imaginait que tout le monde avait les yeux sur elle et disait : qu'elle est heureuse ! On jouait les *Huguenots*. Siegfried, qui examinait Jeanne à la dérobée, fut un peu effrayé de l'effet puissant que cette incomparable musique produisit sur elle ; à partir du troisième acte, elle ne fut plus très-maîtresse d'elle-même ; au duo de Valentine et de Marcel, elle avait des soubresauts qui la secouaient tout entière ; au moment de la rencontre, elle eût tout donné pour que Raoul tuât ses adversaires. Sa poitrine était oppressée, elle respirait avec peine. Pendant l'entracte, May Rose, qui était une protestante exaltée, disait : « C'était ainsi en Angleterre au temps de Marie la Sanglante que Dieu maudisse ! »

Christiern était fort calme, il avait souvent vu la pièce, et se contentait de dire que la chanteuse était en voix, et que malheureusement la première danseuse avait été obligée de se faire *doubler*, parce qu'elle était malade. Jeanne les écoutait parler, et se disait : Ils ne comprennent donc pas ce qu'ils entendent.

Au quatrième acte, pendant le duo de Raoul et de Valentine que les instruments à corde accompagnent comme un chœur de génies invisibles, elle pleura abondamment. Christiern essaya de se moquer d'elle, et ses larmes redoublèrent. Elle était suffoquée ; Siegfried, extérieurement impassible, se repentait de l'avoir soumise à de telles émotions. Quant à elle, elle n'y voyait pas clair dans son âme ; elle subissait d'impérieuses impressions qu'elle ne raisonnait pas ; elle s'était identifiée avec le personnage de Valentine, elle souffrait de ses douleurs, elle eût voulu crier avec elle, s'attacher à Raoul, l'empêcher de courir à la mort. C'étaient là des sensations brutales qui la saisissaient malgré elle, et cependant je ne sais quelle voix mystérieuse parlant tout bas dans son cœur lui disait : Un jour tu seras comme cette femme, un jour tu supplieras un être chéri de ne point te quitter, et il te répondra : Le danger presse, laisse-moi partir ! Pendant le dernier tableau, à l'arquebusade qui tue les deux amants, elle eut comme un soupir de soulagement. — Ah ! du moins on ne les séparera plus !

On revint à pied, car Jeanne avait besoin du grand air pour se remettre. Elle marchait au bras de Siegfried. Il lui parlait de la pièce qu'ils venaient d'entendre ; il cherchait, en la lui expliquant, à rompre les émotions qui la dominaient encore ; il essayait de substituer au sentiment qui l'avait tant séduite, la philosophie qu'elle n'en avait point dégagée. C'est pour un homme, disait-il, la fin enviable par excellence : mourir en faisant sa profession, et affirmer, du même coup, sa vie et sa mort. — La femme est plus heureuse, répliqua vivement Jeanne, car elle meurt avec celui qu'elle aime, en même temps que lui et dans ses bras. — Eh ! petite fille, dit Siegfried étonné, où as-tu donc pris ces beaux raisonnements ? — Jeanne devint rouge jusque dans le blanc des yeux, baissa la tête et répondit : Je ne sais pas ! Le lendemain elle était encore fort troublée ; sa nuit avait été mauvaise, et son sommeil souvent interrompu. Tout le jour elle ne cessa de penser aux *Huguenots*, elle en murmurait les airs à mi-voix, surtout le duo d'amour qui l'avait tant saisie ; elle s'imaginait encore qu'elle était Valentine, et quand elle cherchait à se figurer Raoul, elle le voyait sous les traits de Siegfried. Lorsque, le soir, Christiern la revit, il voulut encore la railler de son émotion de la veille ; elle ne le laissa pas continuer, l'interrompit avec un certain emportement, et comme Siegfried riait de sa vivacité, elle courut embrasser ce dernier et lui dit : Toi, tu peux me dire tout ce que tu voudras, mais lui, ajouta-t-elle en montrant Christiern, il n'a pas le droit de se moquer de moi ; tant pis pour lui, s'il ne comprend pas la musique ! Quand ceci se passait, Jeanne avait plus de quatorze ans, et les événements allaient se précipiter.

II

L'année 1848 approchait, et avec elle, les causes amoncelées depuis longtemps étaient sur le point de faire éclater leurs conséquences terribles ; les Buveurs de cendres furent debout partout à la fois. La vie de Siegfried eut alors une activité formidable ; il suffisait à peine à son énorme correspondance, à ses entretiens secrets, aux préparatifs de toutes sortes que nécessitaient les événements qu'il avait prévus, et auxquels il allait se trouver mêlé. Il était presque toujours hors de chez lui, rentrait pour travailler, parlait peu, même à Jeanne, échangeait un bonjour, un bonsoir avec Christiern, et semblait tombé dans une absorption qui l'enveloppait tout entier d'une impénétrable rêverie. Un jour il dit adieu à Jeanne, fit de minutieuses recommandations à May Rose, causa longuement avec Christiern, auquel il révéla les destinées qu'Octave mourant avait désirées pour sa fille, et il partit. Tout en s'efforçant de faire bonne conte-

l. ice, Jeanne pleurait. — Surtout, mon grand ami, reviens promptement, lui dit-elle.

Il fut absent deux ans ; il suffit de se rappeler les convulsions stériles et sanglantes qui agitèrent alors l'Italie, pour savoir où il était et ce qu'il faisait. Naples, Milan, Venise, Rome, pourraient le raconter, et plus que jamais il comprit, dans ces jours où les batailles n'étaient point les luttes les plus pénibles, que les idées abstraites, si pures qu'elles soient, deviennent parfois odieusement relatives lorsque les hommes tentent de les appliquer. Il assista non-seulement à la défaite de sa cause, mais à la défaite de soi-même, et il fut malheureux comme un prêtre fervent qui, tout à coup, perdrait sa foi. Pendant ce temps, pendant que Siegfried, redevenu Samla, jouait sa vie dans des combats journaliers et n'échappait plusieurs fois à la mort que par miracle, Jeanne, triste et comme abandonnée entre May Rose, qui ne la quittait pas, et Christiern, qui chaque jour venait passer une heure avec elle, vivait dans l'espérance bien souvent trompée de recevoir des nouvelles de Siegfried. Elle ne savait même pas où il était, car toutes les lettres qui lui venaient de lui étaient timbrées de Paris, et c'était aussi à Paris qu'elle adressait ses réponses. Cependant ses instincts féminins ne la trompaient guère, et elle se doutait bien qu'il prenait part aux événements multiples qui secouaient l'Europe. Elle lisait les journaux avec une curiosité fébrile, et toujours elle y cherchait le nom de Siegfried qu'elle n'y trouva jamais. Parfois ses lettres se succédaient à de courts intervalles, parfois, au contraire, elle restait plusieurs semaines sans entendre parler de lui; c'étaient là ses jours de supplice, et alors elle employait les longues heures à parler du *dear lord* avec May Rose. Souvent, les lettres qui arrivaient enfin étaient inquiétantes par leur brièveté : c'étaient deux mots anglais : *all' right;* ou une seule ligne d'une écriture inconnue : « L'absent va bien, et embrasse la chère petite. » Elle lui écrivait des lettres détaillées, minutieuses, elle n'oubliait rien, pas même de lui dire que Panurge était mort de vieillesse au coin du feu, que Matapon, deux jours après, s'était étranglé avec un os de poulet trop gloutonnement avalé, et qu'on les avait enterrés tous les deux, côte à côte, au fond du jardin, près du platane. « Ah! mon grand ami, lui disait-elle, comme la maison est triste sans toi, comme je m'ennuie de ne pas te voir. Où donc es-tu? je ne le sais même pas, ma pensée court comme une folle à travers le monde sans pouvoir te rencontrer; la nuit je rêve à toi, et je te vois toujours entouré de dangers. Bien souvent je pleure; May Rose entreprend alors de me consoler, et ne trouve rien de mieux à faire que de pleurer aussi; j'aime cette brave fille à cause du culte qu'elle a pour toi. Christiern vient tous les jours, il est bien bon, mais c'est un homme; il rit de ce qu'il appelle mes faiblesses, il est persuadé qu'il ne peut t'advenir rien de fâcheux, mais il ne sait comprendre et je trouve inutile de lui dire combien mon pauvre cœur est inquiet; où que tu sois et quoi que tu fasses, pense assez à moi pour ne t'exposer jamais. » — Dans une de ses lettres, elle lui faisait une recommandation d'une naïveté charmante : « Surtout, la nuit, dans les auberges, ferme tes portes avec soin; on dit qu'il y a tant de voleurs partout à cause des révolutions. » — Or, au moment où elle écrivait cette phrase, Samla campait, à la belle étoile, sur les bords du Pô, au milieu d'un corps d'armée de 12,000 hommes. Toutes ses lettres lui parvenaient-elles? Elle n'en savait rien, et s'en irritait. Les mois succédaient aux mois, Siegfried ne revenait point; Christiern lui-même s'inquiétait parfois, et c'était alors Jeanne qui le rassurait et lui affirmait que nul péril ne pouvait menacer leur ami. Pas un soir elle ne se coucha, pas un matin elle ne se leva sans prier pour le cher absent. Le manque de nouvelles la rendait nerveuse et malade; elle avait des enfantillages sans nom, elle prenait un livre, l'ouvrait au hasard, et se disait : Si la première lettre de la page appartient à la seconde moitié de l'alphabet, c'est signe que j'aurai de ses nouvelles aujourd'hui. — Que de fois de tels oracles l'ont trompée! Elle les consultait toujours cependant, et sans se lasser. Elle voulut faire brûler des cierges à la Vierge, elle en fut empêchée par May Rose, qui, en qualité de huguenote, lui fit honte de croire à ce qu'elle appelait prétentieusement « les puériles superstitions du papisme. »

Cependant l'ordre recommençait à régner en Europe ; on emprisonnait à Vienne, on pendait en Hongrie, on fusillait en Italie, on bâtonnait un peu partout. Les meilleures espérances repliaient leurs ailes en attendant l'heure propice que leur réservait l'avenir. Les dernières résistances s'affaissaient devant des forces écrasantes ; l'Europe était sillonnée de fugitifs, les mers emportaient les exilés : *Mare exsiliis plenum*, a dit Tacite. Depuis deux mois, Jeanne était sans lettres de Siegfried et se désespérait.

Un soir d'hiver, qu'un grand feu brillait dans l'âtre, comme en prévision d'un voyageur refroidi qui pouvait arriver à l'improviste, Jeanne entendit un coup de sonnette ; elle ne fut pas lente à descendre les escaliers, à ouvrir elle-même la porte avant tout autre, et à se jeter au cou de Siegfried. — Ah ! méchant, lui dit-elle, quelle peine tu m'as faite ! Elle n'en put dire davantage, et se laissant glisser jusqu'à ses pieds, elle sentit qu'elle perdait presque connaissance. Il la prit dans ses bras, la monta dans le salon. — Ce n'est rien ! ce n'est rien, disait-elle, c'est la joie de te revoir ! Elle lui prenait les mains, le regardait et n'en pouvait croire ses yeux. C'était bien lui, toujours le même, amaigri peut-être et plus pâle; mais c'était toujours ce front austère et large, ces yeux bleus qui ne s'adoucissaient guère que pour Jeanne, cette haute taille droite et cet air d'autorité auquel les nouvelles défaites avaient ajouté quelque chose de sombre et de comprimé! Plus que jamais il semblait être la personnification de la lutte, l'obstination de l'idée, l'impeccable et l'imprescriptible volonté. A travers ses larmes et son bonheur, Jeanne fut frappée de cette figure imposante qui résumait en elle tant de douleurs et d'héroïsme. May Rose vint serrer la main de Siegfried, ses pauvres jambes tremblaient et ses lèvres balbutiaient. — Eh bien, miss May Rose, lui dit-il, tout a-t-il bien été ici pendant mon absence? — Oui, répondit la vieille Anglaise, retenant mal deux larmes qui glissaient sur ses joues ridées, oui, tout a été bien : miss Jenny n'est plus une enfant, et chaque jour nous avons prié Dieu pour qu'il nous ramenât votre seigneurie! Puis elle se hâta de se retirer, car elle sentait qu'elle allait suffoquer d'émotion.

Siegfried se débarrassa de son manteau, et il regarda le salon avec la curiosité d'un nouveau-venu; tout était à sa place, comme autrefois; le feu flambe joyeusement dans la cheminée; voilà le grand fauteuil à têtes de sphinx usées par le frottement des mains; voilà la table où il a passé tant d'heures à écrire; à la muraille ce grave portrait, c'est celui de son père; là c'est le métier de Jeanne ; à côté le tapis où se couchait Panurge, plus loin le coussin où dormait Matapon ; rien n'était changé, il était bien chez lui, dans ce milieu où il aimait à vivre, près de l'enfant que son ami lui avait légué, parmi les vieux meubles sur lesquels il grimpait quand il était tout petit ; il y revenait avec la reconnaissance et l'étonnement d'un naufragé qui touche enfin la terre après avoir été longtemps ballotté par les flots. Il se laissa tomber assis, et, pour la première fois de sa vie peut-être, il se sentit dominé par une émotion maîtresse de sa volonté. Échappé à tout péril, rentré au sein de sa maison, près de tout ce qui l'aimait, il eut le sentiment de la défaite sans nom dont il était accablé ; il vit apparaître, confusément, comme une vision funèbre, tous ses efforts avortés, ses espérances déçues, les dangers, la fuite, les angoisses, la honte des déguisements, les révoltes du courage obligé de se cacher ; il revit ses amis, pendus, fusillés, emprisonnés, traqués, dispersés comme une bande d'oiseaux que poursuit un enfant ; il se sentit vaincu par toute la terre, dans toutes ses idées, jusque dans les derniers replis de son âme, jusque dans la moelle de ses os. L'énergie violente qui l'avait soutenu pendant ses luttes l'abandonnait subitement au seuil du repos, et il se sentait envahi par une prostration qui le rendait plus faible qu'une femme. Il pensait à ses compagnons qu'il avait vus tomber pour toujours sur la terre sanglante et il murmura à demi-voix cette phrase des Niebelungen : « O malheur ! ô chers amis perdus à jamais ! »

Jeanne immobile le regardait souffrir, et elle comprenait instinctivement qu'elle avait sous les yeux un grand vaincu qui se dessaisissait de l'espérance. Elle ne savait que dire à ce Sisyphe écrasé ; hélas ! Sisyphe était une ombre, une ombre immortelle, et il se relevait chaque fois que le rocher roulait sur lui ; mais, cette fois, pour Siegfried, le poids était trop lourd, la chute trop complète, et il sentait en lui quelque chose qui demandait merci ! Jeanne s'approcha de lui ; comme jadis, aux jours de l'enfance, elle s'assit sur le bord de son fauteuil ; puis lui prenant la tête dans ses bras, l'attirant et la maintenant sur sa jeune poitrine, elle lui dit : Ah ! comme tu souffres ! il ne leva même pas les yeux vers elle, il embrassa sa taille, et s'abandonna à la douce pression qui le sollicitait. Pour la première fois alors elle vit pleurer cet homme qu'elle croyait de bronze et fut prise pour lui d'une pitié ineffable. Certes, s'il n'eût fallu que donner sa vie pour le consoler, elle serait morte à l'instant et de bon cœur. Lui, cependant, semblable à Ulysse écoutant les cris de joie des prétendants, il se gourmandait et se disait : « Souffre ceci, mon cœur, tu as souffert des choses plus dures ! » Il se révoltait à la fois contre sa faiblesse et contre le triomphe de ses adversaires ; et lorsqu'il pensait que dans le monde entier, il n'avait pour le plaindre, le soutenir et l'aimer qu'une fille qui ne savait même pas pourquoi il pleurait, il était pris d'une immense commisération sur lui-même et se demandait s'il était possible d'être plus malheureux.

Jeanne alors voulut lui parler ; elle eut tort. — Pourquoi es-tu triste, lui dit-elle, la joie du retour ne doit-elle pas effacer tous tes chagrins ? Je ne sais d'où tu viens, mais je sais que tu as fait des choses terribles et que tu es enseveli sous l'écroulement de tes espérances ou de tes ambitions. Je ne suis qu'une pauvre sotte et ne sais que faire pour te consoler. Il me semble que tu cherches l'impossible ; quoi que tu aies fait, tu as assez fait ; quitte tes rêves, ô mon grand ami, et laisse-toi vivre tranquillement loin des choses que je soupçonne, qui t'éloignent toujours et te font tant de mal.

Siegfried se releva avec violence, car cette voix de Jeanne lui parlait comme la voix intérieure de son découragement ; il voulut d'un mot les forcer toutes deux à se taire. — Non, dit-il en passant brusquement la main sur ses yeux, je marcherai jusqu'au bout, et à ceux qui tenteraient de m'arrêter, je répondrai comme le Taciturne : « Quand je me verrais non-seulement délaissé du monde entier, mais accablé par tout le monde, je ne laisserai pas, pour cela, de combattre, vu l'équité et la justice du fait que je maintiens ! »

Jeanne ne répliqua rien, mais elle sentit que les larmes la gagnaient à son tour, et elle se dit : hélas ! Où va-t-il donc chercher le bonheur !

Ce n'était point le bonheur que cherchait Siegfried, il y avait renoncé depuis longtemps ; il cherchait, par une vie de labeurs sans exemple et de fatigues sans pareilles, quelque chose de plus introuvable encore : la justice !

Le lendemain, il n'apparaissait plus trace des faiblesses de la veille, et Siegfried, redevenu absolument maître de lui-même, reprit sa vie ordinaire comme si rien jamais ne l'avait interrompue. Il fut étonné du changement que les deux années de son absence avaient produit dans Jeanne ; il avait quitté un enfant, il retrouvait une jeune fille chez laquelle la femme se faisait déjà amplement deviner ; à ses pétulances d'autrefois avait succédé une réserve douce et un maintien un peu froid qu'elle devait à son éducation presque exclusivement anglaise ; ses éclats de gaieté étaient devenus un sourire charmant qui de ses lèvres montait jusqu'à ses yeux bruns, rêveurs, et auxquels de longs cils recourbés donnaient une expression de langueur infinie. Son front largement développé portait une forêt de cheveux châtains tirant sur cette nuance cendrée indéfinissable qui, sans trancher trop durement, contraste avec la blancheur du teint. Elle était grande, ses flancs droits que n'avaient point déformés des modes ridicules, laissaient à la taille une souplesse à la fois forte et gracieuse. Ses mains, dont elle avait quelque coquetterie, étaient d'une beauté rare, longues, fines, maigres sans être osseuses et terminées par des ongles en amande qu'on aurait crus découpés dans les pétales d'une rose. La vieille Anglaise était très-fière de son élève et disait à Siegfried : — N'est-ce pas qu'elle est belle ? — Oui, répondait-il en la regardant avec surprise et comme cherchant à s'expliquer une si rapide et si radicale transformation, ce n'est plus une enfant ! Involontairement il fit un retour sur lui-même et comprit que son âge s'était insensiblement accru de toutes les années qui faisaient une femme de cette Jeanne qu'il avait vu venir au monde, et puis il se disait aussi que le temps s'approchait où pour obéir aux volontés d'Octave, il allait être forcé de se séparer d'elle et de la confier à Christiern. Ému par ce double regret, il ne put s'empêcher de soupirer. Et ce qui l'affligeait le plus, ce n'était certes point de se voir glisser sur la pente rapide de la vieillesse sans avoir accompli aucun des projets auxquels il avait sacrifié sa vie, c'était de sentir qu'il n'allait pas tarder à rentrer dans la solitude qu'il avait désapprise et qui peut-être lui paraîtrait insupportable. Il eût bien voulu secouer ses pensées, se dire qu'il avait lui-même librement choisi son destin et qu'il était puéril de regimber contre lui; il n'en demeura pas moins triste et quelque peu accablé tout le reste du jour.

Si la métamorphose de Jeanne l'avait surpris, il ne fut pas moins étonné de voir son attitude nouvelle en présence de Christiern. Au lieu de l'embrasser quand il entrait, de courir, de jouer avec lui comme autrefois, elle lui donnait simplement la main, causait avec lui d'un ton fort calme, sans curiosité, presque par bienséance, comme une maîtresse de maison qui reçoit un ami; elle ne le tutoyait plus, et il était visible que, se sentant tout à fait jeune fille, elle se tenait sur la réserve et ne voulait absolument pas qu'on pût se méprendre sur ses sentiments qui n'étaient qu'une franche et sérieuse amitié pour un camarade d'enfance. Quant à lui, malgré l'espèce de respect qu'il affectait à son égard, on pouvait facilement comprendre à mille nuances mal dissimulées qu'il y avait dans sa tendresse quelque chose de plus profond qu'une simple affection, appuyée sur le souvenir des premières années. Siegfried l'interrogea. — Comment es-tu avec Jeanne ? — Fort bien, mon oncle, comme vous voyez, répondit Christiern. C'est une fille sage, un peu froide et qui sans me tenir à l'écart ne fait rien pour m'attirer vers elle. — Mais t'en crois-tu aimé? — Franchement non, répliqua le jeune homme avec tristesse; elle a du plaisir à me voir, surtout pour me parler de vous lorsque vous êtes absent; mais en réalité, si je disparaissais de sa vie elle n'en éprouverait qu'un chagrin passager. — Elle est encore bien jeune, reprit Siegfried, songe qu'elle a dix-sept ans à peine ; son cœur n'est point encore éveillé. — Christiern resta silencieux et hocha la tête en signe de doute. — Mais es-tu fou, dit Siegfried, qui donc veux-tu qu'elle aime, si ce n'est toi ? — Christiern regarda son oncle, et levant les épaules, il répondit : — Qui sait ?

— Bah, se dit Siegfried lorsqu'il fut resté seul, parce qu'elle ne se jette pas à sa tête, il s'imagine qu'elle ne l'aime pas ; tous ces jeunes gens ont la cervelle à l'envers. Patience ! rien ne presse encore.

Christiern cependant n'avait point tort, et son intérêt l'avait bien guidé. Le cœur de Jeanne n'était point resté muet, et quand elle l'interrogeait, il prononçait très-distinctement le nom de Siegfried. Elle ne se faisait aucune illusion à cet égard, elle l'aimait ; elle en était très-fière et très-heureuse. Ce n'est point à dix-sept ans que les différences d'âges apparaissent comme un obstacle insurmontable, et je dois dire qu'elle n'y avait même pas réfléchi. Vivant toujours près de Siegfried, l'admirant, le voyant admiré outre mesure par May Rose, faisant incessamment l'expérience de la bonté inépuisable et de la haute intelligence de cet homme, elle n'avait été ni surprise, ni foudroyée par l'amour ; il s'était naturellement infiltré dans son cœur, jour par jour, minute par minute, depuis le temps déjà si lointain où il lui apportait des polichinelles faits exprès pour elle, jusqu'à l'heure présente où, le sentant accablé par une œuvre trop lourde, elle rêvait de lui donner toute sa vie pour le consoler des infortunes qu'elle devinait sans pouvoir les préciser. Pour elle, Christiern était toujours un enfant, un enfant qui maintenant portait barbe et moustaches, il est vrai, mais si souvent elle l'avait vu dans ses habits de collégien, qu'il lui en restait quelque chose. Si ses façons d'être avaient changé envers lui, c'est qu'elle se sentait grande et déjà femme ; c'était pour elle et non contre lui qu'elle était en réserve; car, au fond, si, par hasard, elle eût encore eu envie de sauter à la corde ou de jouer à cache-cache, c'est à cet ancien compagnon de ses jeux qu'elle se serait adressée. Avec Siegfried, il n'en était point ainsi ; elle l'avait vu homme du jour qu'elle était née, et, comme je l'ai dit plus haut, elle voyait en lui l'homme par excellence dans ce qu'il a de fort et de noble, d'impérieux, d'élevé, de persistant. Elle comprenait confusément qu'il s'agitait en efforts surhumains pour atteindre un but extraordinaire, indifférent au grand troupeau des foules ; elle le comparait à Encelade et se disait : Il veut escalader les cieux nouveaux ! Et puis il est si doux au cœur des femmes de panser les blessures des Titans abattus. — Il souffre, le monde l'abandonne et l'écrase, moi, je serai près de lui ;

par ma seule présence je calmerai ses douleurs et le consolerai de tout! Elles parlent toutes ainsi. — O chères illusions, où il y a peut-être encore plus de vanité que de vrai dévouement!

Ce n'est point pour Jeanne que je dis ceci : elle était de bonne foi et sans arrière-pensée. Si on lui eût demandé pourquoi elle aimait Siegfried? elle eût répondu : Parce que je l'aime. Admirable raison qui ne comporte point de réplique. Si loin qu'elle remontât dans ses souvenirs, elle le trouvait toujours à côté d'elle. Qui donc l'avait adoptée quand son père était mort? Qui donc avait joué avec elle comme un petit enfant? Qui donc l'avait soignée, veillée, sauvée lorsqu'elle était malade? Qui donc, dans des causeries charmantes, lui avait donné sur toutes choses des notions élevées et précises? Qui donc lui avait montré l'accomplissement désintéressé du devoir comme but supérieur de la vie? Qui donc avait été à la fois son compagnon, son précepteur moral, son père intellectuel? Qui donc? si ce n'est lui. Toutes les joies de sa jeune existence, tout ce qu'elle sentait de bon en elle, toutes les vibrations de son esprit et de son cœur, à qui donc les devait-elle, si ce n'est à lui. Le miracle eût été qu'elle ne l'aimât pas. Si par hasard, pendant son absence, pendant qu'elle priait et s'inquiétait pour lui, elle avait pu conserver encore quelques illusions, elle avait dû les perdre, et d'un seul coup, au moment de son retour. Si ingénue que soit une jeune fille, elle trouve parfois dans son cœur des révélations qui ne la trompent jamais, et lorsqu'elle bondit en entendant le coup de sonnette qui annonçait l'arrivée de Siegfried, elle put comprendre que c'était sa destinée qui allait apparaître. Et lorsqu'elle le vit affaibli, pleurant, s'abandonnant devant elle comme devant sa propre conscience, elle put se dire avec sincérité : — C'est lui que j'aime, que j'ai toujours aimé, que j'aimerai toujours. C'est à lui que mon père m'a confiée pour qu'il me fît heureuse ; mon bonheur est tout en lui, et, quoi qu'il advienne, je ne le quitterai jamais.

Siegfried, qui voyait dans les femmes des êtres essentiellement inférieurs à l'homme, qui ne les avait jamais employées, dans certaines combinaisons politiques, que comme des instruments serviles, Siegfried qui, en un mot, les méprisait et s'en était toujours tenu volontairement éloigné, Siegfried était bien loin de soupçonner ce qui se passait dans le cœur de Jeanne. Il se sentait fort heureux de la voir vivre auprès de lui, il éprouvait pour elle une affection protectrice et prévoyante, avec quelque chose de plus qu'il prenait pour une sorte de tendresse paternelle ; mais n'apercevant dans l'avenir aucun obstacle aux projets formés jadis, il se disait : Lorsque le temps sera venu, elle épousera Christiern et sera heureuse.

Quant à Jeanne, elle n'était pas à plaindre, et les jours qui, dès lors, commencèrent pour elle furent ceux qui laissèrent dans sa vie le plus précieux souvenir. Cachant son amour comme un prêtre jaloux cache l'idole qu'il adore, elle veillait attentivement à ce qu'en elle rien ne parût changé, car elle comprenait que c'était le seul moyen de vivre tout près de Siegfried comme par le passé. Elle usait et abusait même un peu de ce titre de fille adoptive pour ne le point quitter, pour le soigner, pour l'entourer de mille attentions délicates qui lui rendaient, à son insu même, la vie douce et plus facile. Elle lisait les livres qu'il aimait, le faisait causer, sous prétexte de le distraire, mais en réalité pour tâcher de s'approprier ses idées, de voir clair dans cette âme fermée et peut-être d'en deviner le secret. C'était là son but réel : savoir ce qui occupait Siegfried, et elle y travaillait sans relâche. Elle l'épiait et tâchait de le surprendre. Elle était persuadée qu'entre elle et lui il y avait un ennemi invisible, et elle voulait le connaître afin de le vaincre. Elle était trop essentiellement femme pour avoir des scrupules. La fin justifie les moyens est, par-dessus tout, un principe féminin; aussi elle ne se gênait guère pour lire les papiers que parfois il laissait traîner sur sa table, et lorsqu'il recevait quelques visiteurs mystérieux, elle s'arrangeait toujours de façon à voir leur visage et, s'il était possible, à entendre quelques-unes de leurs paroles. Ces visites l'inquiétaient, elle craignait toujours qu'elles ne fussent le signal d'un nouveau départ de son ami, car en rassemblant ses souvenirs et en reconstituant les différentes phases de l'existence de Siegfried, elle s'était rappelé que ses absences avaient presque toujours été précédées par des entrevues avec des hommes qu'elle ne connaissait pas. Que put-elle apprendre? Rien de certain. Le monde où Samla vivait lui était tellement inconnu, que les renseignements vagues qu'elle acquit fournirent à son imagination un aliment de rêverie vague, pleine de fantômes inquiétants, mais ne lui montra la triste réalité sous aucune de ses faces. Du reste, Siegfried ne pensait point à repartir; l'Europe se reposait, les conspirations n'essayaient même pas encore de renouer leurs fils si violemment brisés; Siegfried, immobile, vivait dans l'ombre et le silence; pour tout dire par un mot vulgaire : il faisait le mort. Ravie de sa présence continuelle, Jeanne espérait qu'il ne la quitterait plus et se disait : Les mauvais jours sont finis et les absences sont terminées.

Siegfried subissait-il l'inéluctable effet de l'âge, ou avait-il été modifié par le choc de ses défaites successives? Je ne sais ; mais son âme, sans s'être beaucoup attendrie, était, du moins, devenue plus malléable; il sortait plus qu'autrefois, et toujours avec Jeanne : il la priait de lui faire de la musique, il aimait à causer avec elle, et parfois, pendant des heures entières, tenant son bras passé sous celui de la jeune fille, il marchait à ses côtés dans le salon, lui parlant, l'écoutant, et s'abandonnant à des conversations intimes qui jadis ne lui étaient pas familières. Lorsque par hasard il était sorti seul, son premier mot en rentrant était : Où est Jeanne ? Elle semblait être devenue indispensable à sa vie ; souvent, étonné lui-même du degré d'affection qu'il lui portait, il s'était dit : Comme les pères doivent aimer leurs enfants ! — Malgré lui, il en voulait un peu à Christiern, qui, tôt ou tard, devait lui enlever le bonheur qu'il ressentait à vivre auprès d'elle. Je sais bien, se disait-il avec un soupir, que je la verrai presque tous les jours, mais ce n'est pas la même chose. Il n'aimait plus la solitude des temps passés, et lorsqu'il restait seul, il ne tardait pas à dire : Mais où est donc Jeanne ? — Elle ne se faisait pas prier pour accourir, et Siegfried souriait d'aise en la voyant entrer.

Une puérilité, sans importance apparente, dévoila tout à coup à Siegfried que l'affection de Jeanne pour lui pouvait peut-être mériter un autre nom. Autrefois, lorsqu'elle n'était encore qu'une petite fille de dix ans, il lui avait rapporté de Venise un de ces colliers en verroterie multicolore qu'on fabrique à Murano, et qui, le plus souvent, sont destinés à servir d'objets d'échange avec les nègres de l'Afrique. Jeanne avait

été enchantée de son collier, l'avait bien vite mis à son cou, et depuis cette époque ne l'avait jamais quitté ; lorsque le cordon se brisait, elle ramassait les perles avec soin, les enfilait sur une soie plus forte et se parait de ce cher bijou qui, bien payé, valait trois francs. Plusieurs fois Siegfried et Christiern l'avaient plaisantée sur ce goût singulier et persistant.
— J'y tiens, avait-elle répondu. Seule la vieille May Rose semblait envier cet ornement médiocre et disait :
— C'est un cadeau du cher seigneur. Un an après le retour de Siegfried, Christiern, que la vue de ce collier paraissait contrarier, car il n'était réellement plus en rapport avec l'âge de Jeanne et pouvait à bon droit passer pour une singularité, Christiern lui apporta, le jour de sa fête, une chaîne d'or terminée par une petite croix ; le tout fort simple, de bon goût et très-approprié à une jeune fille. Jeanne remercia Christiern, trouva la chaînette fort jolie, la roula autour de son bras, en guise de bracelet, et n'en parla plus. Le lendemain, Siegfried aperçut au cou de Jeanne l'éternel collier de verroterie. — Ce n'est pas gracieux pour Christiern, ce que tu fais là, ma chère enfant, lui dit-il ; remplace donc tes vieilles perles par la chaîne qu'il t'a donnée hier. — Non, répondit-elle résolûment, j'aime mieux mon collier, et je ne le quitterai pas. — Mais quel charme a donc cette verroterie de sauvage ? — Le plus grand de tous, répli-

qua-t-elle en rougissant un peu, c'est toi qui me l'as
donnée. Et, prenant le collier, elle le souleva jusqu'à
ses lèvres.

Ce n'est qu'un enfantillage, s'était dit Siegfried,
mais néanmoins il en était troublé et y réfléchissait
profondément. Il avait beau se dire : c'est une folie,
c'est impossible ! il n'en était pas plus rassuré et se
sentait le cœur saisi d'une émotion singulière qu'il ne
connaissait pas encore. Mille choses qui avaient passé
presque inaperçues, mille petits faits auxquels il
n'avait accordé aucune attention, lui revinrent alors à
la mémoire, et une sorte d'évidence commença à se
faire en lui. Il fut effrayé et néanmoins touché jusqu'aux larmes de cette tendresse qu'il découvrait pour
la première fois sous son véritable jour. Il pensait à
son austérité, à sa froideur, à son âge surtout, et il
se disait : Se peut-il ? Mais quoi qu'il en eût, il était
fier ; quelque chose de doux et de pénétrant se glissait en lui ; cet homme, qui analysait ses idées avec
une précision mathématique, ne savait plus se reconnaître dans ses sentiments ; je l'aime, se disait-il, cela
est vrai, mais je l'aime comme ma fille, comme mon
enfant ; et lorsqu'il voulait pousser plus loin ses recherches sur lui-même, il se troublait et tout devenait confus.

Il resta impassible et indéchiffrable cependant, car
il avait une force de volonté peu commune ; mais il

se promit d'étudier Jeanne avec soin, de façon à la pénétrer complétement et il décida, dans le cas où ses soupçons seraient confirmés, de brusquer les choses et de hâter le mariage avec Christiern. — Je ne manquerai pas à ma promesse, mon pauvre Octave, je te le jure, dit-il en se tournant vers le portrait de son ami.

En matière d'amour, Siegfried était naïf comme un enfant; il s'était toujours systématiquement éloigné des femmes, car il les regardait avec raison comme les ennemies-nées de toute spéculation intellectuelle; mais fuir n'est pas vaincre, et par le fait, il n'avait jamais combattu. Ce vieux cœur innocent, ignorant les ruses qu'il n'avait jamais eu à employer, sans défense, car il se croyait à l'abri de toute attaque, semblable à un oiseau qui ne connaît pas les piéges, tomba vite au trébuchet. Ce ne fut pas sans humiliation qu'il sentit sa faiblesse, et il employa alors à se combattre lui-même toutes les forces de sa nature énergique. C'est en étudiant Jeanne, comme il se l'était promis, qu'il arriva à ne point douter de l'état de son propre cœur. Il ne put s'y méprendre, et la vérité l'éblouit : tendresse paternelle, affection pour l'enfant qu'on a vu naître, douceur de l'habitude de vivre l'un près de l'autre, tous ces sophismes disparurent, et à leur place, rayonnant, déjà fort, se riant de la lutte, il trouva l'amour. Il courba la tête sous ce coup qu'il ne prévoyait pas et se dit : — Eh bien, je suis perdu, mais il faut la sauver ! Et il commença contre lui-même une bataille qui lui sembla plus dure que toutes celles qu'il avait livrées.

Il se mit un masque de froideur, il eut avec Jeanne des brusqueries affectées, il sembla la fuir au lieu de l'attirer comme il faisait naguère ; le matin et le soir, il lui donnait un simple baiser sur le front, et souvent, dans la journée, lorsqu'elle entrait inopinément chez lui, il lui disait : — Laisse-moi, petite fille, j'ai à travailler. Jamais elle ne laissait apparaître un mouvement d'impatience, car, dans sa fréquentation assidue de Siegfried, elle avait acquis un sérieux empire sur elle-même, elle se retirait avec soumission ; mais plus d'une fois May Rose la surprit pleurant dans sa chambre. Le secret du cœur de Jeanne n'en était plus un, je le crois bien, pour la vieille Anglaise, et lorsqu'elle voyait sa chère élève tout en larmes, elle lui disait : — Je vais prévenir votre tuteur. — Garde-t-en bien, répondait Jeanne avec effroi, qu'il ignore toujours que j'ai pleuré ; du reste, que pourrait-il à mon chagrin ? May Rose s'éloignait en secouant la tête, car elle était mal convaincue. Jeanne elle-même était dans une hésitation perpétuelle. — M'aime-t-il ? Elle se le demandait sans cesse et ne pouvait jamais se répondre. Elle avait bien remarqué l'extrême réserve de Siegfried à son égard ; mais cette réserve était si peu justifiée, qu'on pouvait y démêler, par cela même, quelque chose de voulu et d'intentionnel qui rassurait la jeune fille. Et puis, si maître qu'il fût de lui-même, Siegfried s'oubliait quelquefois, et souvent, pendant qu'elle travaillait, le soir, à ses côtés, elle avait surpris dans ses regards fixés sur elle une expression à la fois profonde, anxieuse et douce, que jamais encore elle ne leur avait connue. Elle se hâtait de baisser les yeux et elle avait bien de la peine à cacher l'émotion qui l'agitait et qui soulevait son jeune sein troublé. Elle avait alors une grande joie au fond d'elle même, et ses rêves de la nuit lui montraient Siegfried transfiguré, beau comme un archange, tombant à ses pieds et lui disant : — Mais, chère petite, ne vois-tu donc pas que je t'aime ! Au réveil, toutes ces visions s'envolaient, car Siegfried, froid, préoccupé, presque hautain, lui touchait à peine le front de ses lèvres en lui disant d'un air distrait : — Bonjour, petite, as-tu bien dormi ?

Christiern assistait, sans même les soupçonner, à ces scènes personnelles et secrètes que chacun des auteurs prenait soin de cacher à l'autre ; tous les soirs il venait prendre place entre son oncle et celle qu'il pouvait considérer comme sa fiancée. Avec elle, il était tendre, respectueux ; il l'aimait comme une espérance future qui ne pouvait lui échapper, mais sans emportement et avec une affection où il y avait certainement plus d'amitié que d'amour. Quant à elle, si elle avait plaisir à le voir, elle ne le témoignait guère ; elle le recevait avec bonne grâce ; mais, dans sa façon d'être, elle savait mettre ces nuances imperceptibles qui disent clairement aux gens : — Si aimable qu'on vous trouve, vous n'êtes qu'un étranger. Certes Siegfried désirait toujours qu'elle épousât Christiern ; il faisait plus que de le désirer, il le voulait, et cependant, par une contradiction qui l'étonnait et qu'il eût été bien facile de lui expliquer, il était intérieurement fort satisfait de voir que la réserve de Jeanne ne diminuait pas ; en effet, toutes les fois qu'il avait voulu faire l'éloge de son neveu, elle avait détourné ou laissé tomber la conversation. Plus Siegfried se sentait invinciblement entraîné vers Jeanne, et plus, pensant au mariage projeté, il se disait : — Il faut que cela soit, et cela sera !

Une année et plus s'était passée déjà depuis le petit épisode du collier ; rien, en apparence du moins, n'était changé dans la vie de Siegfried et de Jeanne ; on eût dit que, semblables à une barre d'acier placée entre deux aimants de force égale, ils se tenaient toujours à la même distance et ne savaient de quel côté incliner. Ils cherchaient mutuellement à deviner ce qu'ils pensaient l'un et l'autre ; Siegfried éprouvant une sorte de joie amère à refréner violemment le sentiment qui l'entraînait malgré lui, Jeanne triste ou joyeuse selon les circonstances ; pleine d'espoir aujourd'hui, désespérant demain, selon ce qu'elle avait cru découvrir dans les regards ou dans les paroles de Siegfried ; si on l'eût interrogée sur son état, elle aurait pu répondre la jolie et incorrecte phrase que madame de Staël écrivait à Joseph Bonaparte : « Le cœur des femmes n'est rempli que d'aimer. »

On était arrivé aux premiers jours de l'année 1853, et malgré le repos extraordinaire dont l'Europe semblait enveloppée, on pouvait déjà pressentir de nouvelles et prochaines commotions. Jeanne avait déjà remarqué avec inquiétude que Siegfried avait reçu quelques visites mystérieuses ; elle était troublée et se disait : — Est-ce qu'il va repartir? Siegfried lui-même, quoiqu'il fût d'avis qu'il fallait attendre, ne rien précipiter et profiter des événements qui pouvaient surgir d'un instant à l'autre, Siegfried n'était point tranquille et craignait de se voir débordé par des hommes plus jeunes, moins expérimentés et plus entreprenants que lui. Il luttait, et depuis quelque temps déjà, contre l'influence d'un Italien célèbre qui, voulant, comme toujours, agir isolément, sans souci des chances bonnes ou mauvaises, rêvait de faire éclater en Italie un mouvement contre l'Autriche. Or, le moment était des plus mal choisis. Qu'on se rappelle, en effet, la situation de la Péninsule à cette époque : l'Autriche était partout, dans les Légations aussi bien qu'en Toscane; car la guerre de 1859 n'avait pas encore purgé une partie de l'Italie de cet élément étranger; les cours de Rome et de Naples ne vivaient que de réactions violentes; seul, le Piémont, dignement appuyé sur son libre statut, pansait les plaies de Novarre et se préparait secrètement à la lutte sous la direction d'un homme éminent que la mort a enlevé trop tôt et qui restera peut-être comme le plus pur et le plus beau modèle du ministre constitutionnel au dix-neuvième siècle. Le mouvement projeté par quelques cerveaux brûlés, sous l'impulsion du proscrit italien, dénotait une imprudence coupable, n'offrait aucune chance heureuse et risquait d'éloigner pour longtemps encore l'avénement des temps espérés. Siegfried avait été prévenu par ses agents de l'échauffourée qui se préparait; il en fut désolé, et quoiqu'il n'eût aucune relation particulière avec le chef de cette conspiration nouvelle, il fit tous ses efforts et employa tous les moyens dont les Buveurs de cendres disposaient pour le faire renoncer à son projet insensé. Il ne s'agissait rien moins que de soulever Pavie, Milan, Bergame, Brescia, et de chasser les Autrichiens hors de la Lombardie. Quoique la secte que dirigeait Siegfried fût absolument étrangère à ce mouvement, il résolut de s'y mêler afin de le faire avorter; car il l'estimait non-seulement dangereux, mais impraticable. Or, la situation politique était telle, qu'il fallait se faire oublier absolument ou réussir du premier coup.

Voyant qu'il allait être forcé de reprendre sa vie d'aventures, de s'éloigner pour des actions dangereuses, sachant, par expérience, quels périls l'attendaient, n'ignorant pas que la prison pouvait le prendre ou l'échafaud le jeter brusquement dans la mort, ne voulant point laisser Jeanne dans une vie solitaire, exposée aux prétendants que tenterait sa fortune, évoquant en lui les promesses suprêmes qu'il avait faites à Octave, ce fut alors que, non sans avoir longuement et péniblement combattu, il se résolut à conclure au plus tôt le mariage de sa fille adoptive avec Christiern. La lutte fut douloureuse en lui, car tout se révoltait dans son cœur; mais il en sortit victorieux, et comme il savait que jamais il n'abandonnait une décision lorsqu'une fois il l'avait prise, il sut aussi que, coûte que coûte, il parviendrait à son but. Et puis, se dit-il avec une tristesse sans égale, quand ils seront mariés, je pourrai partir en paix, car pour toujours j'aurai assuré le sort de la chère petite. Qu'importe alors ce qu'il adviendra de moi? je resterai longtemps absent pour ne point troubler leur joie première, et quand je reviendrai, ils me recevront comme un vieil ami qu'on revoit avec plaisir. S'il eût été bien franc avec lui-même, ou s'il eût su lire clairement dans son cœur, il se serait dit : — Je m'éloignerai, pour n'être pas témoin d'un bonheur qui me désespérerait.

Le jour même qu'il eut définitivement arrêté son projet, il causa avec Christiern qui, à cette heure, était un beau jeune homme de vingt-huit ans, bien posé dans la vie et suffisamment riche.

— Tu aimes toujours Jeanne, lui dit-il, et tu as toujours l'intention de l'épouser?

Christiern répondit :

— Oui, mon cher oncle ; mais pour cela il faut deux consentements.

— Je me charge d'obtenir le sien, répliqua Siegfried, ne viens pas ce soir, je veux être seul avec elle afin de lui parler de toi.

Le soir Siegfried et Jeanne étaient assis au coin du feu ; un grand vent du nord soufflait en chassant les flocons de neige contre les vitres et sifflait lugubrement à travers les arbres du jardin. C'était un de ces temps sinistres qui font involontairement penser aux matelots qui sont en mer, aux malheureux qui n'ont point de feu dans leur mansarde, aux enfants abandonnés et grelottants qui gîtent la nuit dans les fossés des grandes routes.

Jeanne inclinée sur son métier travaillait sans parler et parfois jetait, à la dérobée, un regard sur Siegfried qui semblait plus absorbé que jamais. Penché en avant sur son fauteuil, tenant en main les pincettes dont il tourmentait machinalement les bûches enflammées, il recevait sur son visage la réverbération du feu qui éclairait ses traits attristés, plus graves encore que de coutume. Il se taisait. L'instant était venu cependant de dire à Jeanne ce qu'il avait résolu; pourquoi hésitait-il? Livrait-il un combat suprême à la passion qui l'emportait! craignait-il, au dernier moment, de mettre entre Jeanne et lui quelque chose d'irréparable? Je l'ignore. Jeanne respectait son silence, et lui-même, il ne paraissait point pressé de le rompre. Ce fut elle cependant qui parla la première pour essayer d'arracher Siegfried à la concentration visible de ses pensées.

— Christiern ne vient donc pas ce soir, dit-elle? le mauvais temps l'aura retenu. Puis elle ajouta : Qu'il fait bon au coin du feu!

Cette dernière phrase signifiait : Que je suis heureuse d'être seule avec toi! Siegfried le comprit; au nom de Christiern, il avait dressé l'oreille comme un cheval qui entend la trompette; l'heure était arrivée. Il se dit en lui-même : Allons!

— Non, petite fille, répondit-il, votre ami Christiern ne viendra pas ce soir et je lui ai demandé de ne pas nous faire sa visite quotidienne, de même que j'ai dit à May Rose de rester dans sa chambre à lire la Bible ou à broder son interminable entre-deux.

Siegfried avait fait tous ses efforts pour prendre

une voix enjouée, mais, malgré lui, elle tremblait un peu et Jeanne le remarqua. Elle comprit immédiatement que son avenir tout entier allait se décider dans cette minute même et elle eut un battement de cœur qui la rendit pâle comme une morte.

— Non, reprit Siegfried continuant à taquiner le feu, non, Christiern ne viendra pas ; mais il doit être fort troublé en ce moment, car c'est de lui que je veux te parler et il le sait.

— O mon Dieu ! se dit Jeanne, il n'a donc rien deviné ! Elle s'inclina plus bas sur sa tapisserie de façon à avoir le visage entièrement dans l'ombre.

— Lorsque ton père est mort, ma chère petite, voilà quatorze ans de cela, dit Siegfried en rassurant sa voix, il me demanda deux choses, d'abord de te servir de père et ensuite, quand le temps l'exigerait, de te marier à mon neveu Christiern ; je n'ai point, je crois, manqué à ma première promesse ; quant à la seconde, il faut maintenant l'accomplir ; toutes les conditions d'âge, de fortune et de goûts sont en faveur de ce mariage ; tu es aimée de Christiern ; tu as pu, depuis ton enfance, apprécier les qualités sérieuses de ce garçon ? je te demande ta main pour lui ; quand veux-tu l'épouser ?

Jeanne ne répondit pas.

— Eh bien ! dit Siegfried après un court instant de silence, ne m'as-tu pas entendu ?

Elle secoua la tête, et sans lever les yeux, tirant son aiguille avec une attention trop excessive pour ne pas être feinte, elle répondit :

— A quoi bon me marier ? rien ne presse ; je suis fort heureuse ainsi et ne désire point changer de condition.

— Tu as vingt ans, ma chère fille, répliqua Siegfried, je puis être forcé d'un instant à l'autre de faire encore quelque voyage ; je suis responsable de ton sort puisque j'ai accepté de le diriger ; il est temps de le fixer d'une manière définitive. En épousant Christiern tu obéiras aux vœux de ton père et à mes désirs les plus fervents.

— Quand mon père a exigé cette promesse, répondit Jeanne dont la voix tremblante commençait à se mouiller de larmes, il ne pouvait prévoir l'avenir et il choisissait pour moi les meilleures chances de bonheur qu'il apercevait ; qu'a-t-il voulu ? que je sois heureuse. Eh bien, s'il vivait aujourd'hui, j'espère qu'il m'aimerait assez pour ne point exiger ce mariage. Puis, faisant un violent effort sur elle-même, elle ajouta d'une voix basse, mais très-ferme : Je n'aime point Christiern.

— Et pourquoi donc ? demanda vivement Siegfried.

— Ah ! ne prends pas ton air sévère, dit Jeanne avec angoisse, je ne le mérite pas. Christiern est un excellent garçon, je le sais intelligent, je le crois honnête et je suis convaincue qu'il me porte une vive affection ; c'est mon ami d'enfance, mon camarade des premiers jours, c'est une sorte de frère aîné, je ne l'oublie pas ; je suis persuadée qu'il rendra une femme très-heureuse, j'ai pour lui une sérieuse amitié qu'il peut mettre à l'épreuve tant qu'il voudra ; mais je ne veux pas l'épouser, parce que je ne l'aime pas.

— Eh ! qui donc aimes-tu ?

— Qu'importe ! je n'aime personne, reprit Jeanne tout à fait émue ; pourquoi me parles-tu de tout cela ? je suis heureuse, je ne me plains pas, je ne demande rien ; pourquoi veux-tu que nous nous quittions ? Est-ce que je te gêne ? Christiern ne manquera pas de femmes plus riches et plus belles que moi qui se chargeront très-volontiers de son bonheur, le mien ne serait pas auprès de lui ; laisse-moi vivre, comme par le passé, à tes côtés et dans ta maison. Elle essuya rapidement ses yeux et se remit à son ouvrage sans lever la tête.

— Il faut cependant que tu épouses Christiern, reprit Siegfried, je ne vois de repos pour toi et d'existence assurée qu'à ce prix.

Elle frappa du pied avec impatience.

— Pourquoi me tourmentes-tu ? Ne vois-tu pas que tu me feras prendre ton Christiern en horreur si tu m'en parles ainsi.

— Voyons, mon enfant, dit Siegfried en se tournant tout entier vers elle, parle-moi comme à ton plus vieil ami, comme à ton père ; aimes-tu quelqu'un ? Si c'est un homme digne de toi je verrai ce qu'il sera possible de faire pour te rendre heureuse. Tu secoues la tête ; tu ne réponds pas ; tu n'es plus d'âge cependant à avoir encore des caprices de petite fille ; le mariage est chose grave, ce n'est point une idylle ; il n'est pas nécessaire d'être Estelle et Némorin pour se promettre loyalement de partager la même vie ; l'affection que tu as pour Christiern est bien suffisante, il se chargera de faire naître en toi un sentiment plus doux ; vous serez heureux et tu remercieras le vieux Siegfried d'avoir si bien choisi pour toi. Voyons, ajouta-t-il avec un rire nerveux et forcé, à quand la noce ?

Jeanne repoussa son métier qui se renversa, entraînant avec lui, les ciseaux, le dé, les écheveaux de laine ; elle se leva, le visage baigné de larmes et, tendant les deux bras en avant avec une expression d'angoisse indéfinissable, elle se laissa tomber sur la poitrine de Siegfried ; elle se cacha la tête sur son épaule, pleurant, sanglotant, hors d'état de parler. Lui, il lui caressait machinalement les cheveux et se sentait saisi par une insupportable émotion. En présence d'une telle douleur, il ne savait que dire et répétait toujours la même phrase, comme s'il n'en avait pas conscience.

— Voyons ! mon enfant, voyons, mon enfant !

Elle lui passa les bras autour du cou, et sans changer de posture, la tête toujours enfouie sur sa poitrine comme pour cacher sa honte, elle lui dit :

— Ah ! tu es sans pitié pour moi ; ô mon grand ami, ainsi que je te nommais quand j'étais toute petite, toi qui sais tout, comment n'as-tu pas compris que c'est toi seul que j'aime et non pas un autre ?

Siegfried se leva rapidement, et elle retomba assise dans le fauteuil qu'il venait de quitter. Elle pleurait, le visage dans ses mains. Il haussa les épaules avec colère, car il lui fallait bien se roidir contre lui-même : Tu es folle, lui dit-il.

— Non, répondit la pauvre enfant, d'une voix entrecoupée par les sanglots, je ne suis pas folle ; demande à May Rose s'il est possible d'aimer un autre homme que toi lorsqu'on te connaît ; jamais tu n'aurais su ce secret, et je t'aurais attendu indéfiniment, si tu n'étais venu me tourmenter avec cet impossible projet de mariage. Depuis que je suis au monde je n'ai vu que toi, je n'ai aimé que toi ; l'idée de te quitter pour en épouser un autre ne s'est jamais présentée à mon esprit. Je n'ai fait aucun effort pour t'aimer, cela est venu tout naturellement, graduellement, et, pour ainsi dire, sans que je m'en sois aperçue. Lorsque je t'ai vu si accablé et dans une si profonde détresse à ton dernier retour, j'ai senti tout à coup que je donnerais ma vie pour te faire heureux. Être à ton bras, savoir qu'on est ta femme, me paraît le plus grand bonheur qu'on puisse rêver sur terre ; est-ce ma faute, si te voyant si intelligent, si bon, si affectueux pour moi, j'ai été prise insensiblement par un amour que rien n'éteindra ; je ne suis pas coupable, en vérité, dit-elle en laissant redoubler ses larmes, et tu es bien injuste de me gronder.

Siegfried marchait dans le salon, la face contractée, les yeux durs à force de volonté, tenant la main sur son cœur, comme pour en comprimer le tumulte. Il s'arrêta devant Jeanne, et lui dit d'une voix qu'il voulut en vain rendre brève :

— Tu es folle, je te le répète, ma chère fille ; sais-tu que tu as vingt ans, et que j'en ai bientôt cinquante-trois ; tu es encore une enfant, je suis presque un vieillard : dans dix ans, quelle figure ferions-nous vis-à-vis l'un de l'autre ?

— Est-ce que j'ai jamais pensé à ton âge, s'écria-t-elle ; j'ai de la jeunesse pour nous deux, si tu en manques, ton grand front chauve te donne une majesté terrible, et May-Rose prétend que tu ressembles à des bustes antiques qu'elle a vus à Londres, dans des musées.

— May Rose est une sotte que je chasserai, si elle te dit encore de pareilles balourdises.

— Ah ! reprit Jeanne, la pauvre fille est bien innocente de tout ceci ; mais de quoi, de qui donc veux-tu que je parle avec elle, si ce n'est de toi ?

Siegfried se tut; il marcha longtemps en silence, cherchant à calmer ses pensées qui battaient de l'aile dans sa tête comme des oiseaux effrayés enfermés dans une cage. Jeanne, toujours assise, essuyait ses yeux, tâchant d'apaiser les dernières suffocations de ses sanglots, et se disait : Oh ! que je souffre !

— Écoute, ma fille chérie, dit enfin Siegfried, il faut oublier cet enfantillage qui ne peut mener à rien ; tu te trompes sur toi-même ; tu crois avoir de l'amour pour moi, c'est de l'affection, de la tendresse filiale que ta nature nerveuse exagère sans doute un peu, mais ce n'est rien de plus; calme-toi, prends du temps, et, lorsque plus tard tu te seras habituée à l'idée d'épouser Christiern, tu seras peut-être la première à rire de tout ceci.

Les sanglots de Jeanne éclatèrent de nouveau. — Et puis, reprit Siegfried d'un ton qui ne supportait point de réplique, un mariage entre nous est impossible, pour cent raisons que je ne puis t'expliquer. — Et plusieurs fois de suite, il répéta le mot : impossible.

— Impossible, soit, dit Jeanne avec une grande fermeté ; mais je n'épouserai pas Christiern, car je n'aime que toi.

— Eh bien, dit alors Siegfried s'asseyant près d'elle et paraissant tout à coup prendre son parti, apprends donc qui je suis, afin de mieux comprendre combien ce que tu désires est irréalisable ; tu n'es plus un enfant, et l'on peut te confier un secret de vie et de mort. Alors, baissant la voix, il lui raconta tout, son existence aventureuse et multiple, l'œuvre occulte dont il était un des chefs les plus écoutés, l'impossibilité de s'arrêter sur la route qu'il suivait, les dangers qui le guettaient partout, la lutte qui allait peut-être recommencer ; il ne lui cacha rien, ni le but poursuivi, ni le serment juré, ni le passé plein de défaites, ni le présent plein de périls, ni l'avenir plein de menaces. Il fut absolu dans sa franchise et dans sa confession.

Les yeux fixés sur lui, les lèvres entr'ouvertes, Jeanne l'écoutait. Parfois elle haussait les épaules, comme pour dire : Qu'est-ce que cela me fait, ce que tu me racontes ; cela empêche-t-il que je t'aime ?

— Tu sais ma vie, dit-il en terminant, puis-je te la faire partager, puis-je t'entraîner dans mon enfer ? Que penserait ce pauvre Octave, s'il savait que j'ai emporté sa fille dans l'abîme où je me débats en vain.

— Il dirait, répondit Jeanne, que sa fille est trop heureuse de s'associer à une si dure et si dangereuse existence. Je te suivrais au bout du monde, mon grand ami, et ce que tu m'as dit ne m'a point effrayée, c'est toi qui m'a donné les leçons, ne sois donc pas surpris si j'en ai profité. Je me doutais bien, car je t'épie depuis longtemps, que tu étais dans quelque œuvre terrible et que tu faisais un travail sans merci ; je suis touchée de ta confiance, je ne la trahirai pas, sois-en certain ; mais en quoi veux-tu qu'elle change quelque chose à mes sentiments ? Est-ce parce que je te sais malheureux, tourmenté, troublé, toujours en péril, que je vais cesser de t'aimer ? c'est le contraire, et je t'aimerais plus s'il était possible ! Je ne suis qu'une pauvre sotte, incapable de m'élever à la hauteur de tes pensées ; ce que tu veux, tu sais pourquoi tu le veux ; moi, je ne puis que t'obéir, te suivre et t'aimer ; je ne suis pas une héroïne, mais si j'étais ta femme, si j'avais cette joie ineffable de porter ton nom, je ne te quitterais plus ; je t'accompagnerais dans tes aventures ; si tu étais blessé, je te soignerais ; si tu étais emprisonné, je m'enfermerais avec toi ; si l'on te tuait, je me laisserais mourir.

— Ah ! se dit Siegfried en se prenant le front dans les mains, c'est à se casser la tête.

— Non, répliqua Jeanne d'un ton calme, ce n'est point à se casser la tête ; c'est fort simple, et un enfant le comprendrait.

— Mais cependant, voulut objecter Siegfried, il me semble que Christiern...

— Ne me parle plus de lui, interrompit Jeanne, je ne veux point l'épouser ; faut-il te le répéter encore. Je t'aime, je te le dis avec une hardiesse dont moi-même je suis surprise ; je ne veux perdre l'espoir de devenir ta femme que si tu es certain de ne point m'aimer.

— Eh bien, répondit Siegfried avec un tel effort, que sa voix en devint aiguë, eh bien, sache-le donc, et ne l'oublie jamais : Je ne t'aime pas !

— Que la volonté de Dieu soit faite, dit Jeanne, qui parut impassible sous ce coup, je ne me marierai jamais !

Elle se leva pour se retirer, et tendit, comme d'habitude, son front à Siegfried ; mais son courage l'abandonna, elle se jeta sur un canapé en pleurant et en criant : Ah ! quel désespoir !

Siegfried sonna, et dit à May Rose qui entra : — Accompagnez Jeanne ; elle est souffrante et a besoin d'aller dormir.

La vieille Anglaise obéit, prit le bras de Jeanne, et sortit en jetant un regard de reproche vers Siegfried qui, resté seul, s'écria : — Encore une lutte pareille et nous sommes perdus ! Il écrivit un mot à Christiern : « Rien n'est encore décidé ; plus tard : garde bon espoir. »

Sa nuit fut dure, sans sommeil et, quoique sa décision fût irrévocablement prise, pleine de combats. Au jour levant, il sortit ; il avait besoin de fuir cette maison où tant d'émotions l'avait assailli, où il se sentait entouré d'une atmosphère qui l'énervait et lui faisait mal. Au hasard de ses pas, il marcha devant lui, dans la campagne. La neige, à perte de vue, s'étendait sur la terre, un vent aigre soufflait, et le pâle soleil brillait sans chaleur dans les cieux glacés. Les grandes roues immobiles des carrières élevaient çà et là leurs carcasses noircies; quelques charretiers enveloppés de leur roulière passaient en hâte sur la route, activant à coups de fouet l'ardeur de leurs chevaux qui fumaient sous le froid. Longtemps il alla ainsi à travers les terrains désolés, s'affermissant dans sa résolution et se disant : Là est mon devoir; je ne puis donner en partage une vie comme la mienne, je ne puis river à ma vieillesse prochaine la jeunesse de cette enfant; je l'aimerai assez pour m'oublier tout à fait et pour me sacrifier à elle; il faut savoir être honnête jusqu'au bout et souffrir plutôt que de déchoir. La douleur qu'il éprouvait était rendue plus poignante encore par cette pensée que peut-être, pendant toute sa vie, il s'était trompé, qu'il s'était arrogé un droit coupable en poussant des hommes vers la mort, vers la prison et vers l'exil, pour arriver à des résultats qui n'étaient peut-être que les illusions d'un cerveau malade. Il se rappelait qu'avant de mourir, Octave lui avait dit : La vérité n'est pas là où tu la cherches. Et maintenant en présence du bonheur qui s'offrait à lui, en présence de ce bonheur qu'il jugeait impossible, il se disait : Ah! ne serait-ce pas le comble de la félicité humaine, la récompense d'une existence de sacrifice et d'abnégation que de mêler pour toujours ma vie à celle de cette enfant jeune, belle, charmante, qui m'aime, et à laquelle, hélas! je ne dois même pas laisser soupçonner ma tendresse. Puis il se figurait Jeanne assise à ses côtés dans le petit jardin fleuri par le printemps, penchée vers lui, appuyée sur son épaule, et tous deux ils regardaient avec ravissement un beau gros garçon à demi-nu qui jouait sur l'herbe et qu'ils appelaient notre enfant. Tout son cœur se déchirait, et il ajoutait : Allons, je suis sur le mont Nébo, il me faut mourir en apercevant la terre promise.

Toujours marchant, il arriva jusqu'aux bois de Meudon et de Chaville. Les arbres, noirs et comme attristés dessinaient sur le ciel clair leurs silhouettes dépouillées; quelques bruyères perçaient le tapis de neige qui s'étendait sur elles; des corbeaux s'enfuyaient à tire d'aile en croassant à l'aspect de Siegfried. Il s'arrêta: il regarda lentement autour de lui; quelque chose d'indécis surgit dans son souvenir et il se dit : Où donc déjà ai-je vu un bois pareil? La mémoire lui revint tout à coup, et il tressaillit en se rappelant le bois de Gravia : — Ah! s'écria-t-il, pauvre Fabien! Et il se rappela cet homme suppliant dont il avait repoussé la prière, la violence qu'il lui avait faite. Il se dit : — Je ne l'avais point condamné à mort, mais cependant je l'ai forcé à mourir? Il se souvint que Fabien lui disait : O Samla, par celle que tu dois aimer! et qu'il lui avait répondu : Je n'aimerai jamais! Siegfried croyait à la réversibilité des actions humaines, et il se demanda si les douleurs poignantes qui l'accablaient aujourd'hui n'étaient point la punition de l'acte coupable que jadis, en Grèce, il avait commis sur Fabien. Il le revoyait attaché, pleurant, priant en vain pour sa Vasilissa, et il se disait, faisant un juste retour sur lui-même : Ah! qu'il a dû souffrir! Ce fut pour lui comme l'apparition d'un fantôme qui lui annonçait que son heure était venue; il le comprit du moins ainsi et répondit sans pâlir : je suis prêt!

En effet, il avait beau agiter ses pensées pour en faire jaillir un projet, il restait impuissant, livré à des contradictions inexorables dont il ne pouvait tirer la lumière; entre son amour et celui de Jeanne il se débattait vainement ; en lui le sacrifice était consommé, mais il restait encore à l'accomplir. La fermeté de Jeanne l'effrayait, il craignait de laisser apercevoir sa propre faiblesse, d'obéir à l'impulsion qui invinciblement le poussait vers elle, et d'être vaincu, au mépris de sa volonté, au mépris des serments qu'il avait faits à Octave. Dans aucune des heures si souvent pénibles de sa vie, il n'avait été battu par de telles tempêtes, et lorsque épuisé, il se disait : Que faire? il entendait une voix impérieuse qui lui répondait : Mourir!

Il passa devant une masure en ruines; une touffe de ciguë abritée par un vieux mur verdoyait, épargnée par l'hiver; Siegfried l'arracha et la regardant, il dit : O Socrate, à ma place qu'aurais-tu fait? Et il se rappela cette phrase du *Phédon* : « L'affranchissement de l'âme, n'est-ce point ce que l'on appelle la mort? »

Quand il rentra chez lui, il était déjà tard, la journée finissait; Jeanne, fort calme et visiblement dominée par l'effort qu'elle faisait sur elle-même, le reçut sans surprise apparente, avec le bonjour habituel, et lui dit qu'un homme qui paraissait très-pressé de lui parler s'était déjà présenté plusieurs fois dans la journée et devait revenir vers six heures. Siegfried resta pensif, prit une carte d'Italie et se mit à l'étudier; longtemps il suivit du doigt la ligne du Tessin, mesura au compas la distance qui sépare Milan de Pavie et murmura : J'irai.

A six heures, exactement, l'homme entra; Jeanne, qui le reconnaissait pour l'avoir vu déjà souvent en visite chez Siegfried, se sentit troublée, et sans souci des convenances, voulut épier leur conversation. Elle se mit aux écoutes; elle entendit des noms de villes, des phrases confuses pleines d'impatience et de désapprobation.

— C'est une folie, disait Siegfried.

— Aussi faut-il s'y opposer, répondait l'homme; un seul mot de vous et je pars.

— Non, reprenait Siegfried après un moment de silence et de réflexion, j'irai moi-même.

— Alors je vous accompagne.

— Non pas; va m'attendre à Gênes. — Quel est le jour fixé ?

— Le 7, répondit l'homme; il faut se hâter.

— J'y serai le 5 au plus tard, répliqua Siegfried.

— Il est nécessaire alors que vous soyez parti dans deux jours.

— Soit, repartit Siegfried, je sais ce que j'ai à faire ; toi, va-t-en dès ce soir-même, et sache me mettre au courant de tout lorsque j'arriverai.

Ils se séparèrent : Siegfried semblait allégé d'un grand poids, ses dernières incertitudes avaient cessé et maintenant il était résolu. Le dîner fut triste; Jeanne cherchait en vain à surprendre quelque chose sur le visage de Siegfried qui, sans paraître se préoccuper d'elle, causait avec May Rose. Le soir, dans le salon, la vieille Anglaise lisait au coin du feu; Siegfried, selon son invariable habitude, marchait de long en large, silencieux et concentré; Jeanne, qui d'abord avait essayé de travailler, quitta bientôt son ouvrage avec découragement et se mit au piano. Le souvenir de ses jours d'enfance, de ces jours heureux d'autrefois où, sans souci de l'avenir, sans inquiétude, tout entière aux joies du moment, elle se sentait si fière de sortir avec Siegfried, agita sa mémoire. Elle se rappelait cette soirée pleine d'émotions passée jadis à l'Opéra, et ouvrant la partition des *Huguenots,* elle joua le duo du quatrième acte. Elle s'accompagnait à mi-voix, chantant indifféremment la partie du ténor et celle du soprano ; Siegfried l'entendait sans l'écouter, et ce bruit mélodieux donnait une force nouvelle à ses pensées. Lorsqu'elle arriva à l'instant où Raoul veut quitter Valentine pour courir au combat, lorsqu'elle commença la belle phrase en *la bémol majeur : Mes amis, mes amis vont m'attendre !* elle n'y put tenir et elle éclata en larmes.

— Eh! qu'as-tu donc, chère petite ? demanda Siegfried pendant que May Rose se levait pour aller vers Jeanne.

— Je n'ai rien, répondit celle-ci ; je n'ai rien.

Puis, se précipitant vers Siegfried et se jetant à son cou, elle s'écria.

— Tu vas partir !

Il resta interdit de se voir si bien deviné, et se débarrassant doucement de l'étreinte de Jeanne, il la baisa au front et lui dit :

— Rien n'est décidé encore, chère enfant ; va dormir, demain nous causerons de cela ; et il fit un signe impérieux à May Rose qui emmena Jeanne.

— Allons ! se dit-il, il faut en finir et se hâter. Il s'arrêta longtemps à regarder autour de lui, comme s'il voulait dire adieu aux choses parmi lesquelles il avait vécu, puis, poussant un soupir, il entra dans sa chambre.

Jeanne ne dormait pas ; une heure après avoir quitté Siegfried, agitée par des pressentiments qui l'oppressaient, elle se leva, sortit de chez elle sur la pointe du pied, dans l'obscurité, retenant sa respiration. Elle arriva jusqu'à la porte de Siegfried, elle mit l'œil au trou de la serrure et ne vit que des ténèbres. Elle respira avec soulagement.

— Il dort, se dit-elle.

Si elle était venue quelques instants plus tôt elle aurait aperçu Siegfried remplissant en hâte un petit sac de voyage.

Le lendemain, à l'heure du déjeuner, Siegfried n'avait point encore paru et l'on se disposait à aller le prévenir, lorsqu'un commissionnaire apporta un billet de lui pour Jeanne : « Je suis obligé de partir plus tôt que je ne pensais et sans pouvoir même te dire adieu, chère enfant ; mon absence, j'espère, ne sera pas longue ; avertis Christiern, qui, je pense, viendra tous les soirs selon sa bonne habitude ; je t'écrirai, réponds-moi ; » et il lui indiquait une adresse à Paris où elle devait envoyer ses lettres. On interrogea le commissionnaire, il ne savait rien, sinon que vers le point du jour, au moment où il arrivait à son poste, un grand monsieur lui avait donné cette lettre en lui recommandant de ne la porter à son adresse que vers onze heures du matin.

Jeanne courut à la chambre de Siegfried ; tout était en ordre ; on voyait qu'il s'était couché ; sur la table placée près de son lit, elle trouva le livre qu'il lisait, les *Considérations politiques sur les coups d'État*, de Gabriel Naudé, marqué d'un signet de papier, comme si la lecture interrrompue devait être bientôt reprise.

Jeanne demeura dans un accablement profond dont les larmes de May Rose et la visite de Christiern ne purent la tirer. Le lendemain, après une nuit de réflexion, de projets inexécutables, de résolutions impossibles changées vingt fois dans la même minute, se sentant environnée de ténèbres et ne sachant vers quel point se diriger pour trouver la vérité, elle crut, tout à coup, pouvoir se mettre sérieusement sur la trace de Siegfried en allant interroger la personne dont il lui avait donné l'adresse. C'était une femme qui demeurait impasse d'Argenteuil, aujourd'hui détruite, dans ce quartier populeux, plein d'ouvriers, qui avoisine la rue de la Pépinière. Elle prit le bras de May Rose qui marchait à ses côtés avec la grâce d'une cigogne qui escorterait une bergeronnette et elle arriva à l'endroit indiqué, devant une maison délabrée, de misérable apparence. Elle traversa une sale chambre où une femme âgée était assise, tenant un chat sur ses genoux et regardant une cage que deux chardonnerets animaient de leur babil. A toutes les questions de Jeanne la femme répondit qu'elle ne savait rien, que le nom même du monsieur dont on parlait lui était inconnu, qu'elle était fort pauvre, que de temps en temps elle recevait quelque argent pour des services dont elle ignorait l'importance et que, du reste, elle questionnerait son fils qui était facteur à la Poste aux lettres. Jeanne s'éloigna anéantie ; car son dernier espoir lui échappait ; elle avait rêvé qu'elle pourrait savoir où était Siegfried, puis que, sans le prévenir, elle partirait avec May Rose pour aller le rejoindre. Elle reprit la route de la maison et abaissa son voile sur son visage afin que les passants ne la vissent point pleurer.

Lorsqu'elle fut rentrée, elle fureta encore partout, mais nul indice ne s'offrit à ses recherches, car Siegfried était de la race de ceux qui ne laissent point de traces derrière eux. Elle sentit se briser en elle tous les ressorts de sa volonté, elle comprit qu'elle était en face d'un problème qui renfermait un inconnu formidable, elle eut peur, elle s'abandonna à une désolation sans ressources et s'écria :

— C'est fini, je ne le verrai plus !

Puis, comme May Rose essayait de la calmer, elle dit :

— Prions ! et prenant son livre de messe elle lut la lugubre prière : « Seigneur, faites-lui miséricorde ! — Sortez de ce monde, âme chrétienne, au nom de Dieu, le Père tout-puissant qui vous a créée ; au nom de Jésus-Christ, fils du Dieu vivant, qui a souffert pour vous ; au nom du Saint-Esprit qui est descendu sur vous ; au nom des anges et des archanges ; au nom des trônes et des dominations ; au nom des principautés et des puissances...

— Que récitez-vous donc là ? demanda la protestante May Rose, quelle est cette oraison de malheur ?

— Hélas ! répondit Jeanne, c'est la prière des agonisants ; et ses sanglots l'empêchèrent de continuer.

Elle n'avait point tort de prier ainsi, car Siegfried marchait vers l'accomplissement de ses destinées. Lui qui avait tant méprisé l'amour, il allait demander à la mort la solution des difficultés que l'amour lui avait faites. Il arriva à Gênes où il était attendu et fut rapidement mis au courant du complot dont il put, d'un seul coup d'œil, pénétrer toute l'inanité. J'ose à peine le redire, mais parce que Duguesclin s'était autrefois emparé, par surprise, du château de Fougerai, à l'aide de quelques charrettes de bois versées contre la porte, on s'était imaginé qu'on pourrait se saisir inopinément de la citadelle de Milan, en feignant de jouer une partie de boules qui eût conduit les joueurs jusque sous le porche de l'entrée principale. C'était véritablement à confondre l'esprit. Certes, Siegfried n'était point gai dans les circonstances présentes, il ne put cependant s'empêcher de rire en voyant de quels pauvres moyens on voulait se servir pour mettre les Autrichiens hors de la Lombardie. Il fut donc plus résolu que jamais à faire avorter le complot, sachant bien qu'ainsi il serait encore utile à l'œuvre qu'il servait depuis qu'il avait âge d'homme. Le mouvement devait éclater simultanément à Milan et à Pavie, le 7 février, entre quatre et six heures du soir, grâce à la liberté relative nécessitée par le carnaval, de façon à profiter de la nuit pour se rendre maître des deux villes ; Bergame et Brescia n'entreraient en révolte que si les deux mouvements simultanés réussissaient. Lorsque Siegfried, usant de son autorité, voulut ajourner à des temps meilleurs cette intempestive et dangereuse manifestation, il éprouva une assez vive résistance de la part des conjurés dont l'argument principal était : Il est trop tard pour reculer maintenant ; les gens de Milan et ceux de Pavie sont prêts à agir, nous leur avons promis notre concours et, coûte que coûte, nous devons le leur donner.

Dans la nuit du 6, Siegfried se rendit au petit village de Parasacco, situé sur la rive piémontaise du Tessin ; là, on avait réuni deux mille fusils pour armer les patriotes italiens qui, venus de Pavie, devaient marcher au secours de Milan. L'homme que nous avons déjà vu à Paris, chez Siegfried, la veille de son départ, était auprès de lui. Longtemps, dans la maison qui leur servait d'asile, où les chefs principaux venus de Gênes et de Casale s'étaient réunis,

Siegfried et cet homme s'entretinrent ensemble; après de longues et minutieuses recommandations, Siegfried lui remit quelques papiers; vers minuit, l'homme, après avoir humblement baisé la main de Siegfried qu'il nommait toujours Samla, sortit de la maison, monta à cheval, et prit sa route vers Gênes. Siegfried s'assit à une table, tira un livre de sa poche et se mit à lire. Un des conjurés regarda ce qu'il lisait et vit que c'était la *Pharsale* de Lucain. Il lisait en effet, ou plutôt il semblait lire, car sa pensée ne suivait pas les lignes que parcouraient ses yeux. Malgré lui, il songeait à Jeanne et se la rappelait toute petite jouant devant la maison, pêle-mêle avec le chien qui se laissait tourmenter par elle avec une merveilleuse patience. Il chassait violemment ce souvenir qui lui faisait monter les larmes aux yeux, et faisant un retour vers l'heure présente, n'ignorant pas vers quel destin il marchait, il s'irritait de l'inutilité de sa mort; lui qui avait tant rêvé de sacrifier sa vie pour le triomphe de la cause qu'il aimait, il se trouvait bien misérable de finir ainsi dans une échauffourée ridicule et se demandait si un tel dénouement à son existence, n'était point mérité et ne servait pas d'expiation au sang que si souvent et si froidement il avait fait verser. Il restait donc immobile, envahi par son souvenir, par sa réflexion, démantelé par sa propre tempête, englouti dans son propre naufrage, mais immuable en sa résolution et prêt à mourir.

Vers deux heures, un homme de Pavie entra, se fit reconnaître en prononçant le mot d'ordre adopté pour la circonstance, et déclara que les hommes de la ville, surveillés de près par la police autrichienne, ne se soulèveraient pas. Une longue discussion s'engagea alors entre les conspirateurs et il fut décidé enfin qu'on donnerait avis à Milan d'ajourner le mouvement projeté. La nuit s'avançait, quelques chants de coq annonçaient que l'aube était prochaine, Siegfried se tourna vers un des hommes et lui dit :

— Tu vas aller jusqu'à Vigerano ; là, tu prendras simplement la poste jusqu'à Milan ; tu sais qui tu dois y voir et ce que tu as à dire. Si tu es arrêté, ne t'en trouble pas ; un de nous va partir pour Pavie et filer aussi sur Milan, et moi, ajouta-t-il, je vais traverser le Tessin, ici même, pour gagner la traverse par Casorate et Binasco. Nous sommes donc trois messagers, l'un de nous arrivera certainement et nos amis de Milan seront prévenus.

— Les bords du Tessin sont gardés partout, dit l'homme qui venait de Pavie.

— Si tu connaissais mon nom, repartit Samla, tu saurais que je n'aime point les observations inutiles.

Siegfried sortit seul ; le jour verdâtre et triste se levait, les eaux du Tessin roulaient avec bruit, quelques brumes blanches s'envolaient au-dessus des rizières; Siegfried marcha vers un vieux saule au tronc duquel une barque était amarrée, il réveilla le batelier qui dormait au fond de son bateau et d'un geste lui fit signe de le conduire à l'autre bord. Arrivé au milieu de la rivière, le batelier ralentit le mouvement de ses avirons, et d'un signe des yeux indiqua à Siegfried une oseraie qui verdoyait non loin sur la rive autrichienne. Siegfried regarda, et à travers les branches, dans le brouillard qui les enveloppait, il vit briller quelques baïonnettes. Lui, si fort, il eut une sorte de défaillance; l'instinct lui cria de reculer; il fut promptement maître de cette révolte de la chair, et se tournant vers le batelier, il ne lui dit qu'un mot : Va! Le bateau aborda, Siegfried sauta à terre, le batelier s'éloigna à force de rames.

Siegfried n'avait pas fait quatre pas qu'une vingtaine de soldats se dressèrent devant lui : celui qui les commandait cria : Halte-là! qui vive?

Cette fois, Siegfried n'hésita pas, et sans s'arrêter, il répondit les deux paroles qui si souvent déjà ont été prononcées à une heure suprême : Jeune Italie! Les vingt coups de feu partirent à la fois et Siegfried tomba la face en avant; il battit la terre de ses mains, une rapide convulsion l'agita tout entier et il fut immobile pour toujours.

L'officier et un homme à figure d'argousin s'approchèrent du cadavre; ils l'examinèrent.

— Est-ce lui? dit l'officier.

— Non, répondit l'agent de police, ce n'est pas lui ; *il* est très-brun, très-délicat, celui-ci est blond, chauve, et bâti en Hercule. Nous nous sommes trompés.

De qui parlaient-ils? Je ne sais ; sans doute du chef de ce complot maladroit.

On fouilla les poches de Siegfried. On y trouva seulement un carnet qui ne contenait que cette phrase énigmatique pour ceux qui la lisaient : « Monte, monte mon âme, ton séjour est là-haut! Tandis que ma chair grossière s'affaisse ici pour mourir ! »

— Qu'est-ce que cela signifie? demanda l'homme de la police.

— Je ne sais, répondit l'officier; il me semble cependant que j'ai lu cela dans Shakespeare!

L'homme haussa les épaules, mit le carnet dans sa poche, écrivit avec soin le signalement de Siegfried, et ils s'éloignèrent, escortés de leurs soldats en suivant les bords du Tessin dont ils surveillaient les approches.

Deux heures après, les conjurés restés sur la rive piémontaise se hasardèrent à venir ramasser le cadavre qu'on avait abandonné sur la place même où il était tombé; ils l'emportèrent, et revenus à Parasacco, ils le déposèrent dans une des chambres de la maison où ils avaient passé la nuit. Après lui avoir enlevé ses vêtements, ils lui firent les ablutions dernières : quatre balles trouaient ce pauvre corps et l'une d'elles traversant le diaphragme, brisant la colonne vertébrale, avait dû causer la mort instantanément.

Vers le milieu du jour, un nouveau personnage survint : tête carrée, taille trapue, face large, œil ouvert; les autres lui parlaient avec un respect profond ; il s'arrêta longtemps à contempler Siegfried : Ah! dit-il, sans cacher les larmes qui coulaient de ses yeux, quelle malédiction l'a donc poussé à finir ainsi, obscurément, sans motif et sans but ! Lui seul sait pourquoi il a agi ; tout cela ressemble à un suicide.

Malgré lui, il admirait la force de celui qui n'aurait même plus soulevé une plume de colibri. Ah ! reprit-il, il aurait vécu cent ans. Puis il lui donna les sept baisers consacrés par les rites secrets : sur le front qui n'avait jamais conçu que des pensées de justice ; sur les yeux qui toujours avaient regardé vers l'avenir ; sur la bouche qui n'avait proféré que des paroles augustes ; sur les mains qui n'avaient jamais servi qu'aux œuvres jurées ; sur le cœur qui toujours avait battu pour la cause de l'opprimé.

L'inconnu acheta et paya comptant le petit jardin qui dépendait de la maison, et ce fut là, dans cet enclos étroit, au seuil même de cette Italie qu'il avait si souvent rêvé de délivrer, que Samla dort de l'éternel sommeil.

Avant de marcher vers la mort, il avait écrit à Jeanne : Je ne suis pas à Philippes et je ne m'appelle point Brutus, mais cette nuit, cependant, le spectre m'est apparu et m'a annoncé que ma dernière heure était prochaine. Si tu reçois ce mot, c'est que je ne serai plus. Adieu donc, chère enfant de mon cœur; il n'y a de raisonnable que ce qui est utile; ne me regrettes donc pas, cela ne me rappellerait pas à la vie. Tu sais quel fut le vœu de ton père, tu sais quels sont mes désirs, tu t'y conformeras en souvenir de moi, et tu épouseras Christiern. Je ne pouvais être et je n'aurais jamais été, ma fille chérie, que « ton second père. »

Ce fut peut-être là le plus grand effort que Siegfried fit dans sa vie que de ne point avouer à Jeanne qu'il l'aimait.

Il est facile de se figurer le désespoir de Jeanne lorsqu'elle reçut cette lettre; elle resta plusieurs semaines enfermée avec May Rose, ne voyant personne, pas même Christiern qui vainement venait chaque jour frapper à sa porte. Elle s'ouvrit enfin, cette porte fermée, et Christiern put voir Jeanne maigrie, dévorée par un chagrin sans nom. May Rose était à ses côtés; vêtues de noir toutes deux, elles reçurent le jeune homme qui ne put retenir ses larmes à leur aspect.

— Christiern, lui dit Jeanne, je ne dois rien vous cacher; j'aimais Siegfried et j'ai bien peur que l'aveu de cet amour qu'il ne partageait point ne l'ait poussé vers la fin que vous savez ; me voici seule au monde, sans famille, sans soutien, ayant perdu celui qui était toute mon espérance. Mon père en mourant et Siegfried lui-même m'ont recommandé de vous épouser. Je suis prête et voici ma main. J'ai pour vous une amitié sérieuse qui date des premiers jours de mon enfance ; ne me demandez rien de plus ; il y a dans mon cœur un souvenir trop vivant pour laisser place à un sentiment plus tendre. On dit que le temps calme toutes les douleurs et cicatrise toutes les plaies, je veux bien le croire ; alors, mon ami, reconnaissante de ce que vous aurez fait pour moi, du respect que j'exige de vous, je ne me contenterai plus seulement de porter votre nom, d'accepter votre protection dans la vie, et je deviendrai votre femme pour vous comme je vais le devenir aux yeux du monde, si vous acceptez.

— J'accepte, dit Christiern en baisant la main que Jeanne lui tendait.

Le mariage se fit promptement, un matin, sans pompe, avec une messe basse, dans une chapelle retirée. En rentrant chez elle, Jeanne fut surprise de recevoir une boîte qui contenait un collier composé de sept perles noires et un billet ainsi conçu : A sa fille adoptive, les amis inconsolables de celui qui n'est plus!

Christiern tint rigoureusement sa promesse, et son

premier soin fut de conduire Jeanne au village de Parasacco ; ils s'agenouillèrent, prièrent longtemps sur la tombe de Siegfried et ils entendirent May Rose qui les avait accompagnés murmurer à demi-voix :

— Oh! my dear lord! tu n'as pas brisé qu'un seul cœur en quittant la vie!

Ainsi que l'avait dit Jeanne, le temps calme bien des douleurs et laisse naître des sentiments nouveaux sans cependant effacer tout à fait les anciens. Cinq ans après ces derniers événements, Jeanne mit au monde un enfant qu'on a appelé Siegfried en mémoire de ce mort regretté qui repose sur les bords du Tessin, dont il pourrait aujourd'hui franchir impunément les deux rives.

APPENDICE

J'ai pensé que les lecteurs seraient peut-être curieux de connaître les détails de la reddition de l'acropole d'Athènes; les événements qui ont accompagné ce fait important dans l'histoire de la Grèce, sont en quelque sorte le complément de la nouvelle intitulée : *Vasilissa*.

Pendant mon voyage en Grèce, je m'étais lié avec le colonel Touret. Ancien officier de lanciers, sous l'empire, il était l'un des premiers accouru au secours de l'insurrection grecque; il fit toute la guerre de l'Indépendance, parfois en partisan avec un petit corps détaché, parfois sous les ordres du colonel Fabvier. Il fut au siége de Scio et de la plupart des expéditions du Péloponèse. Il était enfermé dans l'acropole d'Athènes, lorsqu'elle fut obligée de capituler. Il a suivi jour par jour, heure par heure, la marche des négociations; il a été le témoin de toutes les péripéties qui annonçaient la fin du drame; il les a consignées dans son journal, qu'il tenait avec une régularité toute militaire, et qu'il a bien voulu me communiquer. J'en ai extrait, avec son autorisation, le récit que l'on va lire et qui est curieux à plus d'un titre !

Le colonel Touret ne sera pas, du reste, un inconnu pour tous les lecteurs. Ceux d'entre eux qui ont été autrefois à Athènes se rappelleront, sans aucun doute, ce grand vieillard, encore élégant et droit sous l'uniforme bleu de ciel qu'il portait avec grâce; ils n'auront point oublié l'obligeance inépuisable de ce Français dépaysé, resté si fidèle aux traditions de la patrie, et peut-être me remercieront-ils de leur avoir remis en mémoire le vieux Philhellène, qui maintenant dort pour toujours sur la terre qu'il concourut, plus que tout autre, à rendre indépendante et libre.

REDDITION DE L'ACROPOLE D'ATHÈNES
EN 1827

Après la défaite des Grecs auprès d'Athènes, dans la plaine qui se trouve entre le cap Coliac et Philopapus [1], le 6 mai dernier (1827), et le rembarquement sur les bâtiments grecs de ceux qui avaient échappé au fer des Turcs, le pacha Réchid, profitant de sa victoire, avait forcé le même jour les Hellènes à évacuer toutes leurs positions en avant dans la plaine du Pirée et le Pirée même, pour se borner à la défense de leur camp retranché sur les hauteurs de Phalère. Plusieurs colonnes s'étaient même retirées, pendant la nuit, dans la plaine de Mégare. Le gouvernement grec connaissant notre position, sachant l'impossibilité dans laquelle nous étions de pouvoir résister, et sentant qu'il ne pourrait avant un long terme venir au secours de la place, avait invité le général en chef, M. Church, à s'entendre avec les commandants de bâtiments de guerre européens qui se trouvaient dans la mer Égée,

---

1. On appelle ainsi la colline du Musée, située au sud de l'Acropole, et sur laquelle sont demeurés debout les restes du monument de Philopapus le Syriaque.

pour proposer au pacha Réchid une capitulation en notre faveur.

Le 12 mai (1827), un officier français envoyé par M. Le Blanc, commandant la frégate française *la Junon*, s'avança du camp des Turcs jusqu'aux avant-postes grecs, pour remettre une lettre du général Church au colonel Fabvier. Cette lettre portait en substance que, pour éviter l'effusion du sang, le massacre général des enfants, des femmes et des vieillards qui étaient dans le fort, et conserver intacts les monuments de l'Acropole, le général Church, au nom du gouvernement grec, invitait les troupes du fort à se rendre et à accepter les capitulations et conditions du pacha Réchid qui seraient remises par les officiers de la marine française. Le colonel Fabvier déclara que, n'étant venu dans la place d'Athènes que comme chef auxiliaire, on devait s'adresser aux commandants du fort dont les principaux étaient Mamorony et Grisottis, que c'était à ces derniers à prendre des mesures, qu'il suivrait leurs ordres et exécuterait les dispositions qu'ils auraient prises.

Le lendemain matin, une lettre adressée aux commandants du fort, Grisottis, Mamorony et autres principaux chefs, de la part du général Church, fut remise aux avant-postes de la place; elle contenait les mêmes dispositions que celle de la veille et était accompagnée des conditions du pacha Réchid relatives à la capitulation que faisait passer le commandant Le Blanc. Les chefs du fort ayant pris connaissance des conditions de la capitulation en présence de leurs soldats, elles furent trouvées honteuses pour la garnison d'un accord unanime, et il fut décidé qu'on répondrait au pacha que puisqu'il voulait les armes, il pourrait venir les prendre et qu'on remercierait le commandant Le Blanc de son intervention en faveur des Grecs, mais qu'ils étaient résolus à mourir plutôt que de sortir sans armes, et à tout attendre des circonstances quoique leur position fût presque désespérée.

Il se passa quelques jours dans ces résolutions ; les mensonges que l'on débitait dans la place, toujours en faveur des Grecs, avaient pour but de maintenir le soldat dans les bonnes dispositions où il se trouvait ; il fut envoyé des courriers au camp de Phalère pour avoir des nouvelles certaines dont nous étions privés depuis longtemps. Nous reçûmes par eux la confirmation de la mort du général Kariris Kakis qui déjà nous avait été apprise par les Turcs ; nous sûmes qu'on pensait toujours à venir nous délivrer, ce qui ne fit que renforcer notre courage. Cependant nous voyions journellement arriver des renforts au camp du pacha le placement de nouveaux postes, l'augmentation de ceux qui existaient déjà ; les différents feux que l'on distinguait la nuit dans la ville et dans les jardins d'oliviers nous en étaient de sûrs garants. Sa résolution de sortir de la citadelle les armes à la main était plus que jamais le projet des troupes. Il fut arrêté par les chefs et le colonel Fabvier, que 500 palikaris de la garnison seraient payés et resteraient pour garder la citadelle jusqu'au mois d'octobre prochain, et que les troupes régulières, avec le reste des soldats irréguliers, prenant avec eux les femmes et les enfants capables de bien marcher, essayeraient de se frayer une route par les armes. M. le capitaine Rocaville, faisant fonctions d'officier d'état-major près du colonel Fabvier, fut envoyé comme courrier au quartier-général de Phalère, pour faire connaître nos intentions et inviter le gouvernement à donner des ordres afin que des bâtiments nous attendissent sur le bord de la mer.

Cette résolution était enfin adoptée, chacun se conformait à ses instructions ; le colonel Fabvier avait ordonné à tous les officiers de son corps de tenir leurs soldats prêts à tout événement, et la sortie fut décidée pour le 24 mai, au soir. Tout le monde était td'accord, rien de notre part ne semblait devoir entraver cette entreprise, quand on vint annoncer au colonel Fabvier qu'un soldat irrégulier, qui avait servi autrefois dans la cavalerie grecque, et assez mauvais sujet, venait de passer aux Turcs. Le colonel, contrarié par cette nouvelle, ne voulut pas laisser le temps aux Turcs de profiter de cette circonstance et donna immédiatement l'ordre à la troupe de se tenir prête à partir le soir même. Tout était préparé dans le corps régulier pour ce coup de main, mais l'ardeur des palikaris était bien refroidie ; ils dirent même au colonel Fabvier, qu'il pouvait partir seul avec ses soldats, que quant à eux ils ne s'exposeraient pas à une sortie dans un moment où tout paraissait sur pied dans le camp turc, où les postes étaient doublés. En face de cette défection, le colonel Fabvier se rendit aux raisons qui lui avaient été alléguées et remit à un autre jour, au grand regret des philhellènes, une sortie dont les arrangements conciliaient tous les intérêts, sans compromettre le salut de la place. L'expérience du lendemain a prouvé que l'on ne pouvait pas choisir une nuit plus favorable, le déserteur n'avait point eu le temps de donner les renseignements qu'il savait et les Turcs n'avaient pris aucune mesure.

Ce fut le lendemain que l'on vit combien la défection de cet homme avait été funeste; des postes de cavalerie turque furent envoyés de tous côtés, sur le bord de la mer; les brèches des murailles de la ville par lesquelles sortaient nos courriers furent bouchées, la route que nous devions tenir fut hérissée de petits postes, un tambour avec une pièce de canon fut établi devant la porte qui conduit au monastère, porte par laquelle on avait l'intention de passer et des piquets de cavalerie furent placés à Philopapus et du côté du temple de Jupiter Olympien, près de l'ancien stade.

Toutes ces mesures firent voir la difficulté qu'il y aurait à tenter une sortie, les troupes régulières ne voulaient plus s'y hasarder, et malgré la pénurie de vivres, chacun était décidé à tout souffrir et à attendre du temps un changement à notre position.

Elle devint encore plus alarmante quelques jours après ; le 28 mai, nous remarquâmes que les vaisseaux qui, la veille, étaient dans la rade de Phalère, avaient mis à la voile et qu'ils se dirigeaient vers l'île de Salamine ; et un instant après, une fusillade en signe de réjouissance de la part des Turcs, sur les hauteurs de Phalère, nous annonça qu'ils étaient entièrement maîtres de cette position. Les Grecs, pendant la nuit, avaient fait leur embarquement avec une si grande précipitation, qu'ils avaient laissé une partie de leurs canons entre les mains des ennemis dont les feux de joie nous signalèrent ce fâcheux événement.

Cet abandon volontaire d'un point aussi important pour les Grecs, nous fit juger des secours que nous devions attendre d'eux. L'excursion qu'avait faite en même temps le séraskier Réchid-Pacha dans les plaines d'Eleusis et de Mégare qu'il avait parcourues sans obstacles, nous donna l'assurance qu'il était maître de tout le pays, et nous vîmes enfin que notre salut n'était plus que dans notre courage. Depuis longtemps le blé était épuisé ; il ne nous était délivré qu'un demi-okke (1 liv. 1/4) d'orge par jour ; les mulets qui servaient à moudre le grain étaient mangés, et nous devions, avec des moulins à bras, moudre nous-mêmes notre nourriture. Les boulangers n'ayant point de bois ne pouvaient faire du pain, et nous étions réduits à pétrir nous-mêmes des galettes avec de la farine d'orge et de les cuire sur des plaques de tôle. L'eau, qui commençait à manquer, était distribuée avec la plus grande parcimonie; il n'y avait plus, dans la citadelle, non-seulement de provisions de bouche, telles que huile, graisse, graines, viande salée dont nous manquions absolument depuis quatre mois, mais encore des plus simples médicaments, de linge, de charpie pour les malades et les blessés. La poudre, les fusées de bombe, commençaient à manquer totalement.

Dans ces conjonctures désastreuses, il fut convenu qu'on essayerait de renouer les négociations avec les Turcs, mais cependant qu'on chercherait à les faire parler les premiers. On en était là, lorsque le 30 mai 1827, deux officiers de marine autrichiens, venus du brick *le Veneto*, capitaine Cornero, firent demander une entrevue que nous acceptâmes. Ces messieurs prétendaient qu'ils avaient cru voir des signaux sur le fort, ce qui n'était pas, et finirent par nous laisser entendre qu'ils venaient de la part du pacha pour nous proposer de nouveau une capitulation; ils ne nous cachèrent même pas que le pacha, pour avoir le fort, ferait des concessions, et que nous devrions prétendre à de meilleures conditions que celles déjà proposées par M. Le Blanc; que la capitulation serait scrupuleusement observée et qu'il serait donné des otages pour en garantir la parfaite exécution.

Les généraux Grisottis et Eumorphopoulos s'opposèrent seuls à ces pourparlers; ils ne pouvaient se persuader qu'une capitulation fût observée par les Turcs, surtout après ce qui s'était passé de la part des Grecs envers les Turcs au Pirée [1], et ils firent une lettre

---

1. Quand les Turcs avaient rendu sans capitulation le monastère du Pirée, ils avaient été massacrés par les Grecs, au mépris de la foi jurée.

par laquelle ils remerciaient les officiers autrichiens de leur intervention et où ils faisaient connaître leur intention de continuer à se défendre. Cette lettre ayant été soumise aux soldats, ces derniers la déchirèrent et prétendirent que, puisque leurs chefs ne voulaient point prendre une détermination nécessitée par les circonstances, ils sauraient s'affranchir de leurs ordres, et s'adressèrent au colonel Fabvier qu'ils chargèrent de leurs intérêts. Le colonel Fabvier ne voulut d'abord se charger de rien; mais voyant enfin combien peu il devait compter sur les palikaris et même sur les soldats réguliers, sans cesse détournés de leurs devoirs par les irréguliers, dans un moment surtout où toutes les troupes du pacha Réchid étaient réunies, il consulta presque toute la garnison et répondit à M. Cornero que l'intention de la garnison était de capituler et de sortir avec armes et bagages; mais que les Grecs voulaient, non-seulement la garantie des bâtiments autrichiens, mais encore des Français et des Anglais. M. Cornero répondit que le pacha accepterait toutes les conditions proposées, mais qu'il ne pouvait envoyer chercher les bâtiments qui n'étaient point dans les parages du Pirée; que ce serait retarder les négociations, et qu'il promettait que la capitulation serait fidèlement observée.

Ces discussions avaient lieu, quand deux bâtiments de guerre français vinrent se montrer en pleine mer, l'un d'eux était la frégate *la Sirène*, montée par le contre-amiral de Rigny, ce qui produisit une joie universelle dans la forteresse.

Le colonel Fabvier s'adressa immédiatement à l'amiral en le priant de voir le séraskier Réchid-Pacha et de nous faire obtenir les conditions les plus favorables. L'amiral se rendit le lendemain à Patissia, quartier-général du séraskier, et après une entrevue avec lui, il expédia aux avant-postes de la forteresse, deux officiers chargés de nous demander quelles conditions nous mettions à la reddition de la forteresse. Le colonel en fit dresser une expédition qu'il remit aux officiers, en voici les principaux articles : Sortir avec armes et bagages ; — avoir soixante chevaux pour porter les malades, les blessés et les effets ; — que les Turcs évacueraient les postes sur la route que devait parcourir la colonne ; — qu'il serait fourni six beys comme otages pour la sûreté du traité.

Le lendemain, la réponse du pacha nous fut renvoyée par l'amiral. Toutes nos conditions furent trouvées raisonnables à l'exception de ce qui regardait les Athéniens, que le Pacha ne voulait laisser sortir que sans armes pour rentrer ensuite avec leur bagage dans leurs maisons d'Athènes ou dans les villages de l'Attique, cette condition avait pour correctif, que dans le cas où la garnison voudrait emmener avec elle les Athéniens, elle le pourrait en abandonnant ses armes, hormis celles qui seraient laissées à quinze hommes de chacun des neuf capitaines qui signeraient la capitulation.

Les chefs de l'Acropolis répondirent que ce serait pour la garnison lâcheté trop grande d'abandonner, dans un moment aussi critique, les Athéniens qui avaient partagé avec elle les fatigues et les souffrances d'un siége de dix mois, que les troupes étaient décidées à n'abandonner aucune partie de leurs armes et qu'ainsi le fort continuerait à se défendre.

A cette lettre, l'amiral répondit que le pacha laissait à la garnison l'alternative de sortir sans armes avec les Athéniens, ou avec ses armes et sans les Athéniens ; qu'il ne voulait accéder à d'autres conditions ; qu'il serait inutile d'en demander ; qu'il avait fait (lui l'amiral) tout ce qui dépendait de lui pour obtenir de meilleures conditions, mais qu'il craignait fort que l'amour-propre du pacha, peu ménagé, ne le décidât à attendre aussi du temps et des circonstances la reddition de l'Acropolis :

On se préparait donc, des deux côtés, à reprendre les hostilités, quand, deux heures après la réception de la lettre de l'amiral, on en reçut une autre qui annonçait que le pacha se décidait à laisser sortir la garnison avec les armes et les Athéniens, et que le lendemain il (l'amiral) enverrait les articles de la capitulation pour être signés par les chefs de l'Acropole; qu'il les ferait ratifier par le pacha, et qu'on devait se préparer au départ qui aurait lieu immédiatement.

Le lendemain, 4 juin 1827, M. de Rigny se présenta lui-même avec quatre beys turcs aux avant-postes. Il fut introduit dans la demeure du capitaine Mamorony, où tous les chefs du fort étaient rassemblés. On procéda à la conclusion des articles du traité de capitulation. Le général Grisottis voulait que l'on payât l'orge que les Grecs laissaient dans la forteresse, et cela, pour ses intérêts particuliers, puisqu'il en avait une grande partie à son compte; les autres chefs lui firent observer que cette condition pourrait faire croire que la citadelle avait été vendue, et elle fut rejetée. Il demanda ensuite que le pacha fît retirer ses troupes d'un rayon de sept lieues, ce qui parut tellement absurde que l'amiral se retira en leur conseillant, pour la dernière fois, de bien réfléchir aux suites de ces prétentions déplacées, et que, dans le cas où les choses ne seraient pas terminées le lendemain, il mettrait à la voile et retirerait son intervention même. Le général Grisottis voulut encore entraver les négociations en demandant la garantie du commodore Hamilton, mais il fut ramené à la raison par les autres chefs et la capitulation fut enfin signée.

Le 5 juin 1827, au matin, deux beys envoyés par le pacha vinrent prendre connaissance des lieux ; ils examinèrent les mines que l'on avait commencées pour faire sauter la citadelle en cas de sortie les armes à la main, et virent qu'elles n'étaient point chargées, ainsi qu'on les en avait prévenus. Ils visitèrent les citernes, vides d'eau il est vrai, mais qui n'étaient pas détériorées ; le puits leur fut montré intact. Ils prirent possession de tous les lieux fermés, sur lesquels ils appliquèrent le sceau du pacha ; ils prirent le compte des pièces d'artillerie et des mortiers qui étaient dans la place : cette inspection faite, on se prépara à partir.

Le fossé que nous devions passer avait été évacué, mais comme Philopapus était garni d'un grand nombre de troupes, les Grecs demandèrent que la majeure partie en fût envoyée à Patissia, ce qui fut exécuté. Les chefs grecs ne trouvant donc plus d'obstacles à la sortie, les femmes, les enfants, les vieillards, les malades et les blessés, précédés d'une colonne de palikaris, ouvrirent la marche ; la troupe irrégulière se dirigea ensuite sur deux colonnes, et le colonel Fabvier, à la tête des troupes régulières, forma l'arrière-garde. L'amiral de Rigny, accompagné de quelques officiers de son état-major, était au milieu de la garnison, afin de maintenir de sa présence, l'exécution du traité ; les beys donnés comme otages escortaient à cheval les différentes colonnes grecques. Après une marche d'une heure et demie, nous arrivâmes au cap Colias, où l'amiral et M. Cornero avaient fait venir leurs bâtiments, puisqu'aucun navire grec n'avait pu venir nous chercher. L'embarquement se fit avec la plus grande promptitude. Les palikaris et les familles furent mis sur les bâtiments autrichiens et français. L'amiral prit à son bord le corps régulier et le colonel Fabvier. Du pain et du vin avaient été apportés au rivage par les soins de l'amiral ; on ne peut se faire idée avec quel empressement et quelle avidité on se jeta sur cette nourriture dont on était privé depuis si longtemps. La joie d'être sortis de la forteresse d'une manière aussi merveilleuse pour les Grecs, fit un tel effet sur quelques-uns, que trois d'entre eux moururent subitement ; ce ne fut certes pas faute d'argent, car leurs ceintures pleines d'or contrastaient singulièrement avec celles du corps régulier qui, alors comme aujourd'hui, étaient presque toutes vides. Sans l'amiral, la capitulation n'aurait jamais été signée, et l'expérience nous a prouvé qu'un séjour dans la citadelle, possible encore pendant deux mois au plus, ne l'eût pas sauvée.

M. de Rigny nous fit débarquer la même nuit dans l'île de Salamine, au rivage d'Ambelaké ; deux jours après, par les soins du colonel Fabvier, qui nous envoya d'Égine les bâtiments nécessaires, nous fûmes transportés à Mékania où s'est arrêté le corps régulier.

Au moment de la capitulation, la place avait trois mortiers, dont un seul pouvait servir, trois pièces de canon, une de 16 et deux de 26. — La poudre qu'on faisait dans la citadelle était si mauvaise, qu'elle ne chassait pas les projectiles à moitié de la distance que les Turcs atteignaient.

Lors de l'évacuation de la citadelle d'Athènes, quelques soldats turcs sortirent des rangs pour se porter sur la colonne grecque : Réchid-Pacha les fit immédiatement décapiter.

FIN

TABLE

Dédicace......	1
Introduction......	1
I. **Vasilissa**. — Épisode de la guerre d'Indépendance, en Grèce......	9
II. **Sylvérine**. — Épisode d'une conspiration en Italie..	101
III. **Jeanne**. — La Mort de l'investi......	187
IV. **Appendice**. — Reddition de l'acropole d'Athènes en 1828......	304

LIBRAIRIES DE MICHEL LÉVY FRÈRES

DERNIERS OUVRAGES PUBLIÉS FORMAT GRAND IN-18
à 3 francs le volume

NOUVEAUX LUNDIS
Par C.-A. Sainte-Beuve, de l'Académie française..... 6 vol.
ENTRE CHIEN ET LOUP
Par A. de Pontmartin (2ᵉ édition)........................ 1 vol.
LE CAPITAINE SAUVAGE
Par Jules Noriac.. 1 vol.
QUELQUES PAGES D'HISTOIRE CONTEMPORAINE
3ᵉ série. — Par Prévost-Paradol, de l'Académie française. 1 vol.
UNE DERNIÈRE PASSION
Par Mario Uchard... 1 vol.
FLAMEN
Par l'auteur du *Péché de Madeleine*.................... 1 vol.
COMÉDIES ET COMÉDIENS
1ʳᵉ série. — Par P.-A. Fiorentino........................ 1 vol.
DU LUXE, DES FEMMES, DES MŒURS
De la Littérature et de la Vertu
Par Ernest Feydeau.. 1 vol.
CAMILLE
Par l'auteur des *Horizons prochains* (2ᵉ édition)..... 1 vol.
THÉATRE COMPLET DE GEORGE SAND
Tome premier... 1 vol.
LES PORTRAITS DE FAMILLE
Par Édouard Ourliac... 1 vol.
NÉLIDA
Par Daniel Stern.. 1 vol
LA RÉVOLUTION ET LE LIVRE DE M. QUINET
Par A. Peyrat.. 1 vol.
LA FIN DE L'ORGIE
Par Charles Monselet.. 1 vol.
DEUX FEMMES DE LA RÉVOLUTION
Par Charles de Mazade.. 1 vol.
UN HÉRITAGE
Par Jules Sandeau (Nouvelle édition)..................... 1 vol.
ÉTUDES SUR LA LITTÉRATURE CONTEMPORAINE
3ᵉ série. — Par Edmond Scherer.......................... 1 vol.
LES BUVEURS DE CENDRES
Par Maxime Du Camp... 1 vol.
LES PARISIENNES DE PARIS
Par Théodore de Banville..................................... 1 vol.
MADEMOISELLE 50 MILLIONS
Par la comtesse Dash.. 1 vol.

IMPRIMERIE L. TOINON ET Cᵉ, A ST-GERMAIN

www.ingramcontent.com/pod-product-compliance
Lightning Source LLC
Chambersburg PA
CBHW071328150426
43191CB00007B/663